Direito Financeiro

E

Direito Econômico

À luz da jurisprudência e da administração dos tribunais.

EURÍPEDES GOMES FAIM FILHO

MÔNICA DE ALMEIDA MAGALHÃES
SERRANO

(Coordenação)

Direito Financeiro

E

Direito Econômico

À luz da jurisprudência e da administração dos
tribunais.

Edição eletrônica e impressa.

São Paulo: IPAM, 2019.

SUMÁRIO

INTERVENÇÃO DO ESTADO NO DOMÍNIO ECONÔMICO: O ESTADO EMPRESÁRIO 264

Prefácio.

Em 2017, segundo ano do biênio como Diretor da Escola Paulista da Magistratura, recebi dos magistrados Eurípedes Faim e Mônica Serrano a sugestão de realização de um curso na área de direito tributário, sobre ICMS e ISS. Lembro-me, com muita satisfação, do empenho de ambos na elaboração da proposta pedagógica e das várias trocas de ideias e sugestões que tivemos, até a apresentação de sua versão final e aprovação pelo Conselho Consultivo e de Programas. O curso foi realizado com grande sucesso, e desde então ambos têm prestado contínua e inestimável colaboração às atividades da EPM.

Esses fatos conferem imensa honra e alegria ao convite que recebi para escrever o prefácio deste Direito Financeiro e Direito Econômico à Luz da Jurisprudência e da Administração dos Tribunais.

O segundo mas, evidentemente, não menos importante motivo de honra e alegria em assinar o prefácio é a relevância da obra coordenada pelos dois ilustres magistrados. Tendo como marco seminal o curso com igual título ministrado na EPM em 2018, o livro reúne autores de indiscutível prestígio na academia e nas letras jurídicas de nosso país. Além da inestimável colaboração para a realização daquele curso, os insignes juristas cuidaram de produzir para esta obra artigos indispensáveis à compreensão de temas candentes relacionados às duas áreas do direito. Os artigos abordam vertentes que constituem questões cruciais para o estado democrático de direito, como a autonomia financeira do Poder Judiciário, o orçamento como instrumento de gestão e planejamento, sua formação e execução, as fontes de financiamento do sistema público de saúde, entre outras.

É com júbilo que a obra deve ser recebida pelos profissionais, estudiosos do direito e por todos os que de alguma maneira atuem no planejamento e gestão da coisa pública. Ela reafirma a excelência da produção dos juristas que assinam os artigos e corrobora a importância do trabalho de Eurípedes Faim e Mônica Serrano, nomes que evocam impecável exercício da função jurisdicional e que ora se solidificam nas atividades acadêmicas e na produção doutrinária do direito.

ANTONIO CARLOS VILLEN

Introdução.

Esta obra é fruto do curso de nome igual que foi realizado na Escola Paulista da Magistratura coordenado pelos mesmos coordenadores e ministrado pelos professores de excelência que ora nos brindam com os excelentes textos que compõem este livro.

O livro começa com a sempre pertinente questão da autonomia financeira do Poder Judiciário, tema dominado por José Maurício Conti, que o revisita nesse artigo. O autor fala sobre a independência e autonomia dos três poderes da República, explica nosso sistema e ciclo orçamentários e como funciona a autonomia do Poder Judiciário dentro desse ciclo, mencionando então quais instrumentos existem para garantir essa desejada autonomia.

Renata Constante Cestari traz então um aspecto crucial do sistema orçamentário, ou seja, o planejamento. Ela então explica como funcionam as três leis que compõe esse sistema: o plano plurianual, a lei de diretrizes orçamentárias e a lei orçamentária anual, para então demonstrar que há um dever de planejamento para tornar possível a realização das políticas públicas dentro do orçamento e que a execução orçamentária deve ser feita dentro desse planejamento.

Complementando os dois textos anteriores, Letícia Formoso Delsin Matuck Feres, trata de como se forma e se executa o orçamento nos tribunais. A autora começa por tratar da atividade financeira do Estado e então segue na atividade financeira do Judiciário, discorrendo sobre sua responsabilidade fiscal. Ela então expõe como é feito o projeto de orçamento no âmbito dos tribunais e como se dá a execução orçamentária.

As hipóteses de anomia orçamentária são tratadas por Eurípedes Gomes Faim Filho. Embora o autor busque solução com os olhos mais voltados para os precatórios, na verdade o artigo tem uma aplicação geral. Os casos tratados vão desde a não apresentação do projeto de lei, passando pela sua não deliberação, pela rejeição por parte do parlamento, por emendas e retificações do autógrafo indevidas, pelo veto e pela não promulgação, terminando por tratar sobre o que fazer se o ano começa sem uma lei de orçamento anual aprovada.

O atualíssimo tema do orçamento impositivo é tratado por Estevão Horvath. O autor fala sobre o orçamento hoje em dia e questiona se ele se trata de uma lei meramente formal, bem como qual o seu grau de impositividade, para por fim falar sobre o quanto o orçamento é impositivo hoje em dia.

Kleber Luiz Zanchin e Bárbara Veltri Filgueiras Teixeira tratam de um terrível mostro que assusta a todos nós: a insegurança jurídica, mas isso no âmbito no âmbito das parcerias público privadas e o orçamento público, o que pelo ineditismo já convida a uma leitura atenta. Eles ilustram com um caso concreto e esclarecem o que ocorre, propondo possíveis soluções.

O sistema público de saúde é preocupação de todos, mas poucos se lembra das fontes de financiamento, o que foi lembrado por Mônica de Almeida Magalhães Serrano no seu trabalho onde ela tratado tema na Constituição, na história, bem como no orçamento público e no planejamento.

Ligado a essa questão, bem como às anteriores, vem a pertinente discussão sobre as despesas públicas que é trazida por Christianne de Carvalho Stroppa. A autora discute que ramo do Direito deve se debruçar sobre o tema e sobre uma questão circular muito interessante: se a receita determina a despesa ou se seria o contrário.

Cláudia Polto da Cunha lembra então um tipo de despesa oculto e muitas vezes usado para benefícios pouco ou nada confessáveis: a despesa tributária ou a renúncia de receitas. Ela o faz sobre a ótica da Lei de Responsabilidade Fiscal e propõe uma reflexão sobre a necessidade de um monitoramento da neutralidade orçamentária e sustentabilidade fiscal dessas renúncias.

Os autores Caio Cesar Figueiroa e André Castro Carvalho propõe uma releitura da questão da prescrição dos débitos imputados pelos tribunais de contas a partir das mudanças ocorridas na Lei de Introdução ao Direito Brasileiro. Eles tratam da tomada de constas especial, suas consequências, a ação de reparação de danos que pode dela decorrer e a pretensão punitiva.

O livro termina com uma discussão que está no palco do cenário político mundial: a intervenção do Estado no domínio econômico e até que ponto convém ter um Estado empresário e isso é tratado por Alessandra Obara Soares da Silva. Ela fala das funções econômicas do Estado, a sua intervenção no mercado e se convém criar estatais ou desinvestir. Ela discorre então sobre o conflito de interesses que existe, a necessidade de controle por parte da Comissão de Valores Mobiliários, bem como sobre o dever de licitar.

Com isso este livro é uma obra que pretende trazer vários pouco ou nada abordados em outras obras e assim oferecer uma contribuição ao estudo do Direito complementando o curso que foi oferecido.

Os coordenadores:

Eurípedes Faim e Mônica Serrano

Autonomia financeira do Poder Judiciário: síntese das principais questões[1]

José Mauricio Conti[2]

1. Introdução e contextualização

A Constituição brasileira consagra em seu art. 2º a independência dos poderes ("Art. 2º São Poderes da União, independentes e harmônicos entre si, o Legislativo, o Executivo e o Judiciário"), um dos pilares que sustenta nosso Estado Democrático de Direito.

Tão importante que se constitui em uma das cláusulas pétreas, insuscetíveis de alteração por emenda constitucional, conforme preceitua expressamente o art. 60, parágrafo 4º, III ["Art. 60. A Constituição poderá ser emendada mediante proposta: (...) § 4º Não será objeto de deliberação a proposta de emenda tendente a abolir: (...) III - a separação dos Poderes"].

E como se viabiliza e materializa a independência dos Poderes, garantindo a efetividade do preceito constitucional?

Trata-se de uma questão de grande relevância, e que pretendemos abordar de forma sucinta nesse texto, focado naquela que é a questão mais delicada para esse efetivo respeito à independência e autonomia dos Poderes: a autonomia financeira do Poder Judiciário.

2. Independência e autonomia dos poderes

Os conceitos de independência e autonomia não são simples, claros e nada fácil de serem bem delimitados. Mas é necessário que sejam analisados para que se possa chegar a uma melhor precisão do conteúdo e significado dessas expressões que integram esse princípio constitucional.

Independência é "o estado ou condição de quem ou do que é independente, de quem ou do que tem liberdade ou autonomia".[3]

De Plácido e Silva explica o conceito em seu sentido jurídico:

> Mostra a situação da pessoa, de um órgão ou de uma coletividade, que não está diretamente submetida à autoridade de outra pessoa, de outro órgão ou de outra coletividade. É livre na sua *direção* e na prática de atos, que se refiram a seus interesses ou ao desempenho de suas finalidades. [...] A *independência jurídica* é a que coloca a pessoa fora da autoridade de outra, para que possa agir por si mesma, não necessitando da intervenção de outrem para que pratique os atos jurídicos de seu interesse.[4]

E, em seguida, faz referência ao conceito de independência com relação às instituições, evidenciando a relatividade do conceito:

> Em relação às instituições, a independência jurídica se apresenta como a ausência de qualquer mando ou autoridade de outro

órgão na sua administração, embora possa existir entre eles uma certa interferência de ordem administrativa, em virtude da qual tenham que atuar ou agir em harmonia, na defesa de interesses comuns. É o caso dos *poderes públicos*, independentes e harmônicos entre si. Neles, como se evidencia, está a exata compreensão do sentido *independência*, na acepção jurídica, relativa às instituições: cada uma é independente no exercício de suas funções e atribuições, de modo que uma não investe no *poder jurisdicional da outra*. Mas é *independência relativa*, pois que, entre si há uma *interdependência* que as orientam e harmonizam para a realização de objetivos de interesse comum.[5]

Para José Afonso da Silva,

(...) a independência dos poderes significa: (a) que a investidura e a permanência das pessoas num dos órgãos do governo não dependem da confiança nem da vontade dos outros; (b) que, no exercício das atribuições que lhe sejam próprias, não precisam os titulares consultar os outros nem necessitam de sua autorização; (c) que, na organização dos respectivos serviços, cada um é livre, observadas apenas as disposições constitucionais e legais.[6]

Os conceitos de independência e autonomia assemelham-se em muitos aspectos, verificando-se, muitas vezes, uma tautologia na definição, com um deles sendo utilizado para definir o outro.

De Plácido e Silva admite essa equivalência. Para ele, autonomia é

(...) palavra derivada do grego *autonomia* (direito de se reger por suas próprias leis), que se aplica para indicar precisamente a faculdade que possui determinada pessoa ou instituição, em traçar as normas de sua conduta, sem que sinta imposições restritivas de ordem estranha. Neste sentido, seja em relação às pessoas, seja em relação às instituições, o vocábulo tem significado em todo idêntico ao que expressa *independência*.[7]

Os dicionários costumam destacar o aspecto da auto governabilidade na definição do termo. Autonomia é a "faculdade de se governar por si mesmo", segundo Aurélio Buarque de Holanda e Silveira Bueno.[8]

Há de se reconhecer que, efetivamente, os conceitos de independência e autonomia confundem-se, mas, admitindo que independência é "o estado de quem tem autonomia", e sendo a autonomia a "faculdade de se governar por si mesmo", é razoável admitir-se que o conceito de independência é mais abrangente, sendo a autonomia um instrumento por meio do qual se atinge a independência, uma característica intrínseca da independência, um verdadeiro elemento que compõe o conceito de independência.

A autonomia, para que se faça presente, desdobra-se em vários aspectos.

Destacam-se a autonomia política, administrativa e financeira.

A autonomia política, sucintamente, evidencia-se nas capacidades de eleger seus próprios governantes e elaborar as próprias leis. Uma situação que não se aplica à questão ora em debate, uma vez que os poderes integram os entes da federação, e em nosso sistema jurídico apenas estes é que dispõe de autonomia política nesta acepção estrita e simplificada do termo.

Outro desdobramento é a autonomia administrativa. Esta se revela pela capacidade de os poderes terem administração própria, submetida a seu dirigente máximo, com liberdade para se organizar de forma a adequar o órgão da administração pública que materializa o Poder à melhor forma de cumprir sua missão constitucional e prestar os serviços públicos que lhes competem.

Uma questão de extrema relevância, que exige e requer tratamento próprio, especialmente em face da pouca clareza com que órgãos como o Conselho Nacional de Justiça tem atuado em delimitar suas atribuições e interferir em atos administrativos dos tribunais. Razão pela qual requer estudo e análise específicos, que não cabem nos limites desse texto.

E, por fim, a autonomia financeira.

O conceito de autonomia financeira é também de difícil precisão e delimitação, mas há como se aprofundar no tema e compreender as principais questões que envolvem o efetivo exercício da autonomia financeira pelos poderes e órgãos independentes que integram a estrutura da administração pública brasileira.

Para tanto, é necessário compreender a formação do sistema orçamentário vigente em nosso ordenamento jurídico, e a posição dos poderes no contexto do ciclo orçamentário, por meio do qual se operacionaliza a atividade financeira do setor público.

3. Sistema orçamentário, ciclo orçamentário e os poderes.

A atividade financeira da administração pública no Brasil operacionaliza-se por meio das leis orçamentárias, que integram o sistema orçamentário em cada unidade da federação.

O sistema de planejamento e orçamento brasileiro prevê a utilização de três leis de natureza orçamentária: o plano plurianual, a lei de diretrizes orçamentárias e a lei orçamentária anual, sendo esta última o orçamento propriamente dito.

O *plano plurianual* (PPA) é lei de iniciativa do chefe do Poder Executivo, cuja finalidade é estabelecer, de forma regionalizada, as diretrizes, os objetivos e as metas da Administração Pública para as despesas de capital e outras delas decorrentes, bem como para as relativas aos programas de duração continuada (CF, art. 165, I e § 1º).

A *lei de diretrizes orçamentárias* (LDO), também é lei de iniciativa do chefe do Poder Executivo, tendo a finalidade de prever as metas e as prioridades da Administração Pública, incluindo as despesas de capital para o exercício financeiro subsequente, orientar a elaboração da lei orçamentária anual e dispor sobre as alterações na legislação tributária, bem como estabelecer a política de aplicação das agências financeiras oficiais de fomento (CF, art. 165, II e § 2º).

A *lei orçamentária anual* (LOA), como as duas anteriores, é de iniciativa do chefe do Poder Executivo e tem a finalidade de discriminar a receita e despesa de forma a evidenciar a política econômico-financeira e o programa de trabalho do Governo (Lei nº 4.320/64, art. 2º).

A existência dessas três leis de natureza orçamentária tem por função estabelecer um sistema planejado e coordenado de ações governamentais, em consonância com a tendência de utilizar os orçamentos como instrumentos para atingir os objetivos de interesse público.

Com a crescente intervenção estatal na ordem econômica e social, os orçamentos deixaram de ter função meramente contábil de registro de receitas e despesas, e passaram a ter novas funções, transformando-se em um "instrumento de programação econômica, de programação da ação governamental", dando origem à técnica do orçamento por programa ou orçamento-programa, "um tipo de orçamento vinculado ao planejamento das atividades governamentais", não sendo apenas uma peça financeira, mas sobretudo "um instrumento de execução de planos e projetos de realização de obras e serviços, visando ao desenvolvimento da comunidade".[9]

Tais funções orçamentárias já se mostram bastante claras na Lei 4320, de 1964, ainda vigente para regular a elaboração e execução dos orçamentos públicos brasileiros, que em seu art. 2º estatui que a lei orçamentária "conterá a discriminação da receita e despesa de forma a *evidenciar a política econômico-financeira e o programa de trabalho do Governo*" (art. 2º - g.n.). No mesmo sentido está o Decreto-lei 200, de 1967, ao prever que a ação governamental deverá obedecer a planejamento norteado por planos e programas, tendo como um de seus instrumentos básicos o orçamento-programa anual (art. 7º).

Sendo o sistema de planejamento e orçamento organizado no âmbito de cada unidade da federação, os Poderes, e órgãos em que se materializam para que exerçam suas funções, integram o ente da federação respectivo.

Isto faz com que o chamado "ciclo orçamentário"[10], ou processo orçamentário, composto por um complexo de atos por meio do qual são elaboradas, executadas e fiscalizadas as leis orçamentárias, tenha um papel determinante na efetiva observância da autonomia financeira dos Poderes.

Nesse aspecto torna-se relevante destacar que em síntese, o poder financeiro, que se pode observar com clareza na análise do ciclo orçamentário, é compartilhado entre os Poderes Executivo e Legislativo.

Senão vejamos.

A iniciativa das leis orçamentárias é ato privativo e vinculado do Poder Executivo (Constituição Federal, art. 165), cabendo ao Poder Legislativo apreciá-las a aprová-las; O Poder Executivo tem o comando da execução orçamentária, e a fiscalização financeira e orçamentária é de titularidade do Poder Legislativo, com o auxílio dos Tribunais de Contas (Constituição, art. 70).

Sendo assim, a questão da autonomia financeira dos Poderes acaba por exigir um tratamento especial apenas no que tange ao Poder Judiciário e demais órgãos dotados de autonomia financeira, por ficar à margem do ciclo orçamentário, que, como se constatou, é partilhado entre os Poderes Executivo e Legislativo.

Nesse sentido, cabe uma análise da especial participação do Poder Judiciário no ciclo orçamentário, em que será possível identificar suas principais garantias de respeito à autonomia financeira, e pontos de conflito que exigem atenção.

4. O Poder Judiciário no ciclo orçamentário e a autonomia financeira

Como visto no item anterior, o processo orçamentário tem início com a apresentação, pelo Poder Executivo do ente da federação respectivo, da proposta de lei orçamentária perante o Poder Legislativo, para apreciação, deliberação e aprovação.

Neste momento insere-se uma das mais relevantes proteções que a Constituição oferece para o respeito à autonomia financeira do Poder Judiciário, que se encontra no art. 99 da Constituição.

Diz o dispositivo:

Art. 99. Ao Poder Judiciário é assegurada autonomia administrativa e financeira.

§ 1º Os tribunais elaborarão suas propostas orçamentárias dentro dos limites estipulados conjuntamente com os demais Poderes na lei de diretrizes orçamentárias.

§ 2º O encaminhamento da proposta, ouvidos os outros tribunais interessados, compete:

I - no âmbito da União, aos Presidentes do Supremo Tribunal Federal e dos Tribunais Superiores, com a aprovação dos respectivos tribunais;

II - no âmbito dos Estados e no do Distrito Federal e Territórios, aos Presidentes dos Tribunais de Justiça, com a aprovação dos respectivos tribunais.

§ 3º Se os órgãos referidos no § 2º não encaminharem as respectivas propostas orçamentárias dentro do prazo estabelecido na lei de diretrizes orçamentárias, o Poder Executivo considerará, para fins de consolidação da proposta orçamentária anual, os valores aprovados na lei orçamentária vigente, ajustados de acordo com os limites estipulados na forma do § 1º deste artigo.

§ 4º Se as propostas orçamentárias de que trata este artigo forem encaminhadas em desacordo com os limites estipulados na forma do § 1º, o Poder Executivo procederá aos ajustes necessários para fins de consolidação da proposta orçamentária anual.

§ 5º Durante a execução orçamentária do exercício, não poderá haver a realização de despesas ou a assunção de obrigações que extrapolem os limites estabelecidos na lei de diretrizes orçamentárias, exceto se previamente autorizadas, mediante a abertura de créditos suplementares ou especiais.

Prevê que os tribunais elaborem, suas propostas orçamentárias, uma exceção parcial à iniciativa legislativa em matéria orçamentária. Esta continua com o Poder Executivo, mas mitigada no que tange às despesas próprias do Poder Judiciário, caso em que este terá liberdade para apresentar a proposta relativa a seus gastos, preservando, na classificação institucional e por programas, o que for estabelecido internamente, sem interferência do Poder Executivo, a quem caberá acolher a proposta para submetê-la à apreciação do Poder Legislativo.

Embora o texto constitucional não faça referência expressa às demais leis orçamentárias, em especial o plano plurianual, no qual são definidos programas diretamente ligados ao Poder Judiciário, é evidente a extensão da aplicação do referido dispositivo, como única interpretação sistemática compatível com o sistema orçamentário e a autonomia financeira do Poder Judiciário. Mesmo porque, na sistemática vigente, em que as disposições do plano plurianual condicionam a elaboração da lei orçamentária, que com ele devem guardar compatibilidade (Lei de Responsabilidade Fiscal – LRF, art. 5º), há que se elaborar os programas orçamentários do Poder Judiciário nos termos do que prevê o PPA, não havendo coerência em que estes sejam fixados de oura forma que não por iniciativa do mesmo Poder Judiciário.

Sendo assim, respeitados os limites previamente fixados na lei de diretrizes orçamentárias, o Poder Judiciário tem liberdade para definir seus programas, e respectivos projetos e atividades, na forma que melhor atender as necessidades públicas pelas quais é responsável, evitando assim a interferência do Poder Executivo na definição de sua organização, despesas e prioridades.

Nesse ponto, é importante destacar que há um dispositivo constitucional de grande importância que está verdadeiramente "esquecido" pelos legisladores, não sendo observado e maculando o sistema de elaboração orçamentária na forma preconizada para respeitar a pela autonomia financeira do Poder Judiciário. Trata-se do disposto na parte final do parágrafo 1° do art. 99: "Os tribunais elaborarão suas propostas orçamentárias dentro dos *limites estipulados conjuntamente com os demais Poderes na lei de diretrizes orçamentárias*".

O texto é claríssimo ao apontar que o limite fixado na LDO deve ser estipulado conjuntamente, mas não se tem notícia de ente da federação que respeite o quanto preconizado, elaborando respectivo limite unilateralmente, em clara afronta ao procedimento previsto para a fixação do referido limite.

O Supremo Tribunal Federal já teve oportunidade de se manifestar sobre o assunto em decisões cautelares:

O Supremo Tribunal Federal, em duas oportunidades (ADIMC 468-9, Rel. Min. Carlos Velloso, e ADIMC 810-2, Rel. Min.

Francisco Rezek), deferiu a suspensão cautelar da vigência de disposições legais que fixaram limite percentual de participação do Poder Judiciário no Orçamento do Estado sem a intervenção desse Poder. A hipótese dos autos ajusta-se aos precedentes referidos, tendo em vista que se trata de impugnação dirigida contra a Lei de Diretrizes Orçamentárias do Estado do Paraná para o exercício de 1999, que fixou o limite de 7% (sete por cento) de participação do Poder Judiciário na receita geral do Estado totalmente à sua revelia. Cautelar deferida.[11]

Mas não é só.

Muitos entes da federação, entre os quais o Estado de São Paulo, são omissos em fixar referidos limites na LDO, deixando uma lacuna que inviabiliza o encaminhamento da proposta nos limites fixados, por ausência de limites, criando uma controvérsia sobre a forma de interpretação de como se dever operacionalizar o encaminhamento da proposta orçamentária setorial do Poder Judiciário nessas hipóteses.

Nesse caso, a única solução que se compatibiliza com o ordenamento jurídico vigente é o acolhimento da proposta encaminhada pelo Poder Judiciário, para inclusão, tal como apresentada, à proposta de lei orçamentária, para que seja submetida à apreciação por parte do Poder Legislativo.

Não se concebe, nos termos do ordenamento jurídico constitucional vigente, que o Poder Executivo possa adequar a proposta do Poder Judiciário ao projeto final de lei orçamentária realizando cortes de modo a reduzir o valor estabelecido nos limites fixados conjuntamente com os demais Poderes na lei de diretrizes orçamentárias.

É o que se pode constatar de decisões do STF, como essa:

(...) o Poder Executivo não dispõe de competência institucional para introduzir cortes unilaterais na proposta orçamentária que lhe foi encaminhada pelos Tribunais, eis que, nesse tema, o único árbitro da questão é o Poder Legislativo, a quem incumbe, constitucionalmente, a apreciação final do projeto de lei orçamentária (STF, MS 22.685/AL, rel. Min. Celso de Mello, j. 19.2.2002. No mesmo sentido: MS 23.783-MC/RS, rel. Min. Maurício Corrêa, j. 5.10.2000; MS 24.380/RO, rel. Min. Ellen Gracie, j. 15.10.2002).

Já houve manifestação do Supremo Tribunal Federal também em caráter administrativo, consoante se depreende da Ata da 12ª Sessão Administrativa, realizada em 2.8.1989, cujo trecho tem a seguinte redação:

"O Tribunal, interpretando as normas constantes dos arts. 99 e seus parágrafos; 84, inciso XXIII; 165, inciso III e seus parágrafos 5º, I, e 6º; 166 e seus parágrafos, bem assim as demais disposições, todas da Constituição Federal de 1988, referentes à autonomia administrativa e financeira do Poder Judiciário, à elaboração de sua proposta orçamentária e à iniciativa do projeto de lei orçamentária, decidiu: a) as propostas orçamentárias dos Tribunais, a que alude o art. 99, § 2º, I, da Constituição, devem ser elaboradas, dentro dos limites estipulados pela lei de diretrizes orçamentárias, com a aprovação dos respectivos Tribunais; b) o Presidente de cada Tribunal encaminhará a proposta orçamentária respectiva, após aprovada, ao Presidente da República, *para ser integrada, nos mesmos termos de sua formulação*, ao projeto de lei orçamentária, que o Chefe do Poder Executivo enviará ao Congresso Nacional (Constituição, arts. 165, III; 166, § 6º e 84, XXIII). Decisão unânime" (g.n.)

Esse posicionamento deixa claro que cabe ao Poder Legislativo a decisão final sobre as receitas e as despesas em matéria orçamentária.

Esta é a interpretação consoante o texto constitucional, não sendo facultado ao Poder Executivo, por conseguinte, alterar a proposta orçamentária encaminhada pelo Poder Judiciário. Tal ato importa em violação à Constituição, por afronta à autonomia financeira do Poder Judiciário, nos termos do art. 99, § 1º.

Outros pontos relevantes surgem no momento do ciclo orçamentário na fase de execução.

Aprovada a lei orçamentária, e iniciada sua execução, outra questão faz-se necessário observar, e que está diretamente ligada à questão da iniciativa legislativa em matéria orçamentária.

Ora, a Constituição é clara no sentido de atribuir ao Poder Judiciário a iniciativa legislativa no que se refere à elaboração de sua proposta orçamentária, em face do disposto no art. 99, § 1º, como já foi visto anteriormente.

O mesmo não se pode dizer com relação à iniciativa legislativa nas demais questões de natureza orçamentária, como os créditos adicionais e a criação de fundos, tornando necessário um esforço de interpretação para que se possa extrair a conclusão correta.

O art. 61 da Constituição Federal, ao tratar da iniciativa legislativa, atribui exclusividade ao Presidente da República para a iniciativa de leis em vários temas, e neles não há expressa previsão para matéria financeira ou orçamentária.

Há apenas menção, no art. 61, § 1º, II, *b*, à "organização administrativa e judiciária, matéria tributária e orçamentária, serviços públicos e pessoal da administração dos Territórios". No entanto, vê-se claramente que, nessa hipótese, a referência diz respeito ao caso específico dos Territórios, ou seja, há iniciativa privativa do Presidente da República em matéria orçamentária *dos Territórios*, não abrangendo os outros entes da Federação.

No entanto, o fato de haver iniciativa privativa do Poder Executivo para as leis orçamentárias (plano plurianual, lei de diretrizes orçamentárias e orçamentos anuais), nos termos do que dispõe o art. 165 da Constituição, tem dado margem à que o Poder Executivo considere também ser sua a iniciativa de leis que tratam das demais questões orçamentárias.[12]

Nesse ponto, é interessante proceder a uma interpretação histórica, trazendo à colação a redação que constava da Constituição anterior, de 1967, nos seguintes termos:

> Art. 60. É da competência exclusiva do Presidente da República a iniciativa das leis que:
> I – disponham sobre matéria financeira; [...]

Manteve-se a redação após a alteração do texto constitucional promovida pela Emenda 1/1969, mudando apenas o número do artigo, que passou a ser o 57.

A redação da Constituição anteriormente vigente era clara no sentido de atribuir exclusividade ao Presidente da República para iniciar o processo legislativo em todas as leis que tratem de matéria financeira.

Considerando que esse dispositivo não foi mantido, isso permite concluir não estar em vigor a iniciativa legislativa privativa do Presidente da República em *todas* as questões orçamentárias, mas apenas naquelas expressamente enumeradas pela Constituição, quais sejam: plano plurianual, lei de diretrizes orçamentárias e lei orçamentária anual.

Há que se levar em consideração ainda que, no ordenamento jurídico nacional, o Poder Judiciário tem iniciativa legislativa para a elaboração de sua proposta orçamentária (CF, art. 99, § 1º). Seria pouco razoável aceitar a tese de que, tendo o Poder Judiciário iniciativa para elaborar sua proposta orçamentária, não tenha iniciativa para solicitar eventuais alterações que se façam necessárias após a aprovação do orçamento, mediante a abertura de créditos adicionais.

Sendo assim, a única interpretação que se mostra coerente com o sistema jurídico, analisando-se o por meio de interpretação histórica ou sistemática, é a de que o Poder Judiciário tem iniciativa legislativa para projetos de lei relativos a créditos adicionais nas questões de seu interesse institucional.

Não somente nos créditos adicionais, mas também em toda e qualquer matéria financeira que seja diretamente relacionada a seus interesses, como a criação de fundos ou alteração da legislação a eles referente, por exemplo. Os Tribunais têm iniciativa legislativa em questões como a criação de varas judiciárias (CF, art. 96, I, d), a organização de suas secretarias (CF, art. 96, I, b) e outros, não havendo razão para que não sejam dotados de iniciativa legislativa para dispor sobre os fundos especiais orçamentários que estejam sob sua administração.

Não é aceitável, em face do princípio da separação de poderes e da autonomia financeira que a Constituição atribui ao Poder Judiciário, que este Poder tenha de solicitar ao Poder Executivo que dê início ao processo legislativo em projetos de seu interesse, o que acabaria por conferir ao Executivo a faculdade de não atender a solicitação, em clara afronta ao princípio da separação de poderes.

Somente o Poder Legislativo é que pode deliberar sobre o projeto encaminhado pelo Poder Judiciário, atendendo ou não a solicitação, sem que o Poder Executivo nele tenha qualquer interferência.

Ainda na fase de execução, é fundamental destacar que o Poder Judiciário tem tratamento especial no que tange à disponibilização dos recursos orçamentários, e imprescindível para assegurar sua autonomia financeira.

A execução orçamentária dá-se ao longo do exercício financeiro, com a liberação dos recursos, que devem guardar compatibilidade com o fluxo de receitas. Um ato que fica sob o comando do Poder Executivo, que tem entre suas atribuições constitucionais comandar a gestão das finanças públicas.

Isso envolve atos como o estabelecimento de um cronograma mensal de desembolso e da utilização de mecanismos como o contingenciamento, ou limitação de empenho, com vistas a fazer frente às necessidades de controle do fluxo de receitas e despesas.

Nesse aspecto, o Poder Judiciário também recebe tratamento especial, previsto no art. 168 da Constituição, que prevê a entrega dos recursos previstos na forma de duodécimos, garantindo-lhe o fluxo financeiro na forma estabelecida na lei orçamentária aprovada.

Houve fixação, pela Lei de Responsabilidade Fiscal, de dispositivo segundo o qual, havendo frustração de receita capaz de frustrar o cumprimento das metas de resultado nominal, caso o Poder Judiciário não promova a limitação de empenho nos trinta dias previstos (art. 9º, *caput*), o Poder Executivo fica autorizado a limitar os valores financeiros segundo os critérios fixados na lei de diretrizes orçamentárias (art. 9º, § 3º).

O § 3º do art. 9º foi impugnado pela ADIn 2.238-5, tendo o STF apreciado e deferido, por unanimidade, a medida cautelar para suspender sua eficácia, situação que perdura até hoje, pois ainda não foi decidido o mérito da demanda. Os autores da ação[13] argumentam que este dispositivo contraria o princípio da separação de poderes, cláusula pétrea da Constituição, pois transforma o Poder Executivo em um "Superpoder" que pode intervir nos demais Poderes, suprindo administrativamente o que os outros deixarem de realizar voluntariamente.[14]

Uma questão polêmica. Admitindo-se o fato de que o ingresso de receitas nem sempre corresponde ao que foi previsto no orçamento, podendo, em razão das circunstâncias econômicas, haver frustração na arrecadação prevista, torna-se necessária a redução das despesas, a fim de compatibilizar com as receitas, ou buscar outras fontes de recursos, como por meio do crédito público. Considerando que nem sempre é possível recorrer ao crédito público para obter os recursos necessários, quer por razões decorrentes das limitações impostas ao uso deste instrumento de política financeira, quer por outra razão, é razoável admitir-se a redução nas despesas como um mecanismo adequado para manter o equilíbrio orçamentário.

No entanto, em face da autonomia financeira do Poder Judiciário, claramente estabelecida no art. 99 da CF, não é aceitável atribuir competência ao Poder Executivo para efetivar a redução das suas despesas. No Brasil, cabe à lei de diretrizes orçamentárias estabelecer os critérios a serem seguidos quando for necessária a redução das despesas decorrentes da arrecadação inferior à prevista ou for impossível cumprir as metas fixadas (LRF, art. 9º, *caput*). Transferiu-se, pois, boa parte da responsabilidade pelos cortes de despesas ao Poder Legislativo, conferindo maior legitimidade à decisão a ser tomada.

Ainda assim, a medida não se mostra de todo adequada. Mesmo que os critérios para a limitação do empenho sejam fixados pelo Poder Legislativo na lei de diretrizes orçamentárias, não há garantias de que esses critérios sejam rígidos e precisos, permitindo que o Poder Executivo tenha um grau de discricionariedade excessivamente elevado ao apurar o montante da limitação e, por conseguinte, faça prevalecer seus interesses em detrimento aos do Poder Judiciário.

O art. 9º, § 3º, da LRF, ao autorizar o Poder Executivo a limitar os valores financeiros de empenho de despesas do Poder Judiciário – ainda que nos limites da lei de diretrizes orçamentárias e caso verificados os fatos mencionados no *caput* do referido dispositivo legal –, efetivamente dispôs contra o princípio da separação de poderes, como já reconheceu o STF, em decisão unânime, ainda que em caráter provisório, ao deferir a medida cautelar requerida na ADIn 2.238-5, à qual já se fez referência anteriormente. Não haverá independência e harmonia dos poderes, tal como determinado pelo art. 2º da CF, caso o Poder Executivo possa reduzir o montante já previsto na lei orçamentária para as despesas do Poder Judiciário. A autonomia financeira do Poder Judiciário, prevista no art. 99 da CF, interpretada conforme o princípio da separação de poderes, exige não só a participação desse Poder na elaboração de sua proposta orçamentária, mas também o cumprimento fiel do orçamento aprovado no que se refere às dotações do Poder Judiciário. É evidentemente inócuo participar na elaboração de um orçamento que posteriormente não se cumpre, em face dos diversos mecanismos que permitem sua alteração. Portanto, todo e qualquer mecanismo que permita a alteração da proposta orçamentária, no que tange ao Poder Judiciário, não é compatível com o ordenamento jurídico vigente. Ou, para que o seja, deve ser interpretado restritivamente.

No art. 9º, § 2º, da LRF, há restrições às situações que podem ser objeto de limitação de empenho. Não poderão ser objeto de limitação de empenho as despesas que constituam obrigações constitucionais e legais do ente, inclusive aquelas destinadas ao pagamento do serviço da dívida e as ressalvadas pela lei de diretrizes orçamentárias. Assim, vê-se que, mesmo que haja frustração na realização das receitas, há determinadas despesas que não poderão ser objeto de limitação de empenho.

Na hipótese ora em análise, evidencia-se que a limitação de empenho não é uma regra absoluta, a ser aplicada em todos os casos em que for constatado que a realização de receita poderá não comportar o cumprimento das metas de resultado primário ou nominal. Há inúmeras exceções, previstas na LRF, nas leis de diretrizes orçamentárias e na legislação ordinária. Essas exceções, conforme se pode constatar dos exemplos citados, existem por razões diversas, decorrentes de escolhas políticas muitas vezes efêmeras, que se mostram vinculadas às ações de governo para aquele exercício financeiro, para períodos por vezes mais extensos, ou ainda para projetos específicos.

A autonomia financeira do Poder Judiciário e a independência e separação dos poderes da República é uma decisão permanente da sociedade brasileira. A separação dos poderes é um dos princípios mais importantes da Constituição brasileira, erigido à condição de cláusula pétrea, conforme estabelece o art. 60, § 4º, III, estando a autonomia financeira do Poder Judiciário, corolário desse princípio, também consagrada em seu art. 99.

Não é aceitável que se possa considerar insuscetíveis de limitação de empenho por parte do Poder Executivo as diversas despesas a que se refere o art. 9º, § 2º, da LRF e, ao mesmo tempo, permitir que essa limitação efetue-se em relação às despesas do Poder Judiciário, protegidas pela autonomia financeira e pelo princípio da separação dos poderes.

Do exposto, é forçoso concluir que, no sistema constitucional vigente, não é possível haver limitação de empenho de despesas do Poder Judiciário.

5. O Poder Judiciário e os instrumentos para assegurar sua autonomia financeira.

Além das considerações anteriormente efetuadas que demonstram as garantias de respeito à autonomia financeira do Poder Judiciário no âmbito e ao longo do ciclo orçamentário, outros instrumentos tem se mostrado extremamente úteis e eficientes.

Entre eles, destacamos:

a) fontes próprias de recursos;

b) vinculações de receitas;

c) participação na receita orçamentária;

d) administração de fundos especiais.

A seguir, serão analisadas cada uma dessas possibilidades.

Fontes próprias de recursos

Ter fontes próprias de recursos é o mecanismo ideal para se alcançar autonomia financeira, embora não seja uma garantia de que se consiga atingi-la, uma vez que, como mencionado, a autonomia financeira dar-se-á quando houver compatibilidade entre os recursos obtidos e os que se mostrarem necessários para suprir as necessidades do ente. O simples fato de ter fontes próprias de recursos não garante autonomia financeira, pois não assegura a suficiência dos recursos oriundos dessas fontes próprias.

Sendo o poder tributário pertencente ao ente federado, e não a seus órgãos, ainda que facultada a possibilidade de delegação de capacidade tributária ativa em alguns casos, um dos instrumentos possíveis de melhorar a autonomia financeira do Poder Judiciário é dotá-lo de mecanismos de obtenção de receita não-tributária. O que se tem observado é que usualmente representam parcelas pouco significativas, tais como as obtidas em aplicações financeiras, cobrança de cópias reprográficas, realizações de cursos, vendas de publicações, etc., cujo montante não costuma representar parcela importante das receitas totais desse Poder.

Vinculações de receitas

Criarem-se, por meio da Constituição ou de leis, vinculações de receitas ao Poder Judiciário é outra possibilidade que merece ser analisada, a fim de que se lhe garantam receitas, com independência dos demais poderes.

Esta possibilidade esbarra na vedação constitucional da vinculação da receita de impostos a órgão, fundo ou despesa, o chamado "princípio da não-afetação" ou "princípio da não-vinculação", expressamente mencionado no art. 167, IV, da CF.

O princípio da não-afetação, como já tivemos oportunidade de nos manifestar anteriormente,

> consiste na proibição de se vincular receita de *impostos* a órgão, fundo ou despesa. (...) A finalidade desta vedação é evitar o 'engessamento' das verbas públicas, que pode impedir o administrador público de ter liberdade para aplicá-las onde se mostrem necessárias, tendo em vista o interesse da sociedade.[15]

Há duas observações a serem feitas no tocante a essa vedação.

Em primeiro lugar, cumpre notar ser aplicável apenas aos impostos, de modo que não atinge os demais tributos e exações, tais como taxas e contribuições. Portanto, nada impede que se criem vinculações de receitas de taxas e contribuições para o Poder Judiciário, ou para fundos sob sua administração, o que resultaria em medida possível e desejável para dotá-lo de receitas que não estariam sujeitas à interferência dos demais poderes, sendo, inclusive, medida já utilizada no Brasil.

Em segundo lugar, no que tange à vedação da vinculação de receita de impostos, existem várias exceções previstas na própria Constituição. O art. 167, IV, que veicula a proibição, em seu próprio texto exclui da vedação: a) a repartição do produto da arrecadação prevista nos arts. 158 e 159 (as transferências intergovernamentais); b) a destinação de recursos para as ações e os serviços públicos de saúde; c) a destinação de recursos para manutenção e desenvolvimento do ensino; d) a destinação de recursos para realização de atividades da administração tributária; e) a prestação de garantias às operações de crédito por antecipação de receita; e f) a prestação de garantia ou contra garantia à União para pagamentos de débitos para com ela.

Dessas exceções, apenas aquelas mencionadas nos itens "a", "c" e "e" são do texto original da Constituição de 1988; as demais foram acrescidas por emendas constitucionais, e, portanto, mediante uso do poder constituinte derivado.

A EC 42/03 introduziu mais duas exceções. O parágrafo único do art. 204 da CF permite aos Estados e ao Distrito Federal "vincular a programa de apoio à inclusão e promoção social até cinco décimos por cento de sua receita tributária líquida". O art. 216, § 6º, traz disposição semelhante:

> É facultado aos Estados e ao Distrito Federal vincular a fundo estadual de fomento à cultura até cinco décimos por cento de sua receita tributária líquida, para o financiamento de programas e projetos culturais, vedada a aplicação desses recursos no pagamento de:
> I – despesas com pessoal e encargos sociais;
> II – serviço da dívida;
> III – qualquer outra despesa corrente não vinculada diretamente aos investimentos ou ações apoiados.

Trata-se, portanto, de vinculação da receita tributária líquida a um fundo, abrangendo os impostos e as demais espécies tributárias.

O art. 218, § 5º, que já constava do texto original da Constituição, também prevê esse tipo de vinculação:

> É facultado aos Estados e ao Distrito Federal vincular parcela de sua receita orçamentária a entidades públicas de fomento ao ensino e à pesquisa científica e tecnológica.

A Constituição Estadual de São Paulo, em consonância com essa permissão, dispôs em seu art. 271:

> O Estado destinará o mínimo de um por cento de sua receita tributária à Fundação de Amparo à Pesquisa do Estado de São Paulo, como renda de sua privativa administração, para aplicação em desenvolvimento científico e tecnológico.

O princípio da não-afetação deve ser observado, pelas razões já expostas, uma vez que o seu descumprimento reduz a capacidade do administrador alocar os recursos onde se mostrem mais oportunos e convenientes, o que prejudica a Administração Pública e os interesses da coletividade. No entanto, não configura "cláusula pétrea", permitindo ao Congresso Nacional criar exceções por meio de emendas constitucionais, o que, inclusive, já ocorreu em várias oportunidades, conforme se constata das referências feitas nos parágrafos antecedentes.

Considerando ser a separação de poderes um princípio constitucional que configura uma "cláusula pétrea", e sendo a autonomia financeira do Poder Judiciário um corolário deste princípio, é absolutamente razoável reconhecer a prevalência da autonomia financeira do Poder Judiciário sobre a vedação da vinculação de receitas de impostos a órgão ou fundo. Logo, é perfeitamente admissível, no ordenamento jurídico vigente, que emenda constitucional estabeleça vinculação da receita de impostos ao Poder Judiciário.

Participação na receita orçamentária

Estabelecer uma participação fixa, ou mínima, na receita orçamentária, é mecanismo que pode ser eficiente para assegurar autonomia financeira ao Poder Judiciário.

Este recurso é utilizado em alguns países, como a Costa Rica, que destina um mínimo de 6% dos ingressos ordinários para o Poder Judiciário.[16]

Geraldo Ataliba, ao discorrer sobre o assunto, o faz com clareza e concisão ímpares, não deixando dúvidas sobre a viabilidade de se adotar este instrumento para dar ao Judiciário a autonomia e a independência previstas na Constituição. É relevante destacar, ainda, que suas palavras são anteriores à Constituição de 1988, quando se consagrou a autonomia financeira do Poder Judiciário de forma expressa. Diz o jurista:

> Entre outras indagações que o tema sugere [autonomia financeira do Judiciário], avulta o concernente à viabilização da tese, na esfera dos Estados federados. Parece-nos perfeitamente factível isto, mediante lei complementar estadual, que, preenchendo o requisito do art. 62, § 2° da Constituição Federal[17], assegure ao Poder Judiciário um percentual fixo sobre as receitas orçamentárias do Estado. Estando este montante mínimo assim garantido, a dotação global do Poder Judiciário será desdobrada em itens, pela Assembléia Legislativa, ao elaborar o orçamento na conformidade da proposta do órgão de cúpula do Judiciário estadual.
>
> E o Executivo, ao preparar o projeto da proposta orçamentária, já estará previamente vinculado a respeitar esse percentual, deixando-o "reservado" para a dotação do Judiciário, que completará com sua proposta, diretamente, à Assembléia a mensagem encaminhadora do projeto.
>
> A rigor, não há necessidade de lei complementar. É que não se cuida, no caso, de vincular o produto da arrecadação de um tributo, mas, sim, de assegurar que o Estado destine ao seu Poder Judiciário um percentual de sua receita global. Nem

mesmo para garantir que o produto das taxas judiciárias seja revertido para esse Poder se requer lei complementar. É que é da própria natureza das taxas destinarem-se a cobrir as despesas da atividade que as justifica. Isso se dessume imediatamente do preceito do art. 18, I, da Constituição Federal.[18]

São compatíveis os mesmos argumentos desenvolvidos no item anterior para afastar um possível questionamento quanto à constitucionalidade de emenda constitucional que inclua dispositivo vinculando parcela da receita orçamentária, ou da receita tributária em geral, para o Poder Judiciário, ou para fundo sob sua administração.

Trata-se de outra possibilidade que se vislumbra compatível com o ordenamento jurídico brasileiro, principalmente considerando-se haver relação estreita com o cumprimento da autonomia financeira constitucionalmente assegurada.

Vários são os defensores da tese de porcentual fixo para o Poder Judiciário: Luís Felipe Salomão,[19] Lincoln Rocha,[20] Silvio Dobrowolski,[21] Alfredo França Neto,[22] José Clemanceau Maia[23] e Milton Martinez,[24] entre outros.[25]

A questão não é pacífica em termos de mecanismo garantidor da autonomia financeira do Poder Judiciário, principalmente se considerarmos a previsão de um valor fixo, e não mínimo. Isso porque, há muitas variações no decorrer do tempo com relação às despesas vinculadas à atividade judiciária, podendo haver aumento dessas, o que costuma ocorrer com frequência, fazendo com que o valor fixo se torne insuficiente, obrigando o Poder Judiciário a se adequar às receitas, com prejuízo às suas atividades. Além disso, estabelecendo-se um porcentual fixo, o valor pecuniário correspondente fica sujeito às oscilações próprias do mercado, que podem levar a alterações no montante encaminhado ao Poder Judiciário, sem que os serviços prestados por ele tenham condições de se adequar a eventual redução.

Vilson Darós observa o problema:

> Muito se tem discutido e sugestões foram apresentadas no sentido de estabelecer-se um percentual mínimo de dotações orçamentárias constitucionalmente assegurado ao Poder Judiciário. Pensam alguns que seria a solução para as dotações sempre insuficientes para atender às necessidades mínimas de custeio e de investimentos dos Tribunais, evitando-se a humilhação e o constrangimento existentes atualmente que os obrigam a apresentar anualmente propostas de suplementação orçamentária.
>
> À primeira vista, parece que a razão está com quem pensa desta maneira. Eu mesmo já sustentei essa tese em ocasiões diversas. Hoje, porém, me convenço que não é a melhor solução. Veja-se o que escreveu acerca disso o eminente Magistrado paulista Bruno Affonso de André: "O que se diz sobre um percentual, também confirmo, é um tanto ilusório, o percentual de antemão, digo com razoável experiência no Tribunal, é difícil de estabelecer-se. Obtivemos esse percentual, ou melhor, já o temos na Constituição do Estado e, quando surgiu, no passado, pensei que fôssemos ter agora um excelente orçamento, mas devo dizer que me enganei, porque esses 3% não dariam absolutamente, nem de longe, para as necessidades razoáveis do Poder Judiciário de São Paulo. As nossas despesas com um simples acréscimo do que resulta desses projetos e que se destinam ao atendimento de coisas mais necessárias, que já estão atrasadas, esses três projetos causaram a diferença entre os orçamentos anteriores e o novo, em razão do limite de 3%. Precisaríamos hoje, por um cálculo já feito no Tribunal, nunca menos de uns 4 a 5% para realmente aparelharmos a Justiça do Estado de São Paulo condignamente. Ora, daqui a alguns anos, quantos serão suficientes, os 4 ou 5%? Não sabemos".[26]

Assim, mostra-se mais adequado estabelecer um porcentual *mínimo* da receita (tributária ou orçamentária), e não fixo, em montante que se mostre razoável para cobrir as despesas do Poder Judiciário, permitindo-se o aporte de maior quantidade de recursos, em caso de necessidade.

Administração de fundos especiais

A instituição de fundos destinados a financiar despesas do Poder Judiciário, cujos recursos submetem-se à administração desse Poder, tem se mostrado instrumento útil e eficiente para lhe propiciar autonomia financeira em alguns Estados da Federação brasileira.

Já discorremos longamente, em outra obra, a respeito dos fundos, razão pela qual permitimo-nos reproduzir trecho anteriormente escrito, a fim de esclarecer o significado e as características deste instituto de Direito Financeiro:

> Hely Lopes Meirelles nos traz uma definição bastante esclarecedora de fundo. Segundo ele, "fundo financeiro é toda reserva de receita, para a aplicação determinada em lei. Os fundos são instituídos pela própria Constituição ou por lei ordinária, para sua inclusão no orçamento e utilização na forma legal, por seus destinatários" (*Finanças municipais*, São Paulo, Revista dos Tribunais, 1979, p. 133).

> Mas há outras definições que convém destacar: "denomina-se Fundo o produto de receitas das mais variadas origens (receitas próprias ou vinculadas, incentivos fiscais, dotações orçamentárias, créditos adicionais, empréstimos internos e externos, doações, etc.), em área de atuação, finalidade e destinação especial, com vistas à realização de determinados objetivos ou serviços, desenvolvendo atividades específicas e adotando normas peculiares de aplicação e contabilidade" (Homero Santos, Fundos federais, Brasília, *Revista do TCU*, n.

51, p. 21). Segundo De Plácido e Silva, "notadamente no plural, *fundos* é aplicado como *haveres, recursos financeiros*, de que se podem dispor de momento ou postos para determinado fim, feita abstração a outras espécies de bens. Neste sentido, temos os *fundos disponíveis* ou os *fundos de reservas* ou sociais" (*Vocabulário Jurídico*, Rio de Janeiro, Forense, p. 333). Arnoldo Wald considera fundo "um patrimônio com destino específico, abrangendo elementos ativos e passivos vinculados a um regime que os une, mediante a afetação dos bens a determinadas finalidades, que justifique a adoção de um regime jurídico próprio" (Da natureza jurídica do fundo imobiliário, São Paulo, *Revista de Direito Mercantil* n. 80, p. 15).

Para os fins a que se propõe o presente estudo, pode-se conceituar genericamente *fundo* como um conjunto de recursos utilizados como instrumento de distribuição de riqueza, cujas fontes de receita lhe são destinadas para uma finalidade determinada ou para serem redistribuídas segundo critérios preestabelecidos.

Há várias modalidades de fundos, dependendo da forma como está organizada a transferência de recursos que os compõem e a forma pela qual suas receitas são distribuídas.

Em geral, a legislação estabelece regras que destinam recursos para a formação de fundos, sendo suas receitas constituídas por transferências automáticas e obrigatórias; mas há fundos cujas receitas – total ou parcialmente – advêm de transferências voluntárias.

No que se refere à distribuição dos recursos dos fundos para os beneficiários finais, a regra geral é a da transferência condicionada – ou seja, os recursos são destinados para uma finalidade predeterminada, como o financiamento de um projeto.

O art. 165, § 9º, II, da CF remete à lei complementar "estabelecer normas de gestão financeira e patrimonial da administração direta e indireta bem como condições para a instituição e funcionamento de fundos". Não tendo sido editada posteriormente à Constituição a referida lei complementar, prevalece, por recepção, o disposto na Lei nº 4.320/64, que em seus arts. 71 a 74 trata da matéria.

Dispõem os referidos artigos:

> "Art. 71. Constitui fundo especial o produto de receitas especificadas que por lei se vinculam à realização de determinados objetivos ou serviços,

facultada a adoção de normas peculiares de aplicação.

Art. 72. A aplicação das receitas orçamentárias vinculadas a turnos especiais far-se-á através de dotação consignada na Lei de Orçamento ou em créditos adicionais.

Art. 73. Salvo determinação em contrário da lei que o instituiu, o saldo positivo do fundo especial apurado em balanço será transferido para o exercício seguinte, a crédito do mesmo fundo.

Art. 74. A lei que instituir fundo especial poderá determinar normas peculiares de controle, prestação e tomada de contas, sem de qualquer modo, elidir a competência específica do Tribunal de Contas ou órgão equivalente."

Têm-se, pois, o conceito de fundo e o tratamento legal que lhe é dispensado pelo nosso ordenamento jurídico.[27]

Por meio de lei, nos termos em que exigem o art. 167, IX, da CF[28], e os arts. 71 a 74 da Lei nº 4.320/64, podem ser criados fundos, com previsão das fontes de recursos que o integrarão, ficando sob a administração do Poder Judiciário, que terá, por consequência, liberdade para dispor sobre essas receitas, nos limites da legislação que os instituiu. Esses fundos podem ter seus recursos destinados a despesas gerais ou específicas de interesse do Poder Judiciário. Dependendo do montante de recursos que compõem esses fundos, poderão resultar em significativa autonomia financeira para o Poder Judiciário, pois terá disponibilidade assegurada de dinheiro sob sua administração exclusiva. Evita-se, com isso, não só a desnecessidade de relacionamento do Poder Judiciário com outros poderes para pleitear recursos que se façam necessários, como também se reduzem as possibilidades de contingenciamento de despesas e outras interferências que ferem sua autonomia financeira.

A propalada autonomia financeira do Poder Judiciário do Estado do Rio de Janeiro[29] tem, no Fundo Especial do Tribunal de Justiça (FETJ), seu principal instrumento. Outros Estados da Federação brasileira dispõem de mecanismo semelhante, que, com maior ou menor intensidade, colaboram para aumentar o grau de autonomia financeira do Poder Judiciário.

Síntese conclusiva

O Poder Judiciário exerce uma função e presta serviços essenciais ao Estado Democrático de Direito.

Respeitar sua independência, para o que assegurar sua autonomia financeira é fundamental, constitui-se em um dos pilares de nossa República Federativa.

Não há como mensurar precisamente os recursos necessários para que seja possível fixar um valor que se possa ter por justo, adequado e suficiente no cumprimento dessa missão, pois fazer Justiça não é materializável em montantes financeiros passíveis de serem mensurados por índices e indicadores insuscetíveis de questionamento.

Por essa razão, os instrumentos e garantias previstos em nossa Constituição, analisados ao longo desse texto, precisam ser rigorosamente respeitados, sem o que estar-se-á ante uma República que tem sua sustentação e equilíbrio gravemente comprometidos.

Orçamento e instrumentos de planejamento

Renata Constante Cestari[30]

Introdução

O presente artigo trata do orçamento público como instrumento essencial de planejamento estatal – modelo moderno que se contrapõe à teoria clássica e estática. Mas para melhor compreensão da necessidade de programação, planejamento e responsabilidade, mister uma breve análise das leis orçamentárias adotadas no Brasil, com seus conceitos e objetivos.

Fala-se do Plano Plurianual (PPA), da Lei de Diretrizes Orçamentárias (LDO) e Lei Orçamentária Anual (LOA), regidas e previstas, atualmente, pela Lei 4.320/64, Lei Complementar 101/00 – Lei de Responsabilidade Fiscal (LRF) e Constituição Federal de 1988, que juntas perfazem a unidade constitucional indispensável aos objetivos, diretrizes, programas, metas estabelecidas pelas políticas públicas instituídas pelo Estado.

Ato contínuo no presente trabalho é o debate acerca da deficiência de habilidade técnica dos gestores públicos em planejar de forma clara e suficiente as políticas públicas nos orçamentos. Tudo isso acarreta a insuficiência orçamentária ensejando a contabilidade criativa quando da prestação de contas. Demonstração prática de tal contabilidade se deu em alguns governos presidenciais do Brasil, ocasião em que os resultados primários, os quais são fixados na LDO, sofreram redução legislativa no decorrer do exercício, após a evidência de que as metas não seriam atingidas. Tudo isso em flagrante desrespeito à LRF, que determina, em ocasiões como estas, a limitação de empenho.

De outra banda, há discussão sobre e obrigatoriedade de a execução orçamentária ser aderente ao planejamento consubstanciados nos orçamentos. Não que a discricionariedade do gestor mereça ser tolhida. Mas daí a transformar o orçamento em uma peça de ficção, caracterizado pela distância intransponível entre expectativa e realidade é o que não se pode admitir. Tudo isso agravado com a figura do DRU – Desvinculação das Receitas da União, mecanismo criado para satisfazer algumas finalidades parcialmente indeterminadas, sendo vista como um "não orçamento".

Passemos ao debate.

1. Orçamento e instrumentos de planejamento.

Os orçamentos não são mais considerados peças meramente contábeis cuja função se limitava à previsão de despesas e expectativa de receitas para um determinado exercício, consoante se depreende do conceito clássico e tradicional, que retratava as leis orçamentárias como peças frias e literais.

Atualmente, tem-se um orçamento moderno, considerado como um instrumento de planejamento e caracterizado por ser um modelo dinâmico, capaz de analisar os aspectos do passado, as necessidades do presente e as projeções, mormente no tocante às políticas públicas, para o futuro, ou seja, uma programação da vida econômica e financeira do Estado[31] que se altera e se movimenta no decorrer dos anos em conformidade com os anseios da população.

Por planejamento, pode-se entender o conjunto ordenado e sistematizado de ações capazes de, em um tempo determinado, possibilitar o alcance das metas indispensáveis à consecução dos objetivos, e que deve sempre ser anterior à ação, no intuito de torna-la mais eficaz e efetiva. Para tanto, ao gestor se impõe a obrigação de prever a ação e a partir de então começar a planejá-la. Tais medidas são essenciais no momento em que se inicia o processo, já que da capacidade de prever depende o sucesso do planejamento[32].

Nesta quadratura é que houve por bem a evolução da ciência das finanças a fim de cunhar um novo modelo, o orçamento-programa, ou seja:

> [...] instrumento de planejamento que permite identificar os programas, os projetos e as atividades que o Governo pretende realizar, além de estabelecer os objetivos, as metas, os custos e os resultados esperados e oferecer maior transparência dos gastos públicos[33].

A quantificação dos objetivos e fixação de propósitos e metas a se realizar aufere uma ênfase não obtida no modelo clássico, ganhando corpo legislativo na Lei 4.320/64, que considera imprescindível o programa de trabalho do governo como item essencial à lei do orçamento. Confira:

> Art. 2º. A Lei do Orçamento conterá a discriminação da receita e despesa de forma a evidenciar **a política econômica financeira e o programa de trabalho do Governo**, obedecidos os princípios de unidade universalidade e anualidade." *(g.n.)*

NASCIMENTO assim leciona:

> A técnica do orçamento-programa foi concebida para permitir um maior conhecimento das ações desenvolvidas por um país na esfera pública, de acordo com os objetivos estabelecidos em um Plano Nacional de Desenvolvimento. Antes, as metodologias orçamentárias caracterizavam-se por apresentar um elenco de receitas e despesas alocadas por unidades administrativas. Na opinião de Tombini, "essa metodologia era insuficiente para servir na implementação dos planos, porque não mostrava, em definitivo, a orientação do gasto público, do ponto de vista setorial ou funcional ou mesmo a participação desses orçamentos nos macroagregados econômicos".[34].

Mas o orçamento-programa ultrapassou os lindes da Lei 4.320/64, sendo adotado, outrossim, pela Lei de

Responsabilidade Fiscal (LRF), que não se eximiu de ordenar a elaboração de uma estratégia programática, tendo em vista seu objetivo de preservar uma ação planejada e transparente, mediante o cumprimento de metas de resultados.

É de se lembrar que a LRF passou a ser considerada um código de conduta para os gestores, trazendo princípios, tais como, do equilíbrio das contas públicas, da boa governança, gestão orçamentária responsável e transparente, além de determinar a fixação de metas fiscais.

Entretanto, consoante retrata PINTO, inobstante a LRF ter alcançado a "maioridade" em 2018, o caos fiscal decorrente da falta de planejamento e responsabilidade dos gestores, fora determinante à instauração de uma enorme crise econômica no país, que levou o Governo a adotar medidas de contenção de gastos altamente prejudiciais aos cumprimento dos direitos fundamentais, *v.g.*, a saúde. Eis seu pensamento:

> Paradoxalmente, a maioridade da LRF se vê através do espelho do "Novo Regime Fiscal", introduzido pela Emenda 95/2016, não só como tragédia da nossa incompetência em regrar o equilíbrio das contas públicas de forma aderente ao propósito da máxima eficácia dos direitos fundamentais, mas, sobretudo, como uma repetição farsesca do déficit democrático e republicano que cerca a matéria.[35].

E ainda PASCOAL:

> Passados 18 anos, não obstante os avanços alcançados, a LRF enfrenta desafios de gente adulta e, desta feita, não há como olvidar a figura do sertanejo descrito por Euclides da Cunha, 'antes de tudo, um forte', que precisava ser resiliente e florescer na aridez. Como na saga do personagem euclidiano, são muitos os sertões-adversidades que afligem a LRF. [...] No momento em que a irresponsabilidade fiscal e a corrupção, a despeito de todos os bons combates já travados, ainda vicejam em nosso

país, propostas equivocadas, que enfraquecem a LRF, os Tribunais de Contas e o controle público da gestão, revelam-se um verdadeiro presente de grego. A rigor, as instituições de controle e os instrumentos voltados à efetividade da responsabilidade fiscal enfrentam, paradoxalmente, seus maiores desafios desde a redemocratização: precisam ser aprimorados e, ao mesmo tempo, lutarem, com a determinação e o desassombro do sertanejo, contra as reiteradas tentativas de desertificação institucional. A sociedade precisa, antes de tudo, continuar sendo forte e vigilante.[36].

E fechando o tripé legislativo quanto ao orçamento-programa, resta a Constituição Federal de 1988, que também valorizou o planejamento, mormente no artigo 165, instaurando um modelo orçamentário consistente.

Com vista nisto, o sistema constitucional hodierno criou uma relação entre o processo orçamentário mais imediato (LOA), um intermediário (LDO) e o de duração mais larga, além de possuir definições mais abrangentes (PPA).

Sabe-se que um dos princípios orçamentários é o da unidade, que se consubstancia, não apenas em uma lei orçamentária, mas sim, em uma única política orçamentária. Nesse sentido a Constituição preconizou três espécies normativas, que se integram em um só sistema, sendo elas o Plano Plurianual (PPA), a Lei de Diretrizes Orçamentárias (LDO) e a Lei Orçamentária Anual (LOA), que serão aqui analisadas, ainda que perfunctoriamente.

2. Plano plurianual – PPA

Nos termos do art. 165, §1° da Constituição Federal, o PPA fixa as metas, diretrizes e objetivos da Administração para as despesas de capital e para as relativas aos programas de duração continuada. É instrumento de planejamento estratégico, que orienta a Lei de Diretrizes Orçamentárias (LDO), responsável por enunciar as políticas públicas e prioridades, bem como a Lei Orçamentária Anual (LOA), que viabiliza a execução do plano de trabalho.

Por prever ações de longa duração e de consequência com maior investimento e ainda por influenciar diretamente a elaboração das outras leis orçamentárias é que o planejamento do PPA deve ser mais apurado. Certamente a eficiência da execução orçamentária depende, e muito, de um bom PPA, que expressa as medidas estratégicas do governo para os grandes investimentos a longo ou médio prazo, tendo a vigência de quatro anos, divididos em dois mandatos, sendo três no atual e um no subsequente. Melhor dizendo, tem vigência do segundo ano de um mandato até o final do primeiro ano do mandato seguinte. Significa dizer que o próximo gestor será alcançado pelo PPA aprovado pelo governo anterior. Isso permite a continuidade dos programas. MORAES assim entende:

> O PPA deve ser entendido numa transformação mais ampla de todo o processo orçamentário e de controle do gasto público que teve início com a Constituição de 1988, passando a integrar um

conjunto de ações que forçaram o Governo Federal a planejar seu orçamento, com receitas e despesas, investimentos e todas as suas ações de forma a não ferir as diretrizes nele contidas, determinando previamente receitas, gastos e investimentos em programas estratégicos que devem estar contidos na redação do PPA para o período vigente. O primeiro PPA foi elaborado para o período 1996-1999, no governo de Fernando Henrique Cardoso.[37].

O PPA deve ser aprovado no primeiro ano da gestão para começar a viger no segundo ano. Com isso, cria-se um vínculo entre ele e a LDO e LOA, de modo a tornar harmônico o sistema de planejamento das ações de governo. Doutrina CONTI:

Deixa clara, pois, a função do plano plurianual como instrumento de planejamento de uma administração pública gerencial, mais moderna e eficiente, comprometida com resultados e metas, deixando no passado a administração pública burocrática.[38].

Mede-se então a capacidade do Estado de gerir e cumprir as ações iniciadas, em consonância com o previamente estabelecido nas leis orçamentárias, principalmente o PPA no caso de agendas com duração continuada. Entrementes, tal instrumento deve ser constantemente aperfeiçoado de acordo com as necessidades públicas eleitas pelo Estado, e não, como *sói* acontecer, se converter em pouco mais que uma carta de intenções, de acentuado caráter retórico[39].

3. Lei de diretrizes orçamentárias – LDO

A LDO é o elo de ligação entre o PPA e a LDO. Isto porquanto é elaborada com base no que fora determinado pelo

PPA, delimitando a sua execução para o exercício seguinte por meio de eleição das prioridades, e servindo como norma orientadora da LOA.

Parte integrante do sistema orçamentário nacional, a LDO é prevista pela Constituição Federal de 1988, cujo artigo 162, §2º é determinante quanto aos seus elementos, ou seja, metas e prioridades da administração pública, incluindo as despesas de capital para o exercício financeiro subsequente; orientação sobre a elaboração da LOA; disposição sobre alterações da legislação tributária; e o estabelecimento da política de aplicação das agências financeiras oficiais de fomento.

A LRF, em seu atrigo 4º, I, elegeu as seguintes matérias de que a LDO deverá dispor:

• Equilíbrio entre receitas e despesas;
• Critérios e forma de limitação de empenho, a ser verificado no final de cada bimestre quando se verificar que a realização da receita poderá comprometer os resultados nominal e primário estabelecidos no anexo de metas fiscais e para reduzir a dívida ao limite estabelecido pelo Senado Federal;
• Normas relativas ao controle de custos e à avaliação dos resultados dos programas financiados com recursos dos orçamentos;
• Demais condições e exigências para a transferência de recursos às entidades públicas e privadas.

Tais atribuições levam à conclusão de que, desde a promulgação da Constituição, a LDO foi tendo suas atribuições ampliadas, exercendo, atualmente, funções bem maiores do que as inicialmente estabelecidas, ou seja, de orientação da lei orçamentária e fixação das diretrizes e metas da administração pública, *v.g.,* estipular os limites financeiros para a apresentação das propostas orçamentárias dos tribunais, passando, outrossim, a ser importante instrumento de viabilização de normas que pudessem regular e limitar os gastos públicos etc.[40].

Acerca da vigência da LDO, tendo em vista não ser bem definida pela legislação, acaba por gerar algumas celeumas interpretativas. Como a LDO é elaborada anualmente, e antes da edição da LOA, poder-se-ia afirmar que sua vigência seria anual. Entretanto, vige por mais de um ano, como bem preleciona CONTI:

> Durante os trabalhos da Assembleia Constituinte, aventou-se a possibilidade de um orçamento bianual, válido por dois anos, em substituição ao modelo tradicional, no Brasil e no mundo, de orçamentos anuais. A ideia acabou não vingando, mas surgiu o projeto de um "pré-orçamento", com vistas principalmente a aumentar a participação do Poder Legislativo na elaboração da lei orçamentária. Definiu-se, portanto, que haveria esta lei, precedendo a lei orçamentária anual, na qual seriam definidas as prioridades e metas da administração pública para o exercício seguinte, orientando a elaboração do orçamento.[41].

Inobstante a importância da LDO, que inclusive serve ao estabelecimento de metas de resultado primário e nominal dos dois exercícios seguintes, indicando, dentre outras questões, o esforço da Administração em impedir que sua dívida pública cresça, doutrina abalizada se mostra preocupada com o cenário nacional. Veja-se:

> Não obstante tal dever de planejamento, como toda previsão está sujeita a erros, notadamente em função de eventos futuros incertos, a Lei de Responsabilidade Fiscal (LRF) determina que

a LDO contenha Anexo de Riscos Fiscais, "onde serão avaliados os passivos contingentes e outros riscos capazes de afetar as contas públicas, informando as providências a serem tomadas, caso se concretizem" (artigo 4º, parágrafo 3º). Em igual medida, a LRF impõe que a LOA contenha reserva de contingência "destinada ao atendimento de passivos contingentes e outros riscos e eventos fiscais imprevistos" (artigo 5º, III, "b").

Para o equilíbrio intertemporal das contas públicas, nenhuma omissão é mais severa, pois, do que a ausência de levantamento transparente e sistemático dos riscos de frustração de receita e de surgimento abrupto de novas despesas obrigatórias. No nível da União, entendemos que o PLDO/2018 deixou de explicitar — em caráter preventivo e, portanto, fiscalmente prudente — os passivos contingentes e os riscos dos resultados do Banco Central para o orçamento federal. Trata-se de falha grave, igualmente presente nas LDOs anteriores, que vem comprometendo as finanças públicas desde a edição da LRF.[42].

Apesar de não alcançar a eficiência pretendida, a LDO tem um papel de suma importância no cenário orçamentário, especificamente quanto ao anexos de metas e riscos fiscais, que servem como bússola do gestor na conduta fiscal de sua unidade no decorrer de cada ano, além de, dentre outras questões, delinear os limites para o Poderes de Estado elaborarem suas propostas orçamentárias anuais. E sobre a tais peças, seguimos o estudo.

4. Lei orçamentária anual – LOA

É a peça que compreende, detalhadamente, o orçamento fiscal, da seguridade social e de investimentos das estatais referente ao próximo exercício, com a estimativa de receita, bem como a fixação das despesas de cada ente. É de se lembrar que a LOA deve estar em harmonia com os objetivos e metas estabelecidos no PPA, pois deve realizar o estabelecido em tais instrumentos.

É a LOA que autoriza o Executivo a despender os recursos arrecadados com manutenção da máquina, pagamento de credores, fornecedores, bem como à realização de investimentos. Uma importante função da LOA é a materialização as diretrizes da LDO, direcionando os limites e gastos disponíveis para o próximo exercício. Eis o motivo de ser um instrumento de exceção orçamentaria com planejamento de curto prazo.

Mas além das funções supra, o art. 165 da Constituição Federal ainda determina que três orçamentos compreendam a LOA:

- Orçamento de investimento das empresas estatais (OI). Orçamento das empresas que os entes federados, dentre eles a União, detenham a maioria do capital com direito a voto. São as estatais independentes, ou seja, as que não se encontram condicionadas a repasses financeiros do Estado.
- Orçamento da seguridade social (OSS). Refere-se às receitas e gastos com saúde, previdência e assistência social da administração direta e indireta.
- Orçamento fiscal (OF). São as ações não englobadas nos instrumentos anteriores, mas que engloba toda a Administração Direta e Indireta, incluindo as empresas estatais dependentes.

A elaboração da Lei Orçamentária Anual é regida por vários princípios constitucionais e normas jurídicas, que apesar de não serem objeto do presente, merecem ser aqui citados, tais

como: Unidade,   Anualidade,   Universalidade,   Totalidade
Orçamentária, do Orçamento Bruto, Não Afetação das Receitas,
Legalidade,   Exclusividade,   Especificação,   Equilíbrio,
Publicidade e da Clareza.

Entrementes, ainda que exista uma diversidade de
regras minuciosas, o que se percebe na gestão orçamentária de
vários municípios, especialmente os de menor porte e que
configuram mais de 80% dos entes nacionais, é a falta de
planejamento, clareza e vinculação com o programado.

Nesse sentido leciona KARPINSKI et al:

> O crescente número de alterações orçamentárias nos municípios
> desfigura o orçamento previamente aprovado pelos Poderes
> Legislativos e, isso torna a atividade de planejar uma verdadeira
> falácia   no   âmbito   das   administrações   públicas.
> Consequentemente, a busca pela excelência na elaboração e
> execução das peças orçamentárias é relativamente considerável,
> especificamente na Lei Orçamentária Anual – LOA. Há casos
> em que a necessidade de alterações orçamentárias acontece no
> primeiro mês de entrada em vigência da LOA e casos ainda
> mais graves, onde comprometem todo o processo de
> planejamento de dispêndio público por meio de um órgão,
> deixando saldo orçamentário insuficiente para outras execuções,
> frustrando assim todo o planejamento proposto pelo órgão.[43].

Consoante mencionado, a legislação é ampla quanto
às regras de elaboração orçamentária, muito embora os gestores,
muitas das vezes, não se atentem a elas. E para ilustrar os graves
problemas enfrentados no país, inclusive no âmbito do governo
federal, elegeu-se duas situações abaixo analisadas. Passemos a
elas.

5. As políticas públicas e orçamento – dever do planejamento suficiente e claro.

A escolha de uma agenda de governo não é tarefa fácil, tendo em visa a escassez dos recursos públicos. De fato, estes são finitos e as necessidades infindáveis, o que acarreta muita cautela ao se eleger os programas a serem inaugurados, bem como as peças orçamentárias pertinentes. Entende PINTO:

> Ora, o ponto nodal, verdadeiro eixo crítico da qualidade do gasto público passa, necessariamente, pela exigência de que os planos estatais, sobretudo as leis do ciclo orçamentário, contenham indicadores da sua consecução, atrelados a metas quantitativas de bens, serviços, obras e cidadãos atendidos, o que, por seu turno, implica estimativa de custo unitário e global.[44].

Nesse sentido, o orçamento merece ser real, confiável, transparente, ético e o mais preciso possível. A dimensão da disponibilidade dos recursos bastantes à consecução dos programas deve ser adequada ao PPA, lei com vigência de quatro exercícios financeiros, abrangendo o último de mandato de um gestor e os três primeiros de seu sucessor e das demais normas de regência.

É bom frisar que variações na economia e inflação são naturais, mas que precisam ser levadas em consideração como parâmetro de elaboração das leis orçamentárias. Caso as despesas verificadas no decorrer dos programas sejam significativamente diferentes do previsto, há de se considerar se foi um erro natural ou se má qualidade na construção dos valores e parâmetros.

E foi justamente esse, o fato apurado e constatado pelo TCU[45] no AC-948-13/16-P, referente à Administração Federal, quando atesta que em 2012, o PIB foi calculado completamente distorcido da realidade, na proporção de 62% maior que o posteriormente ocorrido. Em relação ao IPCA as falhas foram latentes, tendo em vista que inflação aferida se deu na ordem de 20,8% a mais que a anteriormente projetada. Tal verificação se deu em relação ao primeiro exercício do PPA, ocasião em que a realidade não estava assim tão distante, tendo sido possível uma previsão mais próxima e verossímil.

O acórdão mencionou também, as discrepâncias em relação exercício de 2015, os quais foram ainda mais surpreendentes, já que o PIB foi 169% menor que o calculado e o IPCA 137,8% maior que o previsto. Notou-se outrossim, que a Mensagem Presidencial, mesmo se levasse em consideração a crise econômica nacional e mundial, mostrava-se completamente discrepante da realidade que ensejou a elaboração de planos – concluiu-se, ao final, por um cenário econômico deveras apartado do existente.

E as expectativas para a análise do PPA federal 2016-2019 não merecem a melhor sorte, já que estão otimistas demais, correndo o risco de não se concretizarem e, de consequência, comprometer a execução das políticas formuladas para o período.

Seguindo-se à análise do TCU, agora no tocante à credibilidade, previsibilidade e clareza da LDO 2014/2015 do governo federal, chegou-se à mesma conclusão, qual seja, a ausência de tais atributos. A LDO serve ao estabelecimento de metas de resultado primário e nominal dos dois exercícios seguintes, indicando, dentre outras questões, o esforço da Administração em impedir que sua dívida pública cresça. Ocorre que, o governo federal, após prever um superávit primário e nominal inicial, percebeu que não iria atingi-los, o que acarretou a alteração legislativa com a finalidade de mudança de índices, e de conseguinte, na maquiagem contábil da época.

Eis a crítica tecida por HARADA:

> Ao invés de promover ajustes de contas com base no relatório bimestral de execução orçamentária, sempre que se verificou que a realização da receita poderia não comportar o cumprimento das metas do resultado nominal ou do resultado primário, o chefe do Executivo deixou de promover qualquer limitação de empenho nos meses de março, maio, julho, outubro e novembro de 2015, como se o relatório bimestral de janeiro/fevereiro, março/abril; maio/junho; julho/agosto; e setembro/outubro de 2015 estivessem apontando um resultado equilibrado. É óbvio que o rombo da ordem de 51 bilhões não surgiu da noite para o dia, mas desde o início da execução orçamentária do exercício de 2015.
>
> Cabia ao Chefe do Executivo promover limitações de empenho desde março de 2015, sob pena de imposição de multa administrativa de 30% dos vencimentos do agente público infrator, a ser aplicado pelo Tribunal de Contas da União – TCU – nos termos do art. 5º, III e § 1º da Lei nº 10.028/2000. Isso significa que o TCU também se omitiu na correção da execução orçamentária caminhando fora das regras previstas na Lei de Responsabilidade Fiscal – LRF.

Contabilidade criativa, pedaladas fiscais, ajuste das metas fixadas na LDO à realidade financeira do final de cada exercício, etc. poderão conduzir o País a um desastre econômico-financeiro total. O governo já sinalizou que irá alterar, também, as metas fiscais fixadas para o exercício de 2016 ao concordar com a manutenção do superávit primário inicialmente fixado sem a redução de 20 bilhões, acolhendo o posicionamento do Ministro da Fazenda que a mídia divulgou como sendo uma grande vitória do Ministro. Outro sinal claro nesse sentido foi o envio de uma mensagem aditiva do Planalto para consignar como previsão de receita de 2016 o produto da arrecadação da ordem de 40 bilhões a título de CPMF que não tem, ainda, existência no mundo jurídico. O governo conta com a aprovação do programa de ajuste fiscal a toque de caixa para poder iniciar a arrecadação da CPMF a partir de abril de 2016.[46].

Fato este que novamente ocorreu no governo seguinte consoante se demonstra pela notícia abaixo veiculada:

O presidente interino Michel Temer (PMDB) sancionou sem vetos proposta que altera a Lei de Diretrizes Orçamentárias de 2016 para incluir a nova meta fiscal, que prevê um déficit primário de até R$ 170,5 bilhões nas contas públicas. A medida está na Lei 13.291/2016, publicada nesta sexta-feira (27/5) no *Diário Oficial da União*.

A LDO original apontava um superávit de R$ 24 bilhões. Na gestão da presidente afastada Dilma Rousseff (PT), o texto já havia sido alterado, transformando a previsão de superávit em estimativa de déficit de R$ 96,7 bilhões.[47].

Extrai-se do já explanado, que o gestor, ao compor as despesas inerentes ao programa, não deve incluir receitas inexistentes, ou maquiar dados, fruto de uma contabilidade criativa que frauda as contas daqueles que já sabem que vão fechar o exercício em déficit e que, por vezes se utilizam do mecanismo dos "restos a pagar" para se esquivar de possíveis responsabilidades legais.

No campo internacional, o OCDE, parceiro do TCU em estudos sobre a boa governança, também se preocupa com a questão. É o que consta do entendimento abaixo transcrito:

> Ao tratar do gerenciamento dos orçamentos com limites claros, credíveis e previsíveis em matéria de política fiscal, a OCDE indica a necessidade de se perseguir uma política fiscal sólida e sustentável, com regras fiscais claras e verificáveis e com objetivos políticos que tornem mais fácil para a sociedade compreender e antecipar o curso da política fiscal do governo ao longo do ciclo econômico e orçamentário. Esse princípio trata também da aplicação de uma gestão top-down, com a finalidade de alinhar a política com os recursos para cada ano de um horizonte orçamentário de médio prazo, com a fixação de metas orçamentárias globais para cada ano, objetivando garantir que as receitas previstas e as despesas fixadas sejam consistentes e compatíveis com os recursos disponíveis (OCDE, 2015).[48].

Impende notar que o processo do Tribunal de Contas da União (TCU) AC-948-13/16-P-TCU teve por objeto um levantamento e comparação de execuções orçamentárias, usando como parâmetro as "boas práticas" estabelecidas por instituições internacionais, dentre elas a Organização para a Cooperação e Desenvolvimento Econômico[49] (OCDE), o Fundo Monetário Internacional (FMI) e a efetivamente realizada pela administração pública federal brasileira.

Confira parte da manifestação acerca da eficiência das leis orçamentarias, que se pede vênia para transcrever:

> Essa falha tem causado prejuízos à execução eficaz e eficiente das ações da LOA e à implementação dos programas do PPA, do que se conclui que a Administração Pública Federal ainda não está aderente aos princípios relativos a integridade das previsões e da execução orçamentária.

Em última análise, implica dizer que uma palavra de ordem deve ser lembrada nesse momento: prudência. Enfatiza-se a necessidade da mitigar os riscos e promover o desenvolvimento seguro das políticas públicas, lembrando que são ações de longa duração e merecem um acompanhamento e controle diuturno por parte da Administração.

6. Da execução orçamentária aderente ao planejamento.

Superada a fase da consecução dos estudos, debates e amadurecimento do planejamento orçamentário, segue-se à aprovação legislativa e por fim, à execução do que foi discutido e calculado nos meses anteriores. Neste momento passa-se à materialização das ações outrora vislumbradas, oportunidade em o planejamento ganha vida.

Resta evidenciado que o planejamento decorre de estudos e debates que desaguam nas leis orçamentárias. Para tanto, quando da execução orçamentária, certamente o grau de eficiência atingida será diretamente proporcional à fidelidade de cumprimento das ações já inclusas na lei específica.

Desde há muito a doutrina, *v.g.* PINTO, CONTI, OLIVEIRA e SCAFF dentre outros, discute a existência ou não, da força vinculante dos orçamentos, ou seja, se o gestor estaria "preso" aos termos expressos dessas leis. Disso decorre uma breve análise da natureza jurídica dos orçamentos.

Sabe-se que tais normativas não seguem a mesma ordem da maioria de leis editadas no Brasil. É que são bastante peculiares e protagonizam acaloradas controvérsias, a começar pela classificação como "leis formais", de cunho meramente político, e com uma conotação de efeitos concretos; ou "leis materiais", normas que inauguram direitos e tem efeitos gerais e abstratos.

É de observar também que possuem prazo de existência delimitado a um, dois ou quatro exercícios financeiros, a depender da sua especificidade – LOA (Lei Orçamentária Anual), LDO (Lei de Diretrizes Orçamentárias) ou PPA (Plano Plurianual).

O ponto que mais pertinente ao presente estudo se dá tocante a celeuma travada sobre o caráter impositivo ou meramente autorizativo dos gastos públicos em relação ao previsto originariamente em tais leis, cujos argumentos contrários se fundam nas questões *ut* mencionadas.

A discussão tornou-se mais acalorada com a edição da EC 86, de 17 de março de 2005, que alterou os artigos 165, 166 e 198 da Constituição Federal, tornando obrigatória a execução da programação orçamentária ali especificada. No dizer de SCAFF aprovou-se a figura do "orçamento impositivo à brasileira"[50], já que obriga o executivo a executar as emendas parlamentares, vinculadas, no mais das vezes, aos interesses eleitorais dos propositores.

No entanto, doutrina de espeque, *v.g.*, TORRES[51] entende que as leis orçamentárias não possuem caráter impositivo, tendo em vista serem leis meramente formais, ou seja, não criam direitos objetivos, mas sim, subjetivos. Nesse caso, não há como obrigar o gestor a cumprir as previsões de despesas e ações constantes dos planos orçamentários, que só criam expectativas de direitos. São meramente autorizativas – o gestor, exercendo o poder discricionário que detém, opta por cumpri-las ou não. Além disso, o orçamento impositivo poderia causar engessamento à atuação do governo, respingando na eficiência dos atos de Estado.

Sobre o assunto, leciona BARROSO e MENDONÇA:

> É simplesmente impossível que todas as necessidades públicas sejam previstas de forma detalhada em uma lei, ainda mais com antecedência de um ano. Problemas surgirão e será necessário que o administrador tenha meios para enfrentá-los. necessidades que haviam passado despercebidas ou não haviam ainda se manifestado terão de ser equacionadas, muitas vezes de forma urgente. Como visto, para isso existem os créditos adicionais. Na verdade, porém, as modificações do orçamento não bastariam para dar conta das necessidades de mudança que seriam produzidas por um regime em que todas as dotações tivessem de ser totalmente específicas. O legislador não está proibido de especificar suas decisões – na medida em entenda relevante – mas parece inevitável que as previsões de despesa possam ser flexíveis.[52]

Noutro giro, CONTI[53], PINTO[54] e OLIVEIRA[55] defendem que o caráter vinculativo vigora em ditas legislações.

Ora, cabe apontar que houve um processo administrativo complexo para se chegar ao produto final de uma lei orçamentária, fruto de debates com os maiores interessados na efetividade das ações, ou seja, o povo. Ignorar esse fato seria simplesmente não cumprir o implicitamente "pactuado" em audiência pública anterior.

Em que pese tais argumentos, as leis orçamentárias encontram-se cada vez mais "desvinculadas", andando na contramão do devido processo orçamentário.

A priori, a Carta da República determinou a vinculação de vários impostos aos fins nela criados, tais como, saúde, educação dentre outros. Entretanto, desde o ano de 2000, o ADCT (Ato das Disposições Constitucionais Transitórias) foi alterado para abarcar, provisoriamente, a possibilidade de se desvincular recursos até então impositivos (DRU). Ocorre que, de tempos em tempos o instituto fora prorrogado.

Por fim, com a EC 93/2016, houve a proposição de nova alteração da ADCT para prorrogar a desvinculação de receitas da União até 2023 e estabelecer a desvinculação de receitas aos Estados, Distrito Federal e Municípios.

O intuito era proporcionar mais liberdade ao governo para usar suas receitas. Isto posto, autorizou a União reverter os recursos vinculados, mormente em relação a áreas sociais específicas, para qualquer outra despesa considerada prioritária.

Em resumo, o governo federal poderia deixar de investir em saúde e educação, outrora protegidas pela Carta da República.

O cerne da questão foi a possibilidade de utilização livremente por parte do Executivo do percentual de 30% de todos os impostos e contribuições sociais federais. Na mesma ordem, estendeu a prerrogativa aos demais entes federados, sob a nomenclatura de DREM – Desvinculação de Receitas dos Estados, Distrito Federal e Municípios, não se aplicando às receitas destinadas à saúde e à educação.

Deixando de lado a discussão relativa ao atentado aos Direitos Sociais, que foge ao ponto central pertinente ao presente trabalho, o debate que merece ser levantado decorre da seguinte questão: a DRU fere o princípio da eficiência?

Tudo leva a crer que sim. Isto porquanto o instrumento em tela desconsidera todo um planejamento feito para diversas áreas que, a depender da vontade do Governo, pode ter um destino diverso, na contramão da eficiência e resultado. Ora, se as despesas com educação e saúde foram previstas, não era por outra razão que não, por serem necessárias. À medida em que os recursos previstos para a sua efetivação tiverem outro destino, alguém, em algum lugar no país ficará mais carente ainda da execução de uma política pública, anteriormente prevista, mas não entregue.

Conclusão.

O momento histórico que atravessa o Brasil no tocante à crise econômica e financeira demonstra que as regras de boa governança devem englobar os atos desde o planejamento até a execução responsável do orçamento previsto. Trata-se do processo orçamentário, do iter procedimental, que engloba um planejamento transparente, com a eleição de prioridades, clareza, realidade, consistência, estudos e projeções, somada à organização administrativa com a supervisão da execução orçamentária – controle de resultados.

Nesse sentido é que o presente artigo propôs um debate sobre o papel dos orçamentos como instrumento de planejamento essencial à gestão responsável e eficiente, os quais, juntos, revelam um grande avanço na gestão pública brasileira, por integrarem um sistema jurídico harmônico e capaz de garantir a execução orçamentaria em prol das necessidades públicas.

Para tanto, fala-se do Plano Plurianual (PPA), Lei de Diretrizes Orçamentárias (LDO) e Lei Orçamentária Anual (LOA) com arcabouço jurídico na Lei 4.320/64, Lei de Responsabilidade Fiscal (LC 101/00) e ainda na Constituição Federal de 1988. Todos eles atualmente são tidos como instrumentos criados à serviço de um melhor planejamento, com enfoque no moderno orçamento-programa.

Com efeito, o que se percebe é que uma das fases extremamente relevantes quando da criação dos programas de governo é a previsão orçamentária suficiente, clara, e principalmente passível de execução em conformidade com o planejado, o que, entretanto, não tem ocorrido.

Noutro enfoque, tratou-se da ausência de aderência da execução orçamentária ao planejamento realizado. Inobstante divergências doutrinarias a respeito da vinculação gerencial aos termos do programa previsto, a maioria condena a figura da DRU – desvinculação das receitas da União, tratada como um não orçamento, ou seja, aquele que caracteriza a perfeita antítese da legalidade orçamentária, parte essencial da competência privativa do legislador[56].

A perspectiva de melhoras do gerenciamento dos gastos dá-se com um reforço ao controle de custos e de resultado. Hodiernamente o que recomenda, inclusive na ordem internacional, é a adesão às boas práticas orçamentárias, que se não seguidas podem causar prejuízos imensuráveis á eficiência dos programas de governo.

Para tanto, a organização administrativa de controle de resultados se mostra de grande importância ao combate à ineficiência e má gestão. Deve-se monitorar sucessivamente a execução das ações. Só assim as leis orçamentárias serão elaboradas de forma clara e consciente e o respeito à programação chegará à níveis mais sólidos do que os hoje constatados.

Formação do projeto de orçamento e a

execução orçamentária nos tribunais

Letícia Formoso Delsin Matuck Feres[57]

Considerações iniciais.

Duas ideias centrais justificam o presente estudo: o mister constitucional do Poder Judiciário de guardião da Constituição e a autonomia financeira conferida a este órgão. Eis porque sua proposta nuclear reside no exame da atividade financeira pelo Poder Judiciário, como um dos instrumentos para a realização plena de sua atividade típica jurisdicional.

No que se refere à primeira ideia, é importante ressaltar, desde logo, que toda ação estatal deve ser norteada pelos objetivos fundamentais da República brasileira, estabelecidos pelo artigo 3º da Constituição Federal[58]. Neste contexto, a principal missão do Poder Judiciário consiste em assegurar a observância aos princípios e normas constitucionais.

Já quanto à autonomia financeira, trata-se de importante garantia institucional estabelecida pelo artigo 99 da Constituição Federal[59], que objetiva assegurar a independência do Poder Judiciário no relacionamento com os demais poderes. Ora, é inerente à ideia de estado democrático de direito a existência de um Poder Judiciário autônomo e independente para o exercício de sua função de guardião das leis. Como leciona Zaffaroni, "a chave do Poder Judiciário se acha no conceito de independência" [60].

Eis, em suma, a razão pela qual este trabalho cuida de descrever a atividade financeira do Poder Judiciário, à luz de sua autonomia financeira e de sua missão Constitucional de guardião das leis.

Desde já se esclarece que serão abordados alguns dos principais aspectos referentes à temática da atividade financeira do Poder Judiciário no ciclo orçamentário, em especial a formação do projeto de orçamento e a execução do orçamento aprovado, sem a pretensão de esgotar a vasta matéria.

Para cumprir tal escopo, o trabalho foi dividido em 7 capítulos, incluída esta introdução. O segundo capítulo é dedicado à apresentação de breves considerações sobre a atividade financeira do Estado dentro do atual contexto constitucional. Em seguida, no terceiro capítulo, serão tratadas mais detidamente da atividade financeira do Poder Judiciário e da posição institucional deste órgão na seara jurídica do Direito Orçamentário.

No quarto capítulo, será abordado brevemente o tema da responsabilidade fiscal do Poder Judiciário, para em seguida, no quinto capítulo, ser possível adentrar no tema da formação do projeto de orçamento nos tribunais, propriamente dito. Serão abordados, sucintamente, os mecanismos legais de organização das finanças públicas e as fases administrativa e legislativa de formação da proposta orçamentária.

Por fim, no sexto capítulo, serão feitas considerações sobre alguns dos principais aspectos da etapa de execução orçamentária.

Na conclusão, segue a amarração dos tópicos acima mencionados em prol da conformação constitucional que garante a autonomia financeira do Poder Judiciário, fomentando a independência deste órgão em relação aos demais poderes, condição fundamental para o pleno exercício de sua missão jurisdicional.

Enfim, o que se espera com o presente artigo é contribuir para a ampliação do debate sobre o tema da atividade financeira do Poder Judiciário.

1. A atividade financeira do Estado

A República Federativa do Brasil constitui-se em um Estado Democrático de Direito destinado a assegurar o exercício dos direitos sociais e individuais, a liberdade, a segurança, o bem-estar, o desenvolvimento, a igualdade e a justiça.

Nos termos do artigo 3º da Constituição Federal, constituem objetivos fundamentais da República Federativa do Brasil:

I - construir uma sociedade livre, justa e solidária;

II - garantir o desenvolvimento nacional;

III - erradicar a pobreza e a marginalização e reduzir as desigualdades sociais e regionais;

IV - promover o bem de todos, sem preconceitos de origem, raça, sexo, cor, idade e quaisquer outras formas de discriminação.

Os objetivos fundamentais da República brasileira são metas a serem realizadas e, conforme mencionado no capítulo anterior, devem nortear toda e qualquer ação estatal. É missão estatal proporcionar o máximo de efetividade aos objetivos da República no menor tempo possível, por meio do atendimento às necessidades públicas[61].

A fim de atender às necessidades públicas, o Estado deve obter recursos, planejar a aplicação destes por meio da elaboração do orçamento e, efetivamente, despender os valores necessários à consecução dos objetivos consagrados na Constituição. Estes atos referem-se à atividade financeira do estado.

A atividade financeira do estado é, portanto, a procura dos meios necessários à satisfação das necessidades públicas[62]. Nos dizeres de Regis Fernandes de Oliveira e Estevão Horvath, "tudo aquilo que incumbe ao Estado prestar, em decorrência de uma decisão política, inserida em norma jurídica, é necessidade pública[63]".

Relacionando os conceitos de necessidades públicas e o de Atividade Financeira do Estado, Aliomar Baleeiro assevera que a atividade financeira do estado "consiste em obter, criar, e gerir e despender o dinheiro indispensável ás necessidades públicas, cuja satisfação o Estado assumiu ou cometeu a outras pessoas de direito público[64]".

Trata-se de conceito dinâmico, influenciado por aspetos políticos e ideológicos de cada época, uma vez que, como dito, o conceito de necessidade pública, que é o objetivo da atividade financeira, depende de decisão política anterior, consagrada em norma jurídica.

Feitas as considerações iniciais, passa-se ao enfrentamento da posição institucional do Poder Judiciário no Direito Orçamentário.

2. A atividade financeira do Poder Judiciário

Como mencionado no capítulo anterior, o atendimento aos objetivos fundamentais da República deve nortear toda ação estatal. Toda função pública deve ser exercida em nome e no interesse do titular do poder: o povo.

Nos termos do artigo 2º da Constituição Federal[65] são Poderes da União o Executivo, o Legislativo e o Judiciário, os quais exercem funções públicas típicas e atípicas.

O Poder Judiciário, objeto do presente estudo, além da função típica jurisdicional, desempenha funções atípicas, como, por exemplo, a função administrativa, dentro da qual está inserida a atividade financeira. Ressalte-se que toda atuação desse órgão deve estar pautada, em ultima análise, no atendimento aos objetivos fundamentais consagrados na constituição.

Importante consignar que o ciclo orçamentário pode ser dividido em quatro fases: a elaboração do projeto de lei orçamentária, a tramitação do projeto no Poder Legislativo, a execução do orçamento aprovado e o controle da execução do orçamento. No presente trabalho será analisada a atividade financeira do Poder Judiciário nas fases de elaboração do projeto de lei orçamentária e de execução do orçamento aprovado.

O entendimento de que o Poder Judiciário desempenha função pública administrativa é fundamental para o entendimento da premissa de que, sob a ótica do Direito Orçamentário, o Poder Judiciário é órgão da Administração Direta.

Como sabido, a expressão Administração Pública possui vários significados. Neste momento, iremos nos ater ao conceito estrito, em sentido subjetivo, formal ou orgânico, segundo o qual a Administração Pública é o conjunto de pessoas jurídicas, órgãos e agentes públicos que exercem a função administrativa.

Oportuno ressaltar que a função administrativa é instrumento de realização direta e imediata dos direitos fundamentais. Refere-se às atividades de execução das leis para prestar serviços à população ou de gerenciamento da máquina administrativa.

Não obstante seja realizada principalmente pelos órgãos do Poder Executivo, a função administrativa também é desempenhada nos órgãos responsáveis por essa função nos demais poderes. Assim, encarregados da função administrativa nos Poderes Legislativo e Judiciário também se enquadram no conceito subjetivo, fazendo parte da Administração direta ou centralizada, eis que estão subordinados diretamente às pessoas jurídicas políticas União, Estados, Municípios ou Distrito Federal, conforme o caso.

Portanto, analisando o Poder Judiciário sob a ótica do Direito Orçamentário, extrai-se sua natureza jurídica de órgão da Administração Direta, o qual exerce atividade financeira. O exercício desta função pública administrativa insere o órgão entre os destinatários da Lei de Responsabilidade Fiscal (Lei Complementar Federal nº 101, de 4 de maio de 2000).

3. A responsabilidade fiscal do Poder Judiciário

O estudo sobre a Atividade Financeira do Estado, em especial, a do Poder Judiciário, demanda o exame de alguns aspectos da Lei de Responsabilidade Fiscal (Lei Complementar Federal nº 101, de 04 de maio de 2000), diploma que estabelece normas de finanças públicas voltadas para a responsabilidade na gestão fiscal.

Convém mencionar que a Lei de Responsabilidade Fiscal está em sintonia com o conceito de "accountability" extraído do direito comprado. Embora não haja uma tradução precisa desta expressão para o português, a expressão pode ser definida como o dever de prestar contas, de transparência e de eficiência de todo responsável pela execução da atividade financeira do Estado.

Nos termos do parágrafo 1º, do artigo 1º, da LRF, a responsabilidade na gestão fiscal pressupõe a ação planejada e transparente, em que se previnem riscos e corrigem desvios capazes de afetar o equilíbrio das contas públicas[66].

A Lei de Responsabilidade Fiscal, ao regulamentar as regras e as exigências estabelecidas pela Constituição Federal, preocupa-se com a manutenção do equilíbrio orçamentário do Estado, que deve despender, no máximo, o que foi arrecadado. Para tanto, todo encarregado pela gestão pública, nas esferas federal, estadual e municipal, sob pena de responsabilização, deve pautar-se em ações planejadas, restritivas e transparentes, visando garantir o equilíbrio entre receitas e despesas, por meio dos diversos mecanismos legais estabelecidos pela norma.

Ressalte-se, por oportuno, que a Lei de Responsabilidade fiscal obriga todo aquele que exerce atividade financeira. As disposições de referida Lei Complementar obrigam a União, os Estados, o Distrito Federal e os Municípios e, no âmbito de cada ente, alcança o Poder Legislativo, os Tribunais de Contas, o Ministério Público e o Poder Judiciário, objeto do presente estudo. Além disso, estão submetidos a ela os demais órgãos integrantes da Administração Pública Direta, as Fundações, as Autarquias e as Empresas Estatais dependentes[67].

Portanto, o Poder Judiciário exerce atividade financeira que deve estar norteada pelos ditames da Lei de Responsabilidade Fiscal, a qual impõe, dentre outros, o planejamento e a transparência de suas ações, visando garantir o equilíbrio entre receitas e despesas, indispensáveis para o cumprimento de sua missão constitucional.

Conforme mencionado, o Poder Judiciário atua em diferentes etapas do ciclo orçamentário. O presente estudo, repita-se, pretende abordar a atividade financeira do Poder Judiciário nas fases de elaboração da proposta orçamentária e de execução do orçamento aprovado.

4. A formação do projeto de orçamento nos tribunais

Antes de adentrar no tema, propriamente dito, far-se-á uma breve explicação sobre os mecanismos de organização das finanças públicas, para, em seguida, tratar do papel do Poder Judiciário nesta seara.

4.1. Orçamento público

Conforme mencionado anteriormente, é missão estatal proporcionar o máximo de efetividade aos objetivos fundamentais da República, por meio do atendimento às necessidades públicas. Para tanto, o Estado exerce atividade financeira, consistente na obtenção de recursos, no planejamento da aplicação destes por meio da elaboração do orçamento e, efetivamente, no dispêndio dos valores necessários à consecução dos objetivos consagrados na Constituição.

Neste contexto, desenvolve-se o conceito de orçamento-programa, segundo o qual o orçamento público torna-se instrumento fundamental de planejamento e de programação da atividade estatal, com importante função na condução de políticas públicas. Por meio dessa técnica, o orçamento consubstancia-se em um documento em que, nos dizeres de José Afonso da Silva, "se designam os recursos de trabalho e financeiros destinados à execução dos programas, subprogramas e projetos de execução da ação governamental, classificados por categorias econômicas, por função e por unidades orçamentárias[68]".

Trata-se de técnica adotada expressamente pelo ordenamento jurídico brasileiro, conforme se depreende da inteligência do artigo 16, do Decreto-Lei nº200, de 25 de fevereiro de 1967, que, ao dispor sobre a organização da Administração Pública Federal, estabelece que "em cada ano, será elaborado um orçamento-programa, que pormenorizará a etapa do programa plurianual a ser realizada no exercício seguinte e que servirá de roteiro à execução coordenada do programa anual".

Do mesmo modo, dispõe o artigo 1º, da Lei Federal nº 4.320/64, que a "Lei de Orçamento conterá a discriminação da receita e despesa de forma a evidenciar a política econômico-financeira e o programa de trabalho do Governo, obedecidos os princípios da unidade, universalidade e anualidade".

Sobre o tema, vale trazer à colação o entendimento de José Maurício Conti, segundo o qual, com a adoção da técnica do orçamento-programa, "os recursos públicos passam a ter sua previsão orçamentária destinada ao cumprimento dos diversos programas de governo, o que vincula os valores à realização dos referidos programas e das respectivas metas[69]".

Insta salientar que no modelo jurídico atualmente adotado no Brasil, a organização das finanças públicas ocorre por meio de três leis orçamentárias: o plano plurianual, a lei de diretrizes orçamentárias e a lei orçamentária anual, as quais devem atender às diretrizes fixadas pela técnica do orçamento-programa.

De modo sucinto, pode-se definir o plano plurianual como lei de iniciativa do chefe do Poder Executivo que estabelece, de forma regionalizada, as diretrizes, os objetivos e as metas da Administração Pública Federal para as despesas de capital e outras delas decorrentes, bem como bem com o para as relativas aos programas de duração continuada (CF, art. 165, I e § 1º[70]).

Já a lei de diretrizes orçamentárias, também de iniciativa do chefe do Poder Executivo, compreende as metas e prioridades da administração pública federal, incluindo as despesas de capital para o exercício financeiro subsequente, orientará a elaboração da lei orçamentária anual, disporá sobre as alterações na legislação tributária e estabelecerá a política de aplicação das agências financeiras oficiais de fomento (CF, art. 165, II e §2°[71]).

Por sua vez, a lei orçamentária anual, a qual, como as duas normas anteriores, é de iniciativa do chefe do Poder Executivo, tem por objeto discriminar receitas e despesas, de forma a evidenciar a política econômico-financeira e o programa de trabalho do Governo (Lei n° 4.320/64, art. 2°[72]).

A lei orçamentária anual compreenderá três orçamentos. Neste sentido, dispõe o parágrafo 5°, do artigo 165, da Constituição Federal:

> Art. 165 (...)
> (...)
> § 5° A lei orçamentária anual compreenderá:
> I - o orçamento fiscal referente aos Poderes da União, seus fundos, órgãos e entidades da administração direta e indireta, inclusive fundações instituídas e mantidas pelo Poder Público;
> II - o orçamento de investimento das empresas em que a União, direta ou indiretamente, detenha a maioria do capital social com direito a voto;
> III - o orçamento da seguridade social, abrangendo todas as entidades e órgãos a ela vinculados, da administração direta ou indireta, bem como os fundos e fundações instituídos e mantidos pelo Poder Público.

Além disso, a lei orçamentária anual será composta pelos seguintes documentos (Lei n°4320/64, art. 2°, §1°[73] e Lei Complementar n° 101/00, art. 5°, I e II[74]): i) o sumário geral da receita, por fontes, e da despesa, por funções de Governo; ii) quadro demonstrativo da receita e da despesa segundo as categorias econômicas; iii) quadro discriminativo da receita, por fontes, e respectiva legislação; iv) quadro das dotações por órgãos do Governo e da Administração; v) Anexo de Metas Fiscais; vi) demonstrativo da compatibilidade da programação dos orçamentos com os objetivos e as metas constantes do Anexo de Metas Fiscais; VII) demonstrativo regionalizado do efeito, sobre as receitas e despesas, decorrentes da concessão de benefícios fiscais.

Feitas as considerações sobre os mecanismos de organização das finanças públicas no ordenamento jurídico pátrio, as quais, embora sucintas, são importantes para a correta compreensão sobre o papel do Poder Judiciário no orçamento público, passa-se ao exame do processo de formulação da proposta de orçamento por este órgão.

4.2. A elaboração do orçamento

O Brasil adota o sistema de justiça dual, com órgãos integrantes do Poder Judiciário apenas nas esferas federal e estadual.

Convém ressaltar que, para fins orçamentários, o Poder Judiciário integra a Administração Publica Direta, conforme já mencionado. A previsão de suas despesas está inserida no orçamento fiscal, o qual compõe a lei orçamentária anual federal ou estadual, conforme o caso (CF, art. 165,§5º, I[75]). Em atenção ao princípio da unidade orçamentária, também as receitas do Poder Judiciário constam do orçamento fiscal geral do Governo federal ou estadual. Não havendo um orçamento de receitas específico para o órgão.

Conforme já mencionado, a organização das contas públicas no Brasil ocorre por meio do plano plurianual, da lei de diretrizes orçamentárias e da lei orçamentária anual, as quais devem representar o planejamento da ação estatal, no cumprimento de sua missão constitucional de atender às necessidades públicas. Portanto, a lei orçamentária anual deve ser elaborada de acordo com o estabelecido pela Lei de Diretrizes Orçamentárias e com o plano plurianual.

O ciclo orçamentário pode ser dividido em quatro etapas, dentre as quais a de elaboração do projeto de lei orçamentária. O presente estudo analisará o processo de elaboração da lei orçamentária anual da União, com breves referências ao processo estadual, por ser mais completo e complexo. Além disso, para fins didáticos, partir-se-á do pressuposto da existência de plano plurianual e de lei de diretrizes orçamentárias aprovados, deixando-se para outra oportunidade o exame aprofundado sobre o processo de elaboração de tais normas.

Dito isso, o processo de elaboração das leis orçamentárias pode ser dividido em duas fases: fase administrativa e fase legislativa. A primeira abrange a elaboração e formalização das propostas, a consolidação destas em um projeto de lei orçamentária e o seu efetivo encaminhamento pelo Chefe do Poder Executivo ao Poder Legislativo. A segunda fase refere-se à tramitação do projeto dentro do Poder Legislativo, até a aprovação final e consequente promulgação.

4.2.1 Fase administrativa

Participam do processo de elaboração do orçamento agentes de três naturezas: órgão central, órgão setorial e unidades orçamentárias. Todos devem constar do orçamento.

Na esfera federal, o Ministério do Planejamento, Orçamento e Gestão, por meio da Secretaria de Orçamento Federal (SOF), exerce a função de órgão central e é responsável pela coordenação e elaboração da proposta orçamentária da União, consolidando em um único documento a proposta de todos os seus órgãos. No Estado de São Paulo, por exemplo, o órgão central responsável pela elaboração das peças de planejamento e orçamento é a Secretaria Estadual de Planejamento e Gestão.

Na perspectiva do Poder Judiciário, tem-se que na esfera federal é composto por sete órgãos setoriais, incumbidos de fazer o levantamento das despesas necessárias em suas respectivas áreas e de repassar essas informações ao órgão central (SOF). São eles: Supremo Tribunal Federal, Superior Tribunal de Justiça, Justiça Federal, Justiça Militar, Justiça Eleitoral, Justiça do Trabalho e Justiça do Distrito Federal e Territórios.

Os órgãos setoriais são divididos em unidades orçamentárias, as quais devem avaliar os programas e os respectivos custos sob sua gestão e repassar essas informações àqueles.

Segundo o art. 14 da Lei n° 4.320/64, "constitui unidade orçamentária o agrupamento de serviços subordinados ao mesmo órgão ou repartição a que serão consignadas dotações próprias". Trata-se do menor nível da classificação institucional, agrupada em órgãos orçamentários, entendidos estes como os de maior nível da classificação institucional.

Nesse sentido leciona José Maurício Conti[76]:

> A unidade orçamentária é o centro de planejamento, elaboração orçamentária, execução orçamentária, controle interno e de verificação de custos e resultados, tornando-se responsável pelo planejamento e pela execução de projetos e atividades, sendo competente para autorizar e/ou empenhar despesas. (...) A unidade orçamentária permite maior eficiência na descentralização das tarefas a serem realizadas com as dotações a ela destinadas.

A Justiça Federal, por exemplo, é composta por seis unidades orçamentárias: Justiça Federal de primeira instância, TRF da 1ª Região, TRF da 2ª Região, TRF da 3ª Região, TRF da 4ª Região e TRF da 5ª Região. Por outro lado, há órgãos que correspondem a apenas uma unidade orçamentária como o Supremo Tribunal Federal, o Superior Tribunal de Justiça e a Justiça Militar da União.

No caso do Estado de São Paulo, a Lei Estadual n° 16.646, de 11.01.2018, que estabeleceu o orçamento para o exercício de 2018, prevê, em seu orçamento fiscal, como órgãos setoriais do Poder Judiciário, o Tribunal de Justiça e o Tribunal de Justiça Militar, cada qual corresponde a uma unidade orçamentária.

Convém mencionar que a fase administrativa do processo de elaboração orçamentária é composta por três etapas: preliminar, intermediária e final.

Na etapa preliminar, o órgão central de planejamento elabora as diretrizes e fixa as normas gerais para a elaboração do orçamento, estabelecendo prioridades e metas, as quais deverão ser observadas pelos órgãos setoriais e unidades orçamentarias. Também é responsável por fazer o cálculo de receitas estimadas, a fim de que sejam fixados os referenciais monetários que servirão de parâmetro para a elaboração das propostas orçamentárias pelos órgãos setoriais.

Insta consignar que os referencias monetários que servirão de base para a elaboração das propostas setoriais do poder Judiciária, obedecem a diretrizes previamente estabelecidas pela lei de diretrizes orçamentárias (CF, art. 99, §1º⁷⁷)

.

Em seguida, em uma etapa intermediária, os órgãos setoriais elaboram suas respectivas propostas orçamentárias, com base nos referenciais monetários fixados pelo órgão central.

Nesta etapa os órgãos setoriais fixam, de acordo com as prioridades de sua área, os referenciais monetários a serem observados pelas unidades orçamentárias que lhes são submetidas, bem como coordenam o processo de elaboração de suas propostas. Limitadas por este valor, as unidades orçamentárias verificam eventual proposta das unidades administrativas, os gastos dos exercícios anteriores, as prioridades e as necessidades do respectivo setor e, em seguida, formalizam sua proposta orçamentária, a qual será encaminhada ao órgão setorial. Este, então, avalia a proposta das unidades orçamentárias, consolidando-as e formalizando a proposta orçamentária do órgão setorial que será encaminhada ao órgão central.

No âmbito da Justiça Federal, exemplificando, cabe ao Conselho da Justiça Federal[78] elaborar a proposta orçamentária setorial das unidades orçamentárias que a compõem.

Na etapa final da fase administrativa de elaboração da proposta orçamentária, o órgão central consolida as propostas setoriais e formaliza a proposta orçamentária da União, do Estado ou dos Municípios, conforme o caso.

Em seguida, o Chefe do Poder Executivo remeterá o projeto de lei orçamentária para o Poder Legislativo, por meio de mensagem[79].

Oportuno ressaltar que o Poder Executivo é mero receptor da proposta elaborada pelo Poder Judiciário, cujo destino é o Poder Legislativo. As propostas devem ser encaminhadas sem alteração. O Poder Legislativo, por sua vez, poderá ou não acolher a proposta, mantendo ou não os valores nela contidos, ao elaborar a lei orçamentária. O Poder Executivo somente pode efetuar cortes na proposta encaminhada pelo Poder Judiciário, caso essa seja apresentada em desacordo com os limites estipulados na lei de diretrizes orçamentárias, exceção constitucional estabelecida pelo §4º do art. 99 da Constituição Federal[80].

4.2.2 Fase legislativa

No ordenamento jurídico pátrio, cabe ao Poder Legislativo aprovar o projeto de lei de todas as leis orçamentárias, tendo, inclusive, o poder de alterar a proposta orçamentária enviada pelo Chefe do Poder Executivo.

A fase legislativa do processo de elaboração do projeto de orçamento tem início com o encaminhamento do projeto de lei ao Poder Legislativo. Na esfera federal, a mensagem do Presidente da República, encaminhando o projeto de lei orçamentária, é entregue ao presidente do Senado, o qual a recebe e convoca sessão conjunta com a Câmara dos Deputados, oportunidade em que é feita a leitura da mensagem.

O projeto, em seguida, será examinado pela Comissão Mista de Planos, Orçamentos Públicos e Fiscalização (CMO), que emitirá parecer sobre o projeto de lei orçamentária e sobre os programas previstos, bem com o sobre as emendas apresentadas (CF, art. 166, § 1º[81]).

Esclareça-se, por oportuno, que uma vez iniciada a votação, o chefe do Poder Executivo não poderá mais propor modificações ao projeto (CF, art. 166, § 5º). Portanto, eventuais modificações a partir desta fase, inclusive de interesse do Poder Judiciário, somente poderão ser feitas por meio de emendas de parlamentares e desde que cumpridas as exigências constitucionais elencadas no parágrafo 3º, do artigo 166, quais sejam:

Art. 166 (...)
(...)
§3º (...)
I. sejam compatíveis com o plano plurianual e com a lei de diretrizes orçamentárias;
II. indiquem os recursos necessários, admitidos apenas os provenientes de anulação de despesa, excluídas as que incidam sobre:
a) dotações para pessoal e seus encargos;
b) serviço da dívida;
c) transferências tributárias constitucionais para Estados, Municípios e Distrito Federal; ou
III - sejam relacionadas:
a) com a correção de erros ou omissões; ou
b) com os dispositivos do texto do projeto de lei

Ato seguinte, analisadas as emendas, a Comissão Mista emite parecer final a ser encaminhado ao Congresso Nacional para votação. Com a sistematização das decisões o documento é encaminhado ao Chefe do Poder Executivo que o recebe para sanção ou veto, o qual, por sua vez, pode ser total ou parcial. O Congresso delibera sobre eventual veto presidencial, podendo acolhê-lo ou rejeitá-lo. Neste caso, o projeto inicialmente aprovado é encaminhado ao poder Executivo para promulgação. Mantido, o projeto é promulgado sem a parte vetada. Procede-se, então, à promulgação da lei orçamentária.

Feita a análise sobre a elaboração da proposta orçamentária na perspectiva do Poder Judiciário, passa-se ao exame da fase de execução do orçamento aprovado, com destaque para os pontos de interesse do Poder Judiciário.

5. A execução orçamentária nos tribunais

A execução do orçamento deve operar-se de modo a cumprir com a maior fidelidade possível o que fora aprovado.

Contudo, o processo de execução do orçamento é norteado pelo princípio da flexibilidade, que compatibiliza a necessidade de cumprimento fiel do orçamento público aprovado pelo Poder Legislativo, com as alterações necessárias ao longo do exercício financeiro, sem descaracterizá-lo.

Iniciado o exercício financeiro, com prévia promulgação da lei orçamentária, começa a ser executado o orçamento. Nos termos do art. 34, da Lei nº 4.320/64, a execução do orçamento ocorre no período de sua vigência entre o dia 1ª de janeiro e o dia 31 de dezembro, coincidindo, portanto, com o ano civil.

Oportuno ressaltar que cabe ao Poder Executivo, em até trinta dias da publicação da lei orçamentária, estabelecer a programação financeira e o cronograma de execução mensal de desembolso (Lei de Responsabilidade Fiscal, art. 8º[82]). Isso porque, como mencionado anteriormente, o orçamento corresponde a uma previsão de receitas, as quais ainda não estão disponíveis no início do exercício financeiro. Do mesmo modo, a peça orçamentária representa uma autorização de despesas, que somente serão realizadas na medida em que forem disponibilizados os recursos existentes.

Desse modo, a programação financeira pelo Poder Executivo objetiva ajustar o ritmo da execução do orçamento com o fluxo de ingressos, por meio da elaboração de um quadro de cotas destinadas a cada unidade orçamentaria mensalmente, assegurando a estas os recursos necessários e suficientes à execução dos programas anuais de trabalho e à manutenção do equilíbrio entre receitas e despesas (Decreto-Lei nº200/67 art. 7º e art. 17[83]).

Trata-se de mecanismo que objetiva evitar que oscilações de fluxos financeiros prejudiquem a execução do orçamento, compatibilizando os ingressos de recursos com a efetivação das despesas.

Nota-se que ao Poder Executivo, como responsável pela programação financeira e pela elaboração do cronograma mensal de desembolso, foi conferida parcela considerável de poder sobre a realização dos gastos públicos. Por tal razão e buscando salvaguardar a autonomia constitucional dos Poderes, a Constituição Federal adota excepcionalmente o mecanismo de duodécimos, por meio do qual são estabelecidas cotas mensais a partir da divisão da previsão anual em doze partes iguais, assegurando-se o repasse mensal, até o dia vinte, dos recursos correspondentes a um doze avos das respectivas dotações orçamentárias globais.

Este mecanismo é usado para a entrega de recursos ao Poder Judiciário, objeto do presente estudo, bem como ao Poder Legislativo, ao Ministério Público e à Defensoria Pública (CF, art. 168[84]).

Portanto, a execução orçamentária e financeira no âmbito do Poder Judiciário inicia-se, também, com a publicação da lei orçamentária anual. Contudo, o próprio Poder Judiciário deve elaborar e publicar por ato próprio o cronograma anual de desembolso mensal, segundo os parâmetros da Lei de Responsabilidade Fiscal e da Lei de Diretrizes Orçamentárias.

Esse cronograma terá como referencial o sistema de duodécimos e deve ter em vista o efetivo cumprimento das metas de resultado primário previstas na Lei de Diretrizes Orçamentárias. Contudo, pode haver frustação na expectativa de arrecadação, impondo-se a realização de ajustes nas despesas. Assim, cabe ao Poder Judiciário, verificada essa circunstância ao final de um bimestre, promover, por ato próprio, nos trinta dias subsequentes, a limitação de empenho e movimentação financeira, segundo os critérios da Lei de Diretrizes Orçamentárias (LRF, art.9[o85])

Uma vez realizada a programação financeira e o cronograma de desembolso, passa-se para a fase de realização da despesa pública propriamente dita.

Resumidamente, o primeiro passo é o empenho, por meio do qual se tem o comprometimento e a vinculação da receita orçamentária, com a despesa específica (Lei nº 4.320/64, art. 58[86]). Este ato é então materializado na nota de empenho, salvo hipóteses legais de dispensa de sua emissão, conferindo certeza e previsibilidade à despesa empenhada (Lei nº 4.320/64, art. 61)[87].

Em seguida, a despesa será objeto de liquidação, que consiste na verificação do direito adquirido pelo credor de receber a quantia empenhada (Lei nº 4.320/64, art. 63, §1º[88]). Realizada a liquidação, há emissão de ordem de pagamento, realizada pelos serviços de contabilidade (Lei nº 4.320/64, art. 64[89]) e somente após é realizado o efetivo pagamento pela tesouraria regularmente instituída por estabelecimentos bancários credenciados (Lei nº 4.320/64, art.65[90]). Em casos excepcionais e expressamente previstos em lei, o pagamento poderá ser realizado pelas vias de adiantamento (Lei nº 4.320/64, art.68[91]).

O princípio da flexibilidade, anteriormente citado, permite a adaptação da lei orçamentária aprovada às alterações que ocorram ao longo do exercício, mantidos os objetivos e os programas fixados inicialmente. Um dos principais mecanismos de adaptação é o crédito adicional que consiste em autorizações de despesas não computadas ou insuficientemente dotadas (Lei nº 4.320/64, art.40). Podem ser suplementares, especiais ou extraordinários. Os primeiros são reforços da dotação orçamentária que, embora previstos, mostram-se insuficientes. Já os especiais, são destinados às despesas para as quais não existe dotação específica. Os créditos extraordinários, por sua vez, são aqueles destinados a despesas urgentes e imprevistas, em caso de guerra, comoção intestina ou calamidade pública e serão abertos por meio de medida provisória (Lei nº 4.320/64, art.41[92]).

Em se tratando do exame da execução orçamentária pelo Poder Judiciário, o uso de crédito suplementares tem se mostrado frequente, em razão da crescente necessidade de atender a despesas cujas dotações mostram-se insuficientes durante o exercício financeiro. Os pedidos, nesses casos, são encaminhados ao Poder Executivo que, por sua vez, os encaminha ao Poder Legislativo, em razão da exigência de autorização legal para a obtenção do reforço na dotação orçamentária.

Consigne-se, por oportuno, que o Poder Executivo também pode autorizar a abertura de créditos adicionais requeridos pelo Poder Judiciário por meio da denominada "margem de remanejamento". Trata-se de autorização prévia estabelecida pela lei orçamentária para abertura de créditos adicionais, sem a necessidade de autorização legislativa posterior (Lei nº 4.320/64, art.7º, I[93]). Caso não utilize este mecanismo, o

Poder Executivo é obrigado a encaminhar o pleito elaborado pelo Judiciário ao Poder Legislativo.

Por fim, cumpre mencionar que no Brasil o ciclo orçamentário é realizado por meio de sistemas informatizados que possibilitam processar, em tempo real, a execução orçamentária, financeira, patrimonial e contábil das Entidades da Administração Direta e Indireta. Busca-se desse modo, otimizar e uniformizar a execução orçamentária, financeira, patrimonial e contábil, de forma integrada, minimizando os custos, proporcionando maior transparência, eficiência e eficácia na gestão dos recursos públicos, no âmbito federal a principal ferramenta é o Siafi (Sistema Informatizado de Administração Financeira do Governo Federal).

Conclusões

1. O objetivo geral deste trabalho foi compreender a correlação entre a autonomia financeira do Poder Judiciário e o exercício pleno de sua missão constitucional de guardião da Constituição, por meio do exame da atividade financeira judiciária na formação do projeto de orçamento e na execução orçamentária.

2. Para tanto, foram apresentadas breves considerações sobre a atividade financeira do Estado dentro do atual contexto constitucional, consistente nos atos de obtenção de

recursos, planejamento de suas aplicações por meio da elaboração do orçamento e o dispêndio dos valores necessários à consecução dos objetivos traçados na Constituição Federal. Ressaltou-se a missão estatal de proporcionar a máxima efetividade aos objetivos fundamentais estabelecidos pela Constituição Federal, por meio do atendimento às necessidades públicas.

3. Também houve exame do Poder Judiciário sob a ótica do Direito Orçamentário, extraindo-se sua natureza de órgão da Administração Pública Direta, que exerce função administrativa consistente em atividade financeira, fato que o insere entre os destinatários da Lei de Responsabilidade Fiscal, impondo-lhe os deveres de planejamento e de transparência em suas ações, para garantir o equilíbrio entre receitas e despesas, indispensáveis para o exercício de suas competências.

4. Foram feitas breves explicações sobre os mecanismos de organização das finanças públicas no Brasil, por meio do plano plurianual, da lei de diretrizes orçamentárias e da lei orçamentária anual.

5. Abordou-se o processo de elaboração da proposta orçamentária pelo Poder Judiciário, por meio do exame da fase administrativa que abrange a elaboração e formalização das propostas, a consolidação destas em um projeto de lei orçamentária e o seu efetivo encaminhamento pelo Chefe do Poder Executivo ao Poder Legislativo, bem como do exame da

fase legislativa referente à tramitação do projeto dentro do Poder Legislativo, até a aprovação final e consequente promulgação.

6. Feita a análise sobre a elaboração da proposta orçamentária na perspectiva do Poder Judiciário, passou-se ao exame da fase de execução do orçamento aprovado, com destaque para os pontos de interesse do Poder Judiciário. Tratou-se do papel do Poder Executivo, como responsável pela programação financeira e pela elaboração do cronograma mensal de desembolso, na realização dos gastos públicos, enfatizando-se, contudo, que, em se tratando da execução orçamentária e financeira do Poder Judiciário, este deve elaborar e publicar por ato próprio o cronograma anual de desembolso mensal, segundo os parâmetros da Lei de Responsabilidade Fiscal e da Lei de Diretrizes Orçamentárias.

7. Ressaltou-se que a Constituição Federal adota excepcionalmente o mecanismo de duodécimos, por meio do qual são estabelecidas cotas mensais a partir da divisão da previsão anual em doze partes iguais, a fim de salvaguardar a autonomia constitucional do Poder Judiciário, objeto do presente estudo, bem como do Poder Legislativo, do Ministério Público e da Defensoria Pública.

8. Por fim, tratou-se brevemente das etapas de realização da despesa pública, para em seguida mencionar a possibilidade de adaptação da lei orçamentária ao longo do exercício em razão do princípio da flexibilidade, oportunidade

em que se destacou que no âmbito do Poder Judiciário o principal mecanismo de adaptação é o de créditos suplementares, para reforço da dotação orçamentária que, embora previstos no orçamento, mostram-se insuficientes.

9. A conclusão a que se chega é a de que a autonomia financeira constitucionalmente assegurada ao Pode Judiciário e refletida no exercício de suas atividades no ciclo orçamentário é garantia indispensável à independência desse órgão, permitindo-lhe o pleno exercício de seu mister de guardião da Constituição.

ANOMIA NO CICLO ORÇAMENTÁRIO, SEU REFLEXO NOS PRECATÓRIOS E AS POSSÍVEIS SOLUÇÕES.

Eurípedes Gomes Faim Filho[94]

INTRODUÇÃO.

Neste artigo se pretende analisar a formação das leis que estabelecem o ciclo orçamentário procurando saídas para situações que fogem da normalidade, mas que podem acontecer e até já aconteceram.

Para se saber o patológico é preciso saber o que seria normal e é isso que se faz no início do artigo.

Em seguida se principia o estudo dos problemas começando com a não apresentação dos projetos pelo Poder Executivo ou a apresentação com valores de precatórios incorretos.

Mesmo apresentado o projeto pode ocorrer de o Poder Legislativo não deliberar a seu respeito, rejeitá-lo ou diminuir o valor devido a título de precatórios por meio de emendas parlamentares ou ser necessária uma retificação do autógrafo.

Mais além, mas também com registro de já ter ocorrido, o Executivo pode promulgar a lei com texto diverso do autógrafo, além de poder vetar o projeto ou não o promulgar.

Portanto, muitas são as dificuldades que podem ocorrer nessa tramitação dos projetos de lei e aqui os problemas são apresentados e possíveis soluções são apontadas, tendo em vista em especial o grave caso dos precatórios que demanda todo o cuidado pelo tanto de abuso que já houve e ainda há nessa área.

1. O CICLO ORÇAMENTÁRIO NORMAL.

O ciclo orçamentário brasileiro consiste em uma série de leis interligadas cujo propósito consiste em planejar o exercício do governo bem como dar legitimidade democrática ao gasto do dinheiro público e à arrecadação das receitas.

A legitimidade democrática é o mais antigo e principal propósito dessas leis e é uma ideia que remonta ao Édito de Paris de 614 no qual constava: *"Em toda a parte onde um novo imposto tenha sido perversamente introduzido e tenha instigado o povo à resistência, o assunto será investigado e o imposto compassivamente abolido."*[95]

Aliomar Baleeiro menciona um documento na Península Ibérica de 31 de março de 1091 no qual Afonso VI notifica a cobrança de um tributo extraordinário e se menciona o consentimento dos que iram fazer o pagamento, sendo que em 1188 se reconheceu solenemente nas Cortes de Leão que os impostos deveriam ser votados pelos contribuintes por meio de seus representantes.[96]

Em 1215 surgiu a Magna Carta extraída do Rei João Sem Terra de onde vem a regra de que não haveria tributação sem autorização prévia daqueles que teriam que pagar por ela ou, na célebre expressão em inglês: *"no taxation without representation".*[97]

Albano Santos noticia que em Portugal essa prática de o Rei pedir recursos pecuniários ao povo e esse ter a possibilidade de recusar já foi possível de ser encontrada em 1372 nas Cortes de Leria.[98]

Essa lição ainda não foi totalmente aprendida no Brasil, pois aqui o Supremo Tribunal Federal permite que a tributação seja tratada por medida provisória:

> [...] já se acha assentado no STF o entendimento de ser legítima a disciplina de matéria de natureza tributária por meio de medida provisória, instrumento a que a Constituição confere força de lei (cf. ADI 1.417-MC). Vide ADI 1.667 MC, rel. min. Ilmar Galvão, j. 25-9-1997, P, DJ de 21-11-1997.

Contudo, o princípio de que a arrecadação precisa ser autorizada anualmente pelo povo existe na Lei 4.320/1964:

> Art. 51. **Nenhum tributo** será exigido ou aumentado sem que a lei o estabeleça, nenhum **será cobrado em cada exercício sem prévia autorização orçamentária,** ressalvados a tarifa aduaneira e o impôsto lançado por motivo de guerra. (grifo nosso)

A jurisprudência tem entendido que esse artigo foi recepcionado e é válido como se vê no seguinte acórdão:

> PRINCÍPIO DA ANUALIDADE – O princípio da anualidade foi previsto expressamente nas Constituições de 1946 e de 1967, porém não na Emenda Constitucional 1/1969, a qual passou a consagrar o princípio da anterioridade (artigo 153, §29) – **Segundo o princípio da anualidade, um tributo somente poderia ser cobrado em cada exercício se tivesse sido previamente autorizado pela lei orçamentária anual** – Constituição Federal de 1988 que também não previu o princípio da anualidade expressamente – Entendimento doutrinário no sentido de que tal princípio não mais prevalece no sistema constitucional tributário, mas tão somente o princípio da anterioridade – Supremo Tribunal Federal que no julgamento da ADI 939-7/DF também se manifestou sobre a **não subsistência do princípio da anualidade no âmbito constitucional** com o advento da Constituição Federal de 1988 – Entendimento aparentemente isolado na doutrina de que esse princípio agora significaria que tributos sobre o patrimônio e a renda só poderiam ser cobrados em períodos anuais e não em períodos inferiores a um ano – **Princípio da anualidade que ainda significa que os tributos precisam ser previstos na lei orçamentária anual. Embora a Constituição não mais o exija expressamente, ele continua válido, uma vez que ainda é mencionado por norma infraconstitucional (artigo 51 da Lei Federal n°. 4.320/64)** – Contudo, isso não significa que a lei orçamentária deva ser exata no que tange ao montante do tributo a ser arrecadado, pois isso feriria o princípio da praticabilidade da tributação, **significando apenas que a receita deve ser prevista, mesmo que de uma forma estimada.**[99] (grifo nosso)

O Supremo Tribunal Federal por seu turno decidiu:

> "Cabe ao Poder Legislativo autorizar a realização de despesas e a instituição de tributos, como expressão da vontade popular. **Ainda que a autorização orçamentária para arrecadação de tributos não mais tenha vigência ('princípio da anualidade'),** a regra da legalidade tributária estrita não admite tributação sem representação democrática" (RE 414.249 AgR, rel. Min. Joaquim Barbosa, 2.ª T., j. 31.08.2010, DJe-218 DIVULG 12-11-2010 – grifo nosso)

Ocorre que a matéria é infraconstitucional e essa decisão do Supremo Tribunal Federal não é vinculante, razão pela qual se entende que o princípio ainda vale.[100]

Mais tarde surge a noção de que, como o dinheiro da tributação é dinheiro público, o povo também deve autorizar como ele deve ser gasto, onde, por quem, para quem e quando.

Dessas duas noções: autorização de arrecadação de tributos e autorização de gastos surge a ideia de orçamento público e daí vem a lei de orçamentária anual, a LOA.

Embora as leis do ciclo orçamentário sejam de iniciativa privativa do Chefe do Poder Executivo, em virtude de seu caráter democrático, elas só podem ser produzidas como leis no sentido formal, ou seja, leis elaboradas pelo Poder Legislativo, genéricas e abstratas. Em virtude disso a Constituição expressamente veda a vinculação dessas leis por meio de medidas provisórias ou leis delegadas.

As leis do ciclo orçamentário brasileiro são três: o Plano Plurianual (PPA), a Lei de Diretrizes Orçamentárias (LDO) e a Lei Orçamentária Anual (LOA).

Essas três leis têm o objetivo de realizar o planejamento governamental, começando pelo Plano Plurianual, apresentado no primeiro ano de mandato do Chefe do Executivo para viger do segundo ano desse mandato até o primeiro ano do mandato seguinte.

Esse plano deve estabelecer diretrizes, objetivos e metas da administração pública para as despesas de capital e outras que delas decorram e para as relativas aos programas de duração continuada, devendo fazer isso de forma regionalizada.

Todos os planos e programas previstos na Constituição, sejam nacionais, regionais ou setoriais, devem obediência ao plano plurianual, o mesmo ocorre com a lei de diretrizes orçamentárias e a lei orçamentária anual.

Caso a execução de um investimento ultrapasse um exercício financeiro ela só poderá ser iniciada se houver prévia inclusão no plano plurianual ou se houver lei que autorize essa inclusão, sob pena de prática de crime de responsabilidade.

Normalmente os planos plurianuais não tratam de precatórios.

Por sua vez, as leis de diretrizes orçamentárias devem trazer regras sobre como se deve elaborar a lei orçamentária anual, e essa lei orçamentária deve obediência à LDO. Além disso, ela deve conter as metas e prioridades da administração pública, inclusive as despesas de capital para o exercício financeiro seguinte, alterações na legislação tributária, estabelecendo ainda a política de aplicação das agências financeiras de fomento do governo.

Essas leis se renovam anualmente e em relação aos precatórios são verdadeiros códigos, pois contém várias e importantes regras a respeito do seu funcionamento.

A lei orçamentária anual é única, mas dentro de si contém três orçamentos, ou seja:

1. O fiscal: relativo à administração direta e indireta;
2. O de investimento das empresas em que o Poder Público tenha participação; e
3. O da seguridade social.

Na lei orçamentária anual só poderá constar dispositivos tratando de previsão de receita e fixação de despesa, salvo autorização para abertura de créditos suplementares e contratação de operações de crédito, mesmo que por antecipação de receita.

A Constituição não permite a realização de despesas ou assunção de obrigações não previstas na LOA ou além do que foi previsto, bem como o início de programas ou projetos que não tenham sido incluídos nela.

A utilização de recursos do orçamento fiscal e da seguridade social para suprir necessidade ou cobrir déficit de empresas fundações e fundos demanda autorização legislativa específica, ou seja, uma lei que trate só desse assunto, para que o legislador esteja bem consciente do que esteja fazendo e para que haja maior transparência.

No entanto, os recursos provenientes das contribuições sociais previstas no art. 195, I, a, e II, só podem ser usados para pagamento de benefícios do regime geral de previdência social de que trata o art. 201, todos da Constituição da República.

Também, há vedação expressa de transferência voluntária ou realização de empréstimos de qualquer forma para pagamento de pessoal ativo ou inativo, igualmente, há vedação de vinculação de receita de impostos, salvo exceções constitucionais.

No orçamento os recursos são previstos em categorias de programação e a alteração disso sem prévia autorização legislativa não é permitida, salvo no que tange a atividades de ciência, tecnologia e inovação, nos termos da Constituição.

Cabe aos três Poderes, de forma integrada, por meio de seus respectivos sistemas de controle interno, avaliar o cumprimento das metas previstas no PPA e a execução dos programas de governo e dos orçamentos.

Na LOA há a previsão do que será pago a título de precatórios no ano, o que estranhamente constituiu um valor exato, enquanto as demais despesas são uma previsão, inclusive as relativas às requisições de pequeno valor.

Essas são as regras do que é normal. Vejamos doravante o que pode ocorrer de patológico neste ciclo.

2. CASO DE NÃO APRESENTAÇÃO DOS PROJETOS DE LEI.

Como foi dito acima, o Poder Executivo tem a iniciativa privativa na apresentação dos projetos de lei do PPA, da LDO e da LOA e a questão aqui é o que fazer se ele não apresentar esses projetos.[101]

2.1 Não apresentação do projeto de Lei Orçamentária Anual.

Começando pela LOA, se pode lembrar que essa não apresentação seria crime de responsabilidade nos termos da Lei 1.079/1950:

> Art. 10. São crimes de responsabilidade contra a lei orçamentária:
> 1- Não apresentar ao Congresso Nacional a proposta do orçamento da República dentro dos primeiros dois meses de cada sessão legislativa;

Mas o fato de ser crime de responsabilidade não resolveria o problema da falta de apresentação do projeto de LOA porque o impeachment demora muito e assim o governo ficaria sem orçamento e, portanto, sem poder gastar até que chegasse um novo governante.

Nessa situação o correto seria aplicar-se o art. 32 da Lei 4.320/64 que diz:

> Se não receber a proposta orçamentária no prazo fixado nas Constituições ou nas Leis Orgânicas dos Municípios, o Poder Legislativo considerará como proposta a Lei de Orçamento vigente.

Porém, em termos de precatórios, isso não é solução para o impasse porque os precatórios mudam de titularidade e valor ano a ano.

Nesse caso a melhor solução para o Poder Legislativo seria diretamente coletar informações atualizadas pelo Poder Judiciário e usá-las como parte do projeto de LOA.

2.2 Não apresentação do projeto de Lei de Diretrizes Orçamentárias.

Pode-se questionar se nesse caso seria crime de responsabilidade e aí se deve lembrar que não existia LDO em 1950 quando da promulgação da lei dos crimes de responsabilidade e essa lei não foi atualizada, assim, pelo princípio da tipicidade penal se poderia dizer que o fato não é típico, não cabendo analogia em Direito Penal.

Mas, mesmo que fosse crime, isso não resolveria o problema pelo mesmo motivo dito acima a respeito da LOA.

Não há uma norma tratando especificamente do assunto, por isso se deve recorrer à Lei de Introdução às normas do Direito Brasileiro onde se lê:

> Decreto-lei 4.675/1942: Art. 4º Quando a lei for omissa, o juiz decidirá o caso de acordo com a analogia, os costumes e os princípios gerais de direito.

O intérprete deve primeiro procurar uma solução dentro do ordenamento jurídico, ou seja, usar a analogia, e, usando esse instrumento há uma norma que serve na hipótese em comento, ou seja, o art. 32 da Lei 4.320/1964 supratranscrita e onde se lê "lei do orçamento vigente" se deve ler "lei de diretrizes orçamentárias vigente" e, dessa forma, a questão está equacionada por analogia, ou seja, o Poder Legislativo considerará como proposta a LDO vigente.

Em relação aos precatórios essa solução também é válida porque a LDO contém normas genéricas que poderiam facilmente ser aplicadas novamente.

2.3 Não apresentação do projeto de Plano Plurianual.

A falta de apresentação do projeto de lei do Plano Plurianual equivale à situação da falta de apresentação do projeto de lei de diretrizes orçamentárias, por isso, tudo o que foi dito no item anterior vale aqui também.

3. APRESENTAÇÃO DO PROJETO DE LEI ORÇAMENTÁRIA ANUAL COM VALORES DE PRECATÓRIOS GLOSADOS PELO EXECUTIVO.

Os valores encaminhados pelo Poder Judiciário ao Poder Executivo para inclusão no projeto de lei orçamentária anual não podem sofrer glosa nem parcial e nem total e isso decorre do que dispõe a Constituição da República:

> Art. 100 § 5º É **OBRIGATÓRIA** a **inclusão, no orçamento** das entidades de direito público, de **verba necessária ao pagamento** de seus débitos, oriundos de sentenças transitadas em julgado, **constantes de precatórios judiciários**

apresentados até 1º de julho, fazendo-se o pagamento até o final do exercício seguinte, quando terão seus valores atualizados monetariamente. (Redação dada pela Emenda Constitucional nº 62, de 2009). (grifo e destaque nosso)

Como se vê essa é uma norma cogente que não permite qualquer discricionariedade para nenhum dos três Poderes, tratando-se evidentemente de caso de orçamento impositivo.

Caso haja prejuízo a esse cumprimento caberá sequestro, nos termos do art. 100, §6º, da Constituição da República:

> Art. 100 § 6º As dotações orçamentárias e os créditos abertos serão consignados diretamente ao Poder Judiciário, cabendo ao **Presidente do Tribunal** que proferir a decisão exequenda determinar o pagamento integral e **autorizar**, a requerimento do credor e exclusivamente para os **casos** de preterimento de seu direito de precedência ou **de não alocação orçamentária do valor necessário à satisfação do seu débito**, o **sequestro** da quantia respectiva. (Redação dada pela Emenda Constitucional nº 62, de 2009). (grifo nosso)

Também nada impede e convém que o Legislativo, por meio de emenda parlamentar, corrija o abuso do Executivo.

4. NÃO DELIBERAÇÃO PELO LEGISLATIVO DOS PROJETOS DAS LEIS ORÇAMENTÁRIAS.

O Supremo Tribunal Federal entendeu que, embora não haja prazo para o Legislativo deliberar, a falta de deliberação pode constituir mora dependendo da situação em apreço:

Assim, questão que ainda está a merecer melhor exame diz respeito à *inertia deliberandi* (discussão e votação) no âmbito das Casas Legislativas. Enquanto a sanção e o veto estão disciplinados, de forma relativamente precisa, no texto constitucional, inclusive no que concerne a prazos (art. 66), a deliberação não mereceu do constituinte, no tocante a esse aspecto, uma disciplina mais minuciosa. Ressalvada a hipótese de utilização do procedimento abreviado previsto no art. 64, § 1º e § 2º, da Constituição, **não se estabeleceram prazos para a apreciação dos projetos de lei.** Observe-se que, mesmo nos casos desse procedimento abreviado, não há garantia quanto à aprovação dentro de determinado prazo, uma vez que o modelo de processo legislativo estabelecido pela Constituição **não contempla a aprovação por decurso de prazo.** Quid juris, então, se **os órgãos legislativos não deliberarem dentro de um prazo razoável sobre projeto de lei em tramitação?** Ter-se-ia aqui uma omissão passível de vir a ser considerada morosa no processo de controle abstrato da omissão? O STF tem considerado que, **desencadeado o processo legislativo, não há que se cogitar de omissão inconstitucional do legislador. Essa orientação há de ser adotada com temperamento.** A complexidade de **algumas obras legislativas não permite que elas sejam concluídas em prazo exíguo.** O próprio constituinte houve por bem excluir do procedimento abreviado os projetos de código (CF, art. 64, § 4º), reconhecendo expressamente que obra dessa envergadura não poderia ser realizada de afogadilho. Haverá trabalhos legislativos de igual ou maior complexidade. Não se deve olvidar, outrossim, que as atividades parlamentares são caracterizadas por veementes discussões e difíceis negociações, que decorrem mesmo do processo democrático e do pluralismo político reconhecido e consagrado pela ordem constitucional (art. 1º, caput, I). Orlando Bitar, distinguindo os Poderes, dizia que o Legislativo é intermitente, o Executivo, permanente e o Judiciário só age provocado. Ou seja, o Legislativo pode parar por algum tempo, isto é, entrar em recesso. **Essas peculiaridades da atividade parlamentar, que afetam, inexoravelmente, o processo legislativo, não justificam, todavia, uma conduta manifestamente negligente ou desidiosa das Casas Legislativas, conduta esta que pode pôr em risco a própria ordem constitucional.** Não tenho dúvida, portanto, em admitir que também a *inertia deliberandi* das Casas Legislativas pode ser objeto da ação direta de inconstitucionalidade por omissão. Dessa forma, pode o Supremo Tribunal Federal **reconhecer a mora do legislador em deliberar** sobre a questão, declarando, assim, a inconstitucionalidade da omissão [ADI 3.682, voto do rel. min. Gilmar Mendes, j. 9-5-2007, P, DJ de 6-9-2007.] (grifo nosso)

Evidente que no caso das leis orçamentárias a não deliberação seria conduta *"que pode pôr em risco a própria ordem constitucional"*.

Haveria no caso inconstitucionalidade por omissão:

Se o Estado deixar de adotar as medidas necessárias à realização concreta dos preceitos da Constituição, em ordem a torná-los efetivos, operantes e exequíveis, abstendo-se, em consequência, de cumprir o dever de prestação que a Constituição lhe impôs, incidirá em violação negativa do texto constitucional. Desse *non facere* ou *non praestare*, resultará a inconstitucionalidade por omissão, que pode ser total, quando é nenhuma a providência adotada, ou parcial, quando é insuficiente a medida efetivada pelo poder público. [ADI 1.458 MC, rel. min. Celso de Mello, j. 23-5-1996, P, DJ de 29-9-1996.]

E o Supremo Tribunal Federal tem entendido que o controle de constitucionalidade das normas orçamentárias é possível:

Controle abstrato de constitucionalidade de normas orçamentárias. Revisão de jurisprudência. O STF deve exercer sua função precípua de fiscalização da constitucionalidade das leis e dos atos normativos quando houver um tema ou uma controvérsia constitucional suscitada em abstrato, independente do caráter geral ou específico, concreto ou abstrato de seu objeto. **Possibilidade de submissão das normas orçamentárias ao controle abstrato de constitucionalidade.** (...) Medida cautelar deferida. Suspensão da vigência da Lei 11.658/2008, desde a sua publicação, ocorrida em 22 de abril de 2008. [ADI 4.048 MC, rel. min. Gilmar Mendes, j. 14-5-2008, P, DJE de 22-8-2008.] No mesmo sentido: RE 412.921 AgR, rel. min. Ricardo Lewandowski, j. 22-2-2011, 1ª T, DJE de 15-3-2011; ADI 4.049 MC, rel. min. Carlos Britto, j. 5-11-2008, P, DJE de 8-5-2009. (grifo nosso)

A Constituição da República prevê o seguinte a respeito da omissão:

Art. 103. § 2º **Declarada a inconstitucionalidade** por omissão de medida para tornar efetiva norma constitucional, **será dada ciência** ao Poder competente para a adoção das providências necessárias e, em se tratando de órgão administrativo, para fazê-lo em trinta dias. (grifo nosso)

Evidente a pouca ou nenhuma eficácia da norma constitucional na forma como aí consta, pois além de não fixar prazo para o Legislativo não prevê nenhuma sanção, mas isso não impede que o Judiciário fixe um prazo como foi feito, por exemplo, pelo Supremo Tribunal Federal na ADI 3.682 de relatoria do Ministro Gilmar Mendes.

Para solucionar o problema poderá ser aplicada a seguinte regra constitucional por analogia:

Art. 166 § 8º Os recursos que, em decorrência de veto, emenda ou **rejeição do projeto de lei orçamentária anual**, ficarem sem despesas correspondentes poderão ser **utilizados**, conforme o caso, mediante **créditos especiais ou suplementares, com prévia e específica autorização legislativa.** (grifo nosso)

Assim, enquanto a LOA não for aprovada os pagamentos poderão ser feitos por meio de créditos especiais ou suplementares.

As leis de diretrizes orçamentárias do Estado de São Paulo têm previsto uma solução para a questão:

> Lei Estadual Paulista 16.884/2018 Artigo 55 - Não sendo encaminhado o autógrafo do projeto de lei orçamentária anual até a data de início do exercício de 2019, fica o Poder Executivo autorizado a realizar a proposta orçamentária até a sua conversão em lei, no limite de até 1/12 (um doze avos) em cada mês.
>
> Parágrafo único - A limitação de 1/12 (um doze avos) em cada mês, a que se refere o "caput" deste artigo, não se aplica às despesas de que tratam as alíneas "a", "b" e "c" do inciso II do § 3º do artigo 166 da Constituição Federal.[102]

A norma constitucional mencionada prevê:

> Art. 166 § 3º As emendas ao projeto de lei do orçamento anual ou aos projetos que o modifiquem somente podem ser aprovadas caso:
>
> II - indiquem os recursos necessários, admitidos apenas os provenientes de anulação de despesa, excluídas as que incidam sobre:
>
> a) dotações para pessoal e seus encargos;
>
> b) serviço da dívida;
>
> c) transferências tributárias constitucionais para Estados, Municípios e Distrito Federal; [...]

Como se vê, no Estado de São Paulo, se não ocorrer o encaminhamento do projeto votado pelo Legislativo ao Executivo, a proposta orçamentária será executada como se tivesse sido aprovada no limite de um doze avos por mês, salvo nos casos de despesas de pessoal e seus encargos, do serviço da dívida e das transferências tributárias previstas na Constituição para os municípios.

Mas, no que tange a precatórios de entidades no regime especial, a regra é a prevista no art. 101 do Ato das Disposições Constitucionais Transitórias com a redação dada pela Emenda Constitucional 99/2017, pois o Estado de São Paulo está nesse regime especial:

> Art. 101. Os Estados, o Distrito Federal e os Municípios que, em 25 de março de 2015, se encontravam em mora no pagamento de seus precatórios quitarão, até 31 de dezembro de 2024, seus débitos vencidos e os que vencerão dentro desse período, atualizados pelo Índice Nacional de Preços ao Consumidor Amplo Especial (IPCA-E), ou por outro índice que venha a substituí-lo, **depositando mensalmente em conta especial do Tribunal de Justiça local, sob única e exclusiva administração deste, 1/12 (um doze avos) do valor calculado percentualmente sobre suas receitas correntes líquidas apuradas no segundo mês anterior ao mês de pagamento,** em percentual suficiente para a quitação de seus débitos e, ainda que variável, nunca inferior, em cada exercício, ao percentual praticado na data da entrada em vigor do regime especial a que se refere este artigo, **em conformidade com plano de pagamento a ser anualmente apresentado ao Tribunal de Justiça local**. (grifo nosso)

Para os entes em regime ordinário se pode usar a solução prevista acima por analogia, ou o que prever a respectiva LDO.

5. REJEIÇÃO PELO LEGISLATIVO DOS PROJETOS DAS LEIS ORÇAMENTÁRIAS.

5.1 A rejeição do projeto da Lei Orçamentária Anual pelo Legislativo.

A primeira questão que surge é se a rejeição da LOA pelo Legislativo é possível e a resposta encontra-se na Constituição da República onde se lê:

> Art. 166 § 8º Os recursos que, em decorrência de veto, emenda ou **rejeição do projeto de lei orçamentária anual**, ficarem sem despesas correspondentes poderão ser **utilizados**, conforme o caso, mediante **créditos especiais ou suplementares, com prévia e específica autorização legislativa.** (grifo nosso)

Como se vê, a Constituição prevê a possibilidade de ocorrer essa rejeição e ao mesmo tempo oferece a solução para o caso de ela ocorrer, ou seja, se acontecer isso, se deve utilizar créditos especiais ou suplementares, com prévia e específica autorização legislativa e encaminhar novo projeto.

Os precatórios também seriam pagos com créditos especiais ou suplementares.

5.2 A rejeição do projeto da Lei de Diretrizes Orçamentárias pelo Legislativo.

Com relação à LDO a postura da Constituição da República é bem mais dura:

> Art. 57 § 2º A sessão legislativa **não será interrompida sem a aprovação do projeto** de lei de diretrizes orçamentárias. (grifo nosso)

Portanto, a rejeição do projeto da LDO não é permitida pela Constituição que exige a sua aprovação.

O Congresso ficará em sessão legislativa até que um acordo seja feito e a LDO seja aprovada, não havendo outra opção.

5.3 A rejeição do projeto de Plano Plurianual pelo Legislativo.

A mesma firmeza não foi expressamente adotada com relação ao PPA, mas, teoricamente, ele também não poderia ser rejeitado porque ele se trata de instrumento essencial de governo e a LDO, bem como a LOA tem que ser compatíveis com ele.

Mas isso já aconteceu por exemplo no Município de Sumaré com relação ao PPA de 2014-2017 que foi rejeitado pela Câmara.[103]

Não se conseguiu achar uma forma de resolver esse problema na jurisprudência e a única sugestão para solução desse empasse que se conseguiu encontrar é do economista Flávio Corrêa de Toledo Júnior. Esse autor propôs que o Executivo deve entrar com um mandado de segurança pedindo que o Judiciário autorize ao Executivo promulgar o plano plurianual em sua versão original.[104]

Cabe questionar se essa solução é possível e se há algum inconveniente nela.

Essa proposta lembra o que existia na Emenda Constitucional 01/1969 que dizia:

> Art. 51. O Presidente da República poderá enviar ao Congresso Nacional projetos de lei sôbre qualquer matéria, os quais, se o solicitar, serão apreciados dentro de quarenta e cinco dias, a contar do seu recebimento na Câmara dos Deputados, e de igual prazo no Senado Federal. [...]
> § 3º Na falta de deliberação dentro dos prazos estipulados nêste artigo e parágrafos anteriores, considerar-se-ão aprovados os projetos. [...]

Essa era a chamada "aprovação por decurso de prazo", muito combatida na época por ser antidemocrática e retirada do sistema pela Constituição da República de 1988.

De fato, como se viu no início do texto, a democracia exige que o povo aprove os gastos do governo e a arrecadação por seus representantes e isso seria desconsiderado pela proposta apresentada.

Porém, evidentemente o Chefe do Poder Executivo tem direito líquido e certo de obter os meios para poder governar e há uma lide entre o Legislativo e o Executivo que permite o Judiciário atuar, ou seja, caberia mandado de segurança.

Mas, o pedido poderia ser que o PPA tramitasse em regime de urgência, trancando a pauta até que fosse decidido, sem poder ser totalmente rejeitado.

Por falta de norma específica este pedido estaria baseado em analogia em que se estaria buscando uma solução no ordenamento jurídico vigente hoje e que seria possível de ser encontrada na Constituição da República de 1988 onde se vê:

> Art. 62 § 6º Se a medida provisória não for apreciada em até quarenta e cinco dias contados de sua publicação, entrará em regime de urgência, subsequentemente, em cada uma das Casas do Congresso Nacional, ficando sobrestadas, até que se ultime a votação, todas as demais deliberações legislativas da Casa em que estiver tramitando. (Incluído pela Emenda Constitucional nº 32, de 2001)

Nessa aplicação analógica se respeitaria a regra democrática e o Poder Legislativo porque a decisão continuaria sendo dele e os inconvenientes anteriores não existiriam.

Felizmente, a notícia que se tem por e-mail gentilmente enviado pela Câmara de Sumaré a este autor é que houve uma solução política com aprovação do PPA.

4. EMENDA PARLAMENTAR QUE TENHA REDUZIDO OU EXTIRPADO VERBAS DESTINADAS A PRECATÓRIOS.

Conforme já foi dito por este autor em outro estudo, embora o Legislativo tenha poder de emendar tal poder sofre restrições de ordem constitucional.[105]

No que tange aos precatórios, uma emenda que reduzisse ou extirpasse suas verbas seria inconstitucional tanto porque o precatório é dívida pública e dívida não pode ser objeto de emenda restritiva, quanto porque a inclusão orçamentária e posterior execução das verbas de precatórios é um tipo de orçamento impositivo, como dito acima.

5. RETIFICAÇÃO DO AUTÓGRAFO.

Caso ocorram equívocos na tramitação legislativa e o autógrafo saia errado é possível a sua retificação como prevê a Lei de Diretrizes Orçamentárias da União número 13.707/2018:

> Art. 151. A retificação dos autógrafos dos Projetos da Lei Orçamentária de 2019 e de créditos adicionais, no caso de comprovado erro no processamento das deliberações no âmbito do Congresso Nacional, somente poderá ocorrer:
>
> I - até o dia 17 de julho de 2019, no caso da Lei Orçamentária de 2019; ou
>
> II - até trinta dias após a data de sua publicação no Diário Oficial da União e dentro do exercício financeiro, no caso dos créditos adicionais.
>
> Parágrafo único. Vencidos os prazos de que trata o *caput*, a retificação será feita mediante a abertura de créditos suplementares ou especiais, observado o disposto nos arts. 46 e 47, ou de acordo com o previsto no art. 45, e dentro do correspondente exercício financeiro.

A mesma regra pode existir nos Estados, Distrito Federal e Municípios, desde que haja previsão na LDO respectiva.

6. PROMULGAÇÃO PELO EXECUTIVO DE LEI COM TEXTO DIVERSO DO AUTÓGRAFO.

6.1 Promulgação de Lei Orçamentária Anual com texto diverso do autógrafo.

O problema aqui é a aprovação de um texto que não tenha sido objeto de processo legislativo.

Isso aconteceu no Município de Itapira, SP, caso em que o Tribunal de Justiça de São Paulo deu liminar na ADI:

> Agravo regimental. Ação direta de inconstitucionalidade de lei municipal. Concessão de liminar. Presença dos requisitos legais. Promulgação, pelo prefeito, do projeto de lei orçamentária original em detrimento do autógrafo do Poder Legislativo. Ofensa ao processo legislativo e à separação de poderes. Recurso Desprovido. [106]

No corpo do acórdão se vê que a liminar concedida suspendeu a vigência da lei orçamentária e em seguida o Tribunal julgou a ADI:

> Ação Direta de Inconstitucionalidade. Lei orçamentária promulgada pelo Prefeito em total desconsideração do autógrafo devolvido da Câmara Municipal. Inconstitucionalidade configurada pela ofensa ao princípio da separação dos poderes e ao regular processo legislativo. Preliminar afastada. Procedência, no mérito. Entretanto, houve transcurso do exercício financeiro da Lei Orçamentária de 2010. Perda do objeto. Processo extinto, sem resolução do mérito, diante da perda do objeto.[107]

A situação equivale a um veto total e dessa forma pode ser tratada se não houver uma solução política para o impasse.

6.2 Promulgação da Lei de Diretrizes Orçamentárias e do Plano Plurianual com texto diverso do autógrafo.

A situação seria a mesma tratada no item anterior e, por isso, comportaria a mesma solução.

7. VETO A PROJETO APROVADO PELO LEGISLATIVO.

Terminada a votação o projeto é encaminhado ao Chefe do Executivo para sanção, caso ele concorde com o projeto, entendendo-se que houve sanção tácita, após quinze dias uteis de silêncio, a contar do recebimento.

Mas, se ele considerar o projeto inconstitucional ou contrário ao interesse público, pode vetá-lo, no todo ou em parte, devendo comunicar o seu veto ao Presidente do Senado, da Assembleia Legislativa ou da Câmara dos Vereadores, conforme o caso, encaminhando os motivos do veto.

O veto parcial terá que ser feito de forma integral de parágrafo, inciso ou alínea e não de parte desses.

No caso do Congresso Nacional, o veto será apreciado em sessão conjunta dentro de trinta dias a contar do recebimento e se não votado nesse prazo será colocado na ordem do dia da sessão imediata, parando todas as demais discussões até que se vote o veto.

O veto poderá ser derrubado pela maioria absoluta dos membros do Congresso e se o for, o projeto será encaminhado ao Presidente da República para promulgação no prazo de quarenta e oito horas.

Nos Estados, Distrito Federal e Municípios a tramitação é igual devido ao princípio da simetria, como decidiu o Supremo Tribunal Federal:

> Se para a apreciação do veto é exigido o voto da maioria absoluta (CF, art. 66, § 4º) e o seu exame ocorreu na vigência da atual ordem constitucional, não poderia a Assembleia Legislativa valer-se daquele fixado na anterior Carta estadual para determiná-lo como sendo o de dois terços. **O modelo federal é de observância cogente** pelos Estados-membros desde a data da promulgação da Carta de 1988. [Rcl 1.206, rel. min. Maurício Corrêa, j. 22-8-2002, P, *DJ* de 18-10-2002.] (grifo nosso)

7.1 Veto da lei orçamentária anual em caso de precatórios.

Pode-se questionar se o Executivo pode vetar parcialmente a lei orçamentária de forma a atingir as verbas destinadas a precatórios e a resposta vem da Constituição da República no supracitado art. 100, § 5º.

Essa regra, já mencionada acima, determina que a Constituição só estará efetivamente cumprida com a sanção integral dessas verbas ou com a derrubada do veto que tenha incidido sobre elas, pois a inclusão das verbas de precatórios tem que ser feita de forma integral.

7.2 Veto parcial aos projetos de Lei de Diretrizes Orçamentárias e do Plano Plurianual.

Isso poderá ocorrer desde que não inviabilize o cumprimento integral do art. 100, §5º, da Constituição da República supramencionado.

123

Se não ocorrer o cumprimento integral caberá sequestro nos termos do art. 100, §6º da Constituição da República supracitado.

7.3 Veto total à Lei Orçamentária Anual, à Lei de Diretrizes Orçamentárias ou à lei do Plano Plurianual.

Aqui vale a mesma observação feita acima, ou seja, o veto pode ser derrubado pelo Legislativo ou corrigido pelo Judiciário, inclusive por meio do sequestro, no que tange aos precatórios.

8. NÃO PROMULGAÇÃO PELO EXECUTIVO DOS PROJETOS DE LEI DO CICLO ORÇAMENTÁRIO APÓS DERRUBADO O VETO.

Derrubado o veto pelo Legislativo, o projeto será encaminhado ao Chefe do Poder Executivo para promulgação no prazo de quarenta e oito horas. Caso esse prazo não seja atendido, no âmbito federal, o Presidente do Senado, em igual prazo, fará a promulgação, ou então o fará o Vice-Presidente do Senado.

No âmbito estadual, distrital e municipal a regra é a mesma conforme determina o princípio da simetria supracitado.

Caso o impasse político permaneça, o Judiciário poderá intervir, inclusive nos termos do art. 100, § 6º, acima mencionado, isto é, deferindo sequestro para satisfação dos precatórios, bem como das requisições de pequeno valor.

9. INÍCIO DO ANO SEM LOA APROVADA.

Essa é a hipótese de ocorrer demora na tramitação de forma que a LOA não seja aprovada antes do início do ano.

As LDOs da União têm previsto uma solução para o problema na seção que trata da execução provisória do projeto de LOA:

> Lei nº 13.707, de 14 de agosto de 2018.
>
> Art. 60. **Se o Projeto de Lei Orçamentária** de 2019 **não for sancionado** pelo Presidente da República até 31 de dezembro de 2018, **a programação dele constante poderá ser executada** para o atendimento de:
>
> I - despesas com **obrigações constitucionais ou legais da União** relacionadas no Anexo III; [...]
>
> ANEXO III
>
> DESPESAS QUE NÃO SERÃO OBJETO DE LIMITAÇÃO DE EMPENHO, NOS TERMOS DO ART. 9º, § 2º, DA LEI COMPLEMENTAR Nº 101, DE 4 DE MAIO DE 2000 - LEI DE RESPONSABILIDADE FISCAL - LRF POR CONSTITUÍREM OBRIGAÇÕES CONSTITUCIONAIS OU LEGAIS DA UNIÃO. [...]
>
> 26. **Sentenças judiciais, inclusive** as consideradas de **pequeno valor** e débitos periódicos vincendos; [...] (grifo nosso)[108]

Portanto, na falta de aprovação no prazo previsto na LDO os precatórios e requisições de pequeno valor serão pagos normalmente.

Na falta de previsão na LDO respectiva a regra será a prevista na Constituição da República, já mencionada, mas que vale repetir:

> Art. 166 § 8º Os recursos que, em decorrência de veto, emenda ou **rejeição do projeto de lei orçamentária anual**, ficarem sem despesas correspondentes poderão ser **utilizados**, conforme o caso, mediante **créditos especiais ou suplementares, com prévia e específica autorização legislativa.** (grifo nosso)

No caso de entes no regime especial a regra será a prevista no art. 101 do Ato das Disposições Constitucionais Transitórias com a redação dada pela Emenda Constitucional 99/2017 supracitado.

CONCLUSÕES.

Conforme a proposta original do texto, aqui foram analisadas as situações possíveis de acontecer e que podem fazer com que o tramitar dos projetos orçamentários não seja tão suave quanto deve ser.

Se espera que as soluções apresentadas possam ser úteis para as situações concretas que surgirem, caso em que o trabalho terá alcançado seu objetivo de contribuir para um melhor funcionamento do sistema orçamentário em geral e dos precatórios em particular.

O orçamento impositivo

Estevão Horvath[109]

Introdução

Pretende-se abordar questão fundamental no momento atual no Brasil, que tem no seu desenrolar enorme repercussão no Estado Democrático de Direito em que se constitui o nosso país (art. 1.º, *caput*, da Constituição da República). Trata-se, em breves palavras, de perquirir sobre ser o orçamento *impositivo* ou simplesmente *autorizatório*.

Classicamente o orçamento é definido como o documento que estima as receitas e *autoriza* as despesas do Estado. Nessa linha de raciocínio, é fácil perceber que essa autorização significa o limite de valor que os "Poderes" têm para gastar, ou seja, as dotações orçamentárias aprovadas na lei respectiva são o limite máximo para o dispêndio público para aquela rubrica. Isso não significaria que o administrador *devesse* gastar nessa dotação, tampouco que tivesse de atingir aquele importe.

A indagação que nos chama a atenção e nos move a buscar um aprofundamento pode ser assim colocada: uma vez que a lei orçamentária é analisada e aprovada pelo Poder Legislativo, pode o Poder Executivo simplesmente deixar de executar o aprovado, ao sabor da sua conveniência e nos termos do *seu* entendimento quanto à oportunidade? Aí reside, mais diretamente, o imbricamento do assunto com os Poderes da República e a sua separação e importância de cada um para o Estado *Democrático* de Direito.

Sabe-se que, na fase de execução do orçamento há sempre verdadeiras barganhas políticas (talvez mais especialmente nesse momento),[110] com as quais o Executivo acaba negociando com o Congresso Nacional a liberação de verbas decorrentes de emendas ao projeto de lei orçamentária apresentado pelo Executivo.[111] Em outras palavras, embora aprovado o orçamento com tais emendas parlamentares, o Executivo decidirá quanto à sua efetivação por época da execução do orçamento. Sobre este ponto específico nos deteremos mais adiante.

Antes disso, a segunda parte da indagação – ou melhor, a sua complementação – é a ampliação da questão a ponto de abranger o orçamento como um todo; é dizer: a lei orçamentária, após aprovada pelo Parlamento, pode ter a sua execução integral deixada ao critério discricionário do Poder Executivo?

1. O orçamento no contexto atual

A análise do tema relativo ao caráter impositivo do orçamento passa, necessariamente, pelo conceito de orçamento, sua natureza jurídica, a concepção de gastos públicos dentro do orçamento, bem como dos seus mecanismos de controle. Far-se-á simples referência ao tema, dada a sua extensão - que não é o caso, aqui, de aprofundar - quando necessário, ao que pensamos conveniente ressaltar.

A partir da evolução do papel do Estado na economia, o conceito de orçamento, igualmente, evoluiu de tal modo que ele passou a ser o principal instrumento de atuação econômica estatal e, como tal, passou ter feições políticas, econômicas, técnicas e jurídicas.

Assim, no contexto moderno, o orçamento está intrinsecamente ligado à necessidade de planejamento da economia, deixando de ser uma mera peça financeira e tornando-se verdadeiro executor de programa de governo, com nítidas feições extrafiscais, na medida em que ajusta comportamentos, pressiona condutas e encaminha soluções.

Adilson Dallari, ao tratar do orçamento impositivo, observa, com muita propriedade e objetividade, que o orçamento "não é um amontoado de números, mas, sim, a representação numérica de um programa completo de governo, coroando todo um sistema de planejamento".[112] Partindo da ideia de plano, planejamento, esse autor conclui pela impositividade do orçamento.

Fazendo contraponto a essa visão, Ricardo Lobo Torres entende que o planejamento,

[...] consubstanciado no plano plurianual, na lei de diretrizes orçamentárias ou na lei orçamentária anual, é mera autorização para que a Administração execute o programa traçado em leis específicas do Direito Administrativo [...]. O planejamento, qualquer que seja ele, controla a Administração quanto ao limite máximo de gastos, *mas não a obriga a realizar a despesa autorizada* [...] em virtude de sua natureza simplesmente formal.[113]

Também destacam o caráter autorizativo do orçamento Michel Bouvier, Marie-Christine Esclassan e Jean-Pierre Lassale, para quem as leis de finanças têm o valor de uma autorização orçamentária, sem que haja uma obrigação de execução absoluta.[114]

Não nos parece que seja assim, até porque cremos que a lei sempre prescreve, determina, obriga (no sentido de ser impositiva: obrigando literalmente, proibindo, ou até mesmo facultando) comportamentos. Não vemos a lei – qualquer lei – como uma simples "recomendação", uma "carta de sugestões", um "cardápio". Assim, se há *lei* do plano plurianual, *lei* de diretrizes orçamentárias e *lei* orçamentária anual, elas devem ser obedecidas, como qualquer outra lei.

Na realidade brasileira acontecem, com frequência, situações de descumprimento do previsto na lei orçamentária, tais como a de programas e projetos serem efetivamente previstos e devidamente contemplados com os recursos correspondentes, mas que não são executados ou o são apenas parcialmente, sem atingir as metas objetivadas, como lembrado por Adilson Dallari.[115] Normalmente isso é justificado pela falta de recursos efetivos, ponto de vista que parece ser defendido por

Ricardo Lobo Torres, quando afirma que a atividade administrativa objeto do planejamento

> [...] passa a depender da efetiva realização da receita orçamentária e dos resultados da economia [...]. Os direitos sociais e a ação governamental vivem sob a *reserva do possível*, isto é, da arrecadação dos ingressos previstos nos planos anuais e plurianuais.[116]

Se isso é certo em alguns momentos – o fato de a arrecadação não corresponder ao esperado –, não é crível que ocorra todas as vezes, em todos os momentos. Compartilhamos do entendimento de Adilson Dallari quando assevera que esse comportamento consiste, no fundo, em descumprir o orçamento, não podendo mais ser aceito. As suas palavras são por demais claras e externam cabalmente o nosso pensamento, razão pela qual nos permitimos transcrever o trecho abaixo, apesar de longo:

> [...] o orçamento-programa, que é elaborado em função de objetivos e metas a serem atingidas, de projetos e programas a serem executados, dos quais as dotações são a mera representação numérica, não mais pode ser havido como meramente autorizativo, tendo, sim, por determinação constitucional um caráter impositivo.
>
> A lei orçamentária, uma vez aprovada, obriga o Executivo a lhe dar fel cumprimento, sob pena de configuração de crime de responsabilidade. *Cumprir a lei orçamentária significa executar ou implantar os projetos e programas que embasaram ou justificaram os quantitativos expressos nas dotações orçamentárias.*[117]

Nesse ponto, Kiyoshi Harada é mais contundente, quando averba:

> As costumeiras diferenças enormes entre o orçado e o efetivamente executado só pode revelar a incapacidade do governo em planejar a atividade estatal implicando a

necessidade de remanejamento de verbas consignadas no orçamento ou desvio de verbas públicas, descambando para o campo das sanções de natureza política, administrativa e penal.[118]

Esse mesmo autor, com base em dados extraídos de matéria do jornal *O Estado de S. Paulo* (de 02.07.2013, p. A6), refere que, nos setores em que a sociedade mais critica o Estado – saúde, educação e transportes –, em nenhum deles a totalidade das verbas orçadas foi efetivamente aplicada, e os gastos nessas áreas foram, respectivamente, de 39,3%, 61,3% e 60,5% das verbas consignadas na Lei Orçamentária Anual de 2012.[119]

Não obstante o exposto anteriormente por Harada, ele entende que o orçamento anual que resulta dos dispositivos constitucionais vigentes não é impositivo e que "o exaurimento das despesas fixadas não é obrigatório". Justifica essa concepção invocando o art. 167, IV, da CF, que, para ele, é indicativo de que a Constituição adotou a modalidade de orçamento autorizativo e, ainda, o art. 169, que "flexibiliza as despesas com pessoal de acordo com o comportamento da receita, nos termos definidos em lei complementar".[120]

Com o devido acatamento, cremos que o art. 167, IV, da Constituição da República não é fundamento para a conclusão que o autor em comento chegou, pois esse dispositivo, a nosso ver somente se refere à não afetação da receita de impostos – o que teria como consequência que a destinação dessa receita fosse atribuída pela lei orçamentária. Quanto ao art. 169 da Carta Magna, conquanto ele, efetivamente, trate da limitação com despesas de pessoal, entraria nas *exceções* que estariam a balancear a completa impositividade do orçamento, conforme se verá mais adiante.

2. A natureza de lei formal e a impositividade do orçamento

Para Villegas, a lei orçamentária é uma *lei formal*, e, assim, no que concerne aos gastos, ela tampouco conteria "normas substanciais", pois se limita a autorizá-los. Nessa ordem de ideias, segundo ele, a lei do orçamento não obriga o Poder Executivo a realizar os gastos. Este [o Poder Executivo], por conseguinte, "*no está forzado a efectuar todas las erogaciones contenidas en el presupuesto; por el contrario, puede llevar a cabo economías de funcionamiento o de inversión*".[121]

Deve-se ter presente que a discussão acerca da natureza jurídica da lei orçamentária teve no seu bojo, além de outros elementos, uma pretendida separação entre o ato que aprova o orçamento e o documento que contém as receitas e as despesas. Isso propiciou a criação das diversas teorias que procuraram explicar a sua natureza.

Na medida em que não é possível estabelecer uma separação entre a parte que contém o plano financeiro e o texto legal que o aprova, dado que ambos constituem um todo orgânico, as perspectivas política e econômica do orçamento devem ser consideradas globalmente.

Nas palavras de Regis Fernandes de Oliveira:

Um orçamento sistematicamente descumprido torna-se mera peça de ficção, vã promessa de austeridade, desenvolvimento e igualdade social, que desacredita seus dirigentes e menospreza seus verdadeiros mandantes. Se a reprimenda popular não é suficiente para assegurar o cumprimento das diretrizes previamente traçadas, o controle externo do orçamento deve ter a intensidade suficiente para reconduzir o governo a níveis aceitáveis de subordinação à lei e de credibilidade financeira.[122]

3. A impositividade orçamentária à luz da separação de poderes

Dentro da lógica do sistema de freios e contrapesos que sustenta a teoria da tripartição dos poderes aperfeiçoada por Montesquieu, claramente adotado pela Constituição da República, o controle externo do orçamento se dá tanto pelo Poder Legislativo (e seu órgão auxiliar, o Tribunal de Contas) quanto pelo Poder Judiciário.

Lembre-se que, tanto a Lei das Leis quanto a Lei 4.320/1964 (art. 7.º, art. 22 e ss.) preveem que o Executivo prestará contas ao Legislativo, que as analisará após parecer prévio do Tribunal de Contas.

Tal determinação, por óbvio, não afasta a possibilidade de o controle externo ser exercido pelo Judiciário, desde que incitado a tanto. Esse Poder poderá ser chamado a exercer este controle por meio do ajuizamento de Ação Popular ou Ação

Civil Pública e, bem assim, de ações individuais, desde que o autor comprove seu interesse de agir.

Mais um ponto para se concluir que o orçamento não é uma mera carta de intenções, sendo várias as formas de controle do seu cumprimento.

De toda sorte, fixado que o orçamento – no caso brasileiro, as três leis orçamentárias – é lei, que, como toda lei, deve ser cumprida. Deve ser cumprida pelo Poder Executivo, em princípio, e, salvo as exceções previstas na própria legislação (como, *v. g.*, o art. 9.º da Lei Complementar n. 101/2000), da forma como restou aprovada pelo Poder Legislativo, como determina a Lei das Leis.

Como ensina Hely Lopes Meirelles,[123] de modo preciso e objetivo: "A execução do orçamento é de ser feita com fiel atendimento do que dispõe, quer quanto à arrecadação, quer quanto à despesa. *Executar é cumprir o determinado*".

Em que pese ao exposto, não se pode olvidar, no tocante ao atendimento às despesas aprovadas, que a realização dos recursos necessários depende de fatores que, em sua maioria, não podem ser previstos ou controlados, de modo que não é possível exigir o cumprimento da lei orçamentária com o mesmo rigor que se impõe o atendimento às demais normas. Nesse sentido, observa José Maurício Conti:

> O papel do processo de execução do orçamento é cumprir, com a maior fidelidade possível, o orçamento aprovado, de modo que se façam apenas os ajustes necessários, no montante imprescindível para adequar a aplicação das receitas

arrecadadas no atendimento às necessidades públicas, sempre tendo em vista o interesse da coletividade. Para que isso ocorra são necessários instrumentos de flexibilidade, a serem utilizados de modo a cumprir o que foi estabelecido pela lei orçamentária em seu aspecto essencial [...] sem com isso descaracterizá-la [...].[124]

Marcos Nóbrega entende que o orçamento deve ser tratado como autorização, posto que a realidade econômica, as adversidades, a mudança do contexto no qual está inserida a execução orçamentária, e até mesmo a mudança de planos determinada pelo Governo podem ensejar a não execução de programas já contemplados nas peças orçamentárias.[125]

Héctor Villegas, como já se viu, preconiza que, no que concerne aos gastos, a lei orçamentária tampouco contém "normas substanciais", pois limita-se a autorizá-los sem obrigar, portanto, o Poder Executivo a realizá-lo.[126]

César de Moraes Sabbag sugere estabelecer o que ele denomina de *regime de vinculação* das leis orçamentárias,[127] o que, queremos crer, seria o mesmo que orçamento impositivo, pois esse *regime* obrigaria o governante a "executar os programas a maneira como foram previamente discutidos".[128]

Há autores que estabelecem ligação entre o princípio da eficiência e o orçamento impositivo, pois entendem que tal princípio busca a consecução dos fins propostos e que os recursos, *"habitualmente limitados, se utilicen de la forma más adecuada para obtener la finalidad prevista"*.[129]

Sob esse ângulo, Bayona de Perogordo e Soler Roch são mais contundentes, ao afirmarem que o princípio da eficiência "*implica que el gasto previsto y aprobado efectivamente se produzca*".[130]

Também pensamos assim. Com efeito, qual é a razão de exigir que o Parlamento se manifeste quanto ao projeto de lei orçamentária, que o aprove, se, posteriormente, a sua execução se dá da maneira que melhor aprouver ao Executivo? Se se exige a manifestação de vontade política do povo, por meio dos seus representantes, para que ele decida sobre o destino dos recursos públicos, e esse pronunciamento é exteriorizado pela aprovação do orçamento, há que se pressupor que aquilo que foi aprovado será executado pelo Poder Executivo no exercício financeiro respectivo.'

Weder de Oliveira diz do orçamento autorizativo: "por autorizativo, entenda-se a concepção do processo orçamentário que concede ao Poder Executivo o 'poder não executivo', o poder de não executar ações (projetos, atividades e operações especiais) incluídas na lei orçamentária".[131] A indignação insinuada por estas palavras é por nós compartilhada, especialmente no trecho seguinte, quando constata que o poder discricionário de decidir não executar, ou executar parcialmente, sem que requeira a Constituição que justifique essa decisão perante o Poder Legislativo, concluindo que "esse é o modelo dominante no Poder Executivo e passivamente aceito no Poder Legislativo".[132]

Deveras, não se compreende como o Poder Legislativo possa abrir mão de prerrogativa tão importante em termos do destino dos recursos públicos. A Constituição da República, efetivamente, não obriga que o Executivo justifique ao Legislativo esse "desvio" (ou não utilização) no destino dos recursos aprovados pelos representantes do povo. Estes, entretanto, deveriam exigir explicações sempre que isso acontecesse. A não ser que se entenda todo o processo orçamentário como algo *pro forma* ou "para inglês ver".

A não execução do acordado entre o Poder Executivo e o Poder Legislativo – pois é isso o que ocorre com a aprovação do orçamento – ou a sua execução parcial somente deveriam acontecer nas hipóteses previstas legalmente, como é o caso do art. 9.º da LRF, acima citado. Ou, se não, mediante nova autorização *específica* por parte do Legislativo.

Oliveira indica, ainda, o instrumento jurídico apto para o caso de o Poder Executivo deixar de executar o que foi programado no orçamento, seja por falta de condições normativas ou operacionais, ou, ainda, por alterações de prioridades: *os projetos de lei de créditos adicionais*, "por meio dos quais se cancelam dotações desnecessárias aproveitando-se os recursos em outras programações, já existentes ou criadas no mesmo projeto".[133]

4. Contexto histórico da emenda do orçamento impositivo

O jornal *Folha de S. Paulo*, de 10 de agosto de 2013 publicou, na sua coluna "Tendências e Debates" (p. A3), duas opiniões acerca do orçamento impositivo. A pergunta que se desejava ver respondida é: "O Brasil deve adotar o Orçamento impositivo?".

O primeiro artigo, escrito pela Senadora Ana Amélia, do PP do Rio Grande do Sul, retrata a triste realidade do monopólio do Poder Executivo na condução do orçamento (desde a sua apreciação até a sua execução, diríamos nós), mantendo a ideia de que o que se tem é um orçamento de ficção. Diz a autora que é esse monopólio "que está equivocado e que condena o Legislativo a uma situação de permanente minoridade". Reconhece, por outro lado, que a emenda parlamentar "tornou-se a válvula de escape de um federalismo doente, *um instrumento de negociações não republicanas* e de desrespeito à oposição".

Parece-nos que o mais importante a ressaltar é a ideia, sugerida pela Senadora, com a qual concordamos, de que se está "diante da negação da democracia, que supõe responsabilidade compartilhada na gestão do dinheiro público".

Com efeito, não somente pelo prisma político é válida tal observação. Do ponto de vista estritamente jurídico também parece evidente que a Constituição da República vislumbra o orçamento como o resultado da manifestação de vontade dos Poderes Executivo *e* Legislativo. Não fosse assim, a Lei Maior não preveria a iniciativa do Executivo no que concerne às leis orçamentárias (do plano plurianual, de diretrizes orçamentárias e a orçamentária anual – art. 165) e determinaria a sua apreciação pelo Congresso Nacional, no âmbito da União (§ 6.º do art. 166), passando pelas emendas parlamentares (§§ 2.º e 3.º do mesmo artigo). E isso não pode ser simples ficção.

Na realidade dos fatos, o que acontece é que o Executivo propõe o orçamento e o Legislativo basicamente o referenda (por vezes tardando a sua aprovação), após as negociações e inexoráveis concessões a parlamentares por meio da aceitação das suas emendas (cujo valor correspondente é até mesmo fixado para cada parlamentar).

E essa situação não para por aí. Por ocasião da execução orçamentária, no também inescapável "contingenciamento" de verbas, "o Executivo decidirá o que será feito, anulando o esforço legislativo", consoante observa a autora do artigo. Do tema do chamado "contingenciamento" de verbas trataremos mais adiante.

Por seu turno, o segundo artigo, que, presumidamente, se contraporia ao acima, é de autoria de Raul Velloso, conhecido economista que se ocupa frequentemente da análise das finanças públicas.

Já no título do seu ensaio denomina a proposta de orçamento impositivo de "proposta inoportuna".

Em verdade, esse autor examina o assunto pela perspectiva estritamente econômica, sem adentrar nas considerações políticas que permeiam o artigo acima comentado.

Principia por dizer que hoje, na prática, o Orçamento da União é "uma gigantesca folha de pagamento, que tende a explodir nas próximas décadas". Isto se dá em razão de que parte relevante das receitas desse orçamento é "vinculada a certas finalidades".

Munido de dados estatísticos, Velloso demonstra que, somando-se 73,6% do total gasto pela União para "pagamentos de pessoas"; 8,2% para a saúde; 12,4% para "outros gastos correntes", sobram somente 5,8% para investimentos (dos quais 1,3% para o transporte).

Relata que, da época da promulgação da Constituição em 1988 aos dias de hoje, "o Orçamento se tornou uma peça ineficiente de tal forma que, sem reformas, sua rigidez tenderá à explosão em futuro não muito distante".

Pugna pelo aumento da eficiência do orçamento e pelo repasse de tarefas relevantes ao setor privado.

Claro está que, diante dessa constatação, manifesta-se o autor contra a proposta de orçamento impositivo, dizendo que, "se aprovada, essa medida significará um passo à frente em direção ao comprometimento total da receita da União".

O mesmo periódico, em maio de 2013, dá a seguinte notícia:

A possível inconstitucionalidade do orçamento impositivo foi reafirmada pela Ministra do Planejamento, Miriam Belchior, em 28.05.13, durante audiência pública sobre o projeto de LDO/14,8 quando se manifestou:

"Uma questão que nos preocupa de uma maneira especial é, num Orçamento que já tem 88,4% de vinculações, gerar engessamento ainda maior do Orçamento, que não permita ajustes quando os ajustes são necessários".[134]

Ora, o "engessamento" a que se refere a Ministra realmente poderia acontecer, tornando-se o orçamento integralmente "impositivo", em situações excepcionais, porquanto nas corriqueiras decorreria, como é fácil supor, da falta de planejamento adequado e/ou de superestimativa de receitas e subestimativa de despesas, segundo parece.

O que se vê, na prática, é o "congelamento" de verbas efetuado no início do ano e os recursos serem liberados a conta-gotas, quando - e se - o Governo desejar. Pode haver razões – e elas existem – que justifiquem algum tipo de contingenciamento de verbas. Aliás, a isso se remete a Lei de Responsabilidade Fiscal, no art. 9.º, que impõe a limitação de empenho e movimentação financeira, "se verificado, ao final de um bimestre, que a realização da receita poderá não comportar o cumprimento das metas de resultado primário ou nominal estabelecidas no Anexo de Metas Fiscais [...]".

No *site* do Ministério do Planejamento, Orçamento e Gestão, em entrevista concedida a um repórter, na seção

"Educação para o Orçamento", no "Momento do Orçamento", o Diretor do Departamento de Programas da área econômica da Secretaria de Orçamento Federal, ao responder sobre o que seria o "contingenciamento", diz:

> O contingenciamento é uma medida de programação financeira. Assim como isso existe para o governo, a gente também tem esse mesmo efeito na nossa vida particular, que nada mais é que do que a limitação dos gastos frente à receita que você tem anualmente, frente ao que você recebe, para economizar. E essa economia então é direcionada para a diminuição da dívida que o poder público tem em relação aos seus credores. É para isso que a gente faz o contingenciamento.

Em seguida a isso, o entrevistador complementa:

> Loc./Repórter: O diretor do Departamento de Programas da Área Econômica da SOF, Bruno César de Souza, acrescenta ainda que é importante que o Brasil honre os compromissos financeiros realizados para ganhar a confiança internacional e assim aumentar os investimentos no país.[135]

Em outras palavras, o Governo Federal admite que a retenção de verbas aprovadas no orçamento existe, no mais das vezes, para poupar recursos a fim de direcionar essa poupança à "diminuição da dívida que o poder público tem em relação aos seus credores", conforme confessado anteriormente, sem nenhum tipo de prurido. Fica, assim, mais evidente ainda a dúvida sobre o porquê da necessidade de aprovação da lei orçamentária pelo Poder Legislativo. Se já se sabe de antemão que os recursos (talvez na sua maior parte) aprovados não irão para aquilo que constou na lei de orçamento, para que, então, a passagem do projeto pelo Parlamento? Para que, então, o próprio orçamento do jeito que é? Bastaria um documento contábil para o Executivo situar-se nos respectivos números de entradas e saídas de recursos, sem a preocupação com o aspecto político ou social, pois, em última análise, o Poder Executivo acaba fazendo o que quer e quase como quer.

É certo que pode haver – e certamente há – períodos em que a arrecadação não corresponde às expectativas, obrigando a que se proceda ao "contingenciamento" de verbas. A própria Lei de Responsabilidade Fiscal alude a essa hipótese, no art. 9.º, como se viu anteriormente, quando reza:

> Art. 9.º Se verificado, ao final de um bimestre, que a realização da receita poderá não comportar o cumprimento das metas de resultado primário ou nominal estabelecidas no Anexo de Metas Fiscais, os Poderes e o Ministério Público promoverão, por ato próprio e nos montantes necessários, nos trinta dias subsequentes, limitação de empenho e movimentação financeira, segundo os critérios fixados pela lei de diretrizes orçamentárias.

Antes da promulgação da Lei de Responsabilidade Fiscal era comum que se aguardasse o decreto de execução do orçamento, que, na prática, fixava limites para movimentação e para o empenho e pagamento das dotações orçamentárias. Isso, em uma frase, é o denominado "contingenciamento de despesas". Ora, após a publicação da Lei Complementar 101/2000, quer-nos parecer que esse proceder passou a não mais ser permitido, ficando tal possibilidade restrita ao que essa lei prevê, como é o caso do art. 9.º, já citado. Existe a possibilidade de "congelar' despesas, porém sempre visando ao cumprimento de metas fiscais.

De todo modo, agora exige-se maior transparência, pois a lei em questão requer a fixação dos critérios a serem utilizados para o contingenciamento pela Lei de Diretrizes Orçamentárias, bem como os dos montantes que serão objeto dessa ação.

Passemos a mais uma excrescência: o jornal "Folha de São Paulo", de 18 de dezembro de 2013, publicou reportagem com o seguinte título: "Para aprovar logo o Orçamento, governo dá bônus de emenda".[136]

A informação jornalística não é, reconhecemos, a maneira mais tecnicamente aceitável de ser incluída num trabalho acadêmico. Não se pode negar, entretanto, que a Academia não pode – e não deve – distanciar-se do mundo real e, muitas vezes, a mídia em geral toca em assuntos que propiciam reflexão teórica e auxiliam na elaboração de exemplos e conclusões sobre temas importantes, dos quais a Academia não pode se alhear. É o caso aqui trazido à colação, que possibilita a aplicação concreta de ensinamentos teóricos colhidos pela doutrina e jurisprudência.

A matéria em apreço diz, resumidamente que, para "destravar" a votação do Orçamento para o ano de 2014, o Governos Federal acenou com o "mimo" de um "bônus" de R$2 milhões em verbas destinadas às "emendas parlamentares", ou seja, como diz o próprio jornal, para "as obras apadrinhadas por deputados e senadores".

Esta questão está relacionada como se pode ver, à discussão acerca da "impositividade" do orçamento, acima tratada.

Num pré-acordo sobre o orçamento, os parlamentares concordaram em reduzir em cerca de R$ 1 bilhão os recursos destinados ao PAC (Programa de Aceleração do Crescimento), montante este que seria direcionado principalmente para o atendimento das emendas. Lembre-se que a lei de Diretrizes Orçamentárias teve regra nela inserida que obriga o governo a executar parte as emendas parlamentares.

A reportagem, contudo, não se restringe a isso, acrescentando:

> Na discussão do Orçamento, deputados e senadores aumentaram a previsão de receita em R$ 12,1 bilhões a partir da proposta do governo – *a menor reestimativa feita pelos congressistas nos últimos quatro anos* (grifamos).

Ainda não termina o descalabro. Continua o texto:

> Ele [o relatório da Comissão Mista de Orçamento] libera ainda quatro das seis obras que receberam recomendação de paralisação pelo TCU (Tribunal de Contas da União) por irregularidades graves.

Passemos a algumas reflexões que o conteúdo desta reportagem jornalística propicia.

No aspecto concernente ao orçamento impositivo, consoante já expusemos retro, nosso entendimento é a favor do orçamento impositivo, com algumas temperanças e poucas exceções.

O que se apresenta aqui, no entanto, é a possibilidade de o orçamento somente ser obrigatório no que diz com as emendas parlamentares e, ainda assim, dentro de limites de montantes previamente estabelecidos. Com isso não podemos compactuar:

ou as emendas parlamentares vão ao encontro do interesse público e *por isso* são aprovadas pelo Poder Legislativo e *devem* ser cumpridas quando da execução orçamentária, *ou* se rejeita a emenda exatamente por não condizer com o interesse público. Demais disso, pode o interesse público ser aferido em razão do montante de recursos a ser destinado para a respectiva emenda? Se a obra, atividade ou mesmo parte de programa implicar dispêndio maior de recursos do que aquele previamente acertado (aquele que esteja no limite fixado para a emenda parlamentar), isso deixa de ser de interesse público?

Pensamos que a resposta a ambas indagações deve ser negativa. A razão para existir a possibilidade de parlamentares apresentarem emendas ao orçamento só pode estar relacionada ao interesse público.

A participação do parlamento na análise do projeto das leis orçamentárias[137] tem pelo menos a dupla função de fiscalizar o Poder Executivo e de colaborar na discussão acerca da efetiva necessidade de recursos (principalmente os de caráter tributário) e muito especialmente no que respeita a alocação desses recursos visando a respeitar, em primeiro lugar, os desígnios constitucionais – expressos ou implícitos – e o interesse da população da nação. Isto, de tão óbvio, é até difícil de ser objeto de grandes divagações. Não se cuida de argumento de caráter meramente político ou sociológico, por exemplo (embora também o seja), mas é o que se dessume do texto constitucional e das razões históricas nele arraigadas e que servem de base, também, à sua interpretação. Não se concebe que os representantes do povo legislem contra o interesse deste e esse interesse está, ainda que em linhas gerais, estampado na Lei das Leis.

Se assim é, da mesma forma que a elaboração do orçamento pelo Poder Executivo tem de se pautar pelos caminhos aqui apontados, o Legislativo, ao participar da análise do orçamento deve proceder igualmente. E como o faz? Por meio da apresentação de emendas ao respectivo projeto, na mesma linha da busca pelo atingimento do interesse público. Não pode ser o valor de uma obra, *v. g.*, o que impeça a apreciação dessa emenda, mesmo que ela ultrapasse o "limite consentido" para cada parlamentar emendar o orçamento. Evidentemente, haverá limitação de recursos no próprio orçamento. Será somente em função disso que uma emenda não deverá ser aprovada ou eventualmente até proposta; o que não se pode é limitar adrede a proposta de emenda em razão de o importe relativo ao seu objeto ser superior à "concessão" feita a cada parlamentar.

A Constituição da República é clara: as restrições à aprovação de emendas ao orçamento somente podem ser aquelas constantes do seu próprio texto, consoante dispõe o art. 166 da Lei Maior.[138]

Por constituírem restrição ao poder dos representantes do povo na apreciação da lei mais importante do Estado, a interpretação da Constituição neste aspecto também deve ser restritiva, qual seja, a de que *unicamente* essas são as condicionantes a emendas parlamentares ao orçamento.

É lamentável perceber que o Poder Legislativo federal (isso ocorre em outras esferas, também, certamente) abra mão de uma de suas mais importantes prerrogativas em favor das imposições do Poder Executivo. Mais deplorável, ainda, é a circunstância de que uma questão de tanta relevância passe praticamente despercebida na maioria dos setores da sociedade. Afinal, é o destino do dinheiro dessa sociedade que está sendo objeto de barganha, muitas vezes imoral e ilegítima.

Ora, "as obras apadrinhadas por deputados e senadores", conforme afirma a reportagem, ou são de interesse público – e podem perfeitamente sê-lo – e daí merecem a respectiva dotação orçamentária, ou não o são e, *por isso (ou por absoluta falta de recursos)* as emendas não serão aprovadas e contempladas com recursos orçamentários. O "bônus" de R$2 milhões em verbas, destinado às "emendas parlamentares" é simplesmente uma excrescência, infelizmente já assentada na nossa "cultura" orçamentária, que não encontra amparo constitucional e, atrevemos a ir mais longe, é mesmo *inconstitucional*, por ser imoral.

Na segunda parte da reportagem ora objeto de comento, fala-se da reestimativa da receita para o orçamento do próximo exercício. Ora, a não ser que os parlamentares possuam assessoria econômica de altíssimo nível – que deveria existir –, parece mais adequado ao Poder Executivo estimar a receita, pois ele é que tem, a princípio, as informações técnicas e econômicas a respeito da economia do país e pode fazer as projeções de arrecadação das receitas. Como ele é que controla a "máquina" administrativa, é ele que está mais próximo da realidade, razão, aliás, por que se atribui ao executivo a iniciativa das leis orçamentárias (art. 165, CF). É evidente que o Legislativo, se vai analisar o projeto de lei orçamentária, deve ter condição e elementos técnicos para fazê-lo. Agora, como se explica a discrepância – a se confirmarem os dados fornecidos pela matéria jornalística – entre o montante estimado pelo Executivo e pelos deputados e senadores? Mais de R$12 *bilhões*?

Quando se diz que o orçamento *estima* as receitas e autoriza as despesas está pressuposto que esta estimativa haverá de ser feita com base em critérios e dados reais.

5. O regime jurídico atual de impositividade seletiva

Os debates sobre o papel do Congresso Nacional na formulação e aprovação do orçamento no Brasil deram causa às Propostas de Emenda Constitucional 22/2000, 565/2006 e 358/2013, sendo que esta última foi aprovada e convertida na Emenda Constitucional 86/2015.[139]

A PEC 22/2000, de autoria do Senador Antônio Carlos Magalhães, em sua redação originária, adotava uma linha mais radical e propunha a obrigatoriedade do cumprimento de toda a programação constante na LOA, cujos créditos somente e poderiam ser cancelados ou contingenciados mediante autorização expressa do Congresso Nacional. Esta emenda foi aprovada no plenário do Senado em 2007 e enviada para Câmara dos Deputados.

A proposta originária foi submetida à revisão pela PEC 565/2006, que buscava eliminar a discricionariedade do Poder Executivo apenas na implementação das emendas parlamentares. Em Nota Técnica sobre a referida proposta, a Consultoria de Orçamento e Fiscalização Financeira da Câmara dos Deputados reconhece como "notório" o uso da execução orçamentária para influir direta ou indiretamente na tramitação de proposições no âmbito do Congresso Nacional. Dizem os seus autores:

> A fixação de condições políticas, e não meramente técnicas ou legais, para liberação da execução de dotações orçamentárias, inclusive das emendas parlamentares, afeta a isonomia do mandato legislativo e o próprio estado democrático de direito, na medida em que pode constranger o exercício pleno das atribuições do Poder Legislativo. A execução da LOA, em especial a parcela das emendas individuais, não deveria servir como instrumento de barganha na apreciação das demais proposições.[140]

A Nota Técnica em questão refere que, desde 2001, as normas legais da União contemplam o que os seus autores denominam "princípio da neutralidade orçamentária", que inicialmente fora inserido nas Leis Orçamentárias Anuais de 2001 e 2002.

A partir da Lei de Diretrizes Orçamentárias (LDO) de 2003,[141] o princípio passou a constar dessas normas diretivas das finanças públicas federais. A LDO de 2013 contém o princípio em seu art. 118; o mesmo ocorrendo com o projeto de LDO para 2014, que o preserva em seu art. 110. Esses dispositivos legais

> vedam expressamente o uso da execução orçamentária como indutor do processo legislativo ordinário, observados os princípios constitucionais da legalidade, impessoalidade, moralidade, publicidade e eficiência na administração pública federal.[142]

Afirma a Nota Técnica ainda que, em decorrência da "natureza exclusivamente programática dos dispositivos mencionados, não lhes atribuiu a força impositiva necessária".[143]

Justamente visando a sanar essa insuficiência,

> [...] a Mesa da Câmara dos Deputados aprovou, em reunião dia 17.04.13, a apresentação de emenda ao projeto de LDO/14, visando dar eficácia ao princípio da neutralidade política dos Orçamentos da União. Proposições similares foram apresentadas nas últimas LDOs e, em 2013, com apoio ainda maior de seus membros, em que o Legislativo propõe preservar a programação decorrente de emendas individuais, financiada até valor equivalente à parcela específica da reserva de contingência prevista nas LDOs, nas quais é usualmente apropriada.[144]

Outra passagem significativa do parecer da Consultoria da Câmara dos Deputados que merece transcrição pela clareza com que expõe o problema de fundo no assunto ora versado é a que segue:

> Subjacente às propostas de dar um caráter impositivo à LOA ou de proteção das emendas parlamentares está a percepção de

perda gradativa de importância política do papel do Congresso Nacional na matéria orçamentária e financeira. Mesmo que todo o orçamento venha a ser considerado impositivo, o problema político identificado nas propostas apresentadas está centrado na forma como é utilizado o contingenciamento e seu reflexo na execução das emendas parlamentares.[145]

Foi realmente essa a razão que levou parlamentares a apoiarem as emendas que propõem a instalação do orçamento impositivo, ainda que somente no tocante às emendas parlamentares.

A má utilização dos instrumentos necessários ao processo de execução do orçamento, fazendo com que a liberação de recursos já contingenciados se torne verdadeira moeda de troca no plano político, faz com que instrumentos como o orçamento impositivo sejam vistos como necessários, quando, a bem da verdade, são instrumentos redundantes.

O novo texto foi renumerado como PEC 353/2013 e convertido na Emenda Constitucional 86/2015, com a criação do arremedo chamado "orçamento impositivo", que alterou os arts. 165 e 166 da CF.[146]

Cumpre salientar, que a EC 86/2015 prevê a obrigatoriedade da execução da programação do orçamento decorrente das emendas legislativas à lei orçamentária. Em outras palavras, a referida Proposta de Emenda Constitucional não prevê trazer impositividade ao orçamento como um todo.

Na prática, a referida emenda constitucional estabeleceu um regime de "impositividade seletiva", que afeta apenas algumas despesas do orçamento, objeto de emendas individuais aprovadas durante o processo legislativo. Suas disposições operacionalizam esta diretriz por meio de um conjunto de regras que buscam reduzir a discricionariedade em realizar um conjunto muito específico de despesas. Como destaca Gabriel Loretto Lochagin "essa emenda conferiu maior estabilidade à execução das emendas parlamentares, por meio da procedimentalização da forma de liberação dos recursos".[147]

Em um primeiro momento, a EC 86/2015 cria o limite de 1,2% da receita corrente líquida prevista no projeto encaminhado pelo Executivo para a aprovação de emendas individuais, estabelecendo ainda que metade das emendas de execução impositiva deve ser destinada a ações e serviços públicos de saúde, sendo vedada a destinação para o pagamento de gastos com pessoal ou encargos sociais. Note-se que o parâmetro para aprovação das emendas é a receita corrente líquida projetada para o exercício a que se refere o orçamento.

O montante acima referido, segundo a Emenda, *será* executado. O critério para estabelecer de tal importe não mais é a receita projetada, mas a receita *realizada* no exercício anterior.

Ao considerar a receita realizada no exercício anterior – e não a receita projetada - como parâmetro para estabelecer o montante que será obrigatoriamente executado, a EC 86/2015 opta por um critério histórico mais seguro, com menos exposição às contingências que podem afetar a receita projetada no projeto da LOA durante o exercício financeiro correspondente.

Impedimentos de ordem técnica podem autorizar a não execução das emendas impositivas. Entretanto, tais impedimentos e suas justificativas devem ser encaminhados pelo Poder Executivo, Poder Judiciário, Ministério Público e Defensoria Pública e pela própria administração do Poder Legislativo ao Congresso Nacional no prazo de 120 (cento e vinte) dias.

Presente algum impedimento, o Poder Legislativo tem a faculdade de indicar o remanejamento dos recursos no prazo de 30 (trinta) dias ao Poder Executivo. Em todos os casos, o Poder Executivo deve encaminhar projeto de lei até 30 (trinta) de setembro com vistas a superar os impedimentos e promover os remanejamentos indicados.

Caso este projeto não seja apreciado até 30 (trinta) de novembro, o remanejamento será promovido por ato do Poder Executivo. Contudo, após esta data e nos casos de impedimentos justificados, a execução das emendas não será mais impositiva.

Também é importante destacar que a emenda buscou assegurar o cumprimento da meta fiscal estabelecida na LDO. Para tanto, é autorizado o contingenciamento das emendas impositivas, na mesma proporção da limitação incidente sobre as demais despesas discricionárias, caso seja realizada uma reestimativa de receita e da despesa que ameacem a realização das metas fiscais.

Um conceito interessante introduzido pela emenda com vistas a eliminar a discricionariedade do Poder Executivo no processo de efetivação das emendas é o de "execução equitativa", que deve orientar a realização das programações de caráter obrigatório, com vistas a garantir a igualdade e impessoalidade independentemente da autoria das emendas.

É bem verdade que a regulamentação da chamada "execução equitativa" depende de lei complementar, por força do art. 165, 9, inciso III, da CF. Contudo, a positivação desta ideia já estabelece um parâmetro para evitar flagrantes discriminações de caráter político no processo de implementação destas emendas impositivas.

Conclusão

No que concerne à natureza jurídica da lei orçamentária, grande parte da doutrina entende que tratar o orçamento de lei formal ou material depende do Direito positivo de cada país.

No Brasil, estamos convencidos, o orçamento é uma forma de atuação da Constituição; é dizer: a Lei das Leis exige o planejamento por parte do Estado, aponta as prioridades para o gasto público, exige a participação do Poder Legislativo na aprovação do orçamento etc. Se a pressuposição é de que o orçamento é o resultado da conjugação de todos esses elementos, significa que ele traduz a vontade do povo (mediante a junção das vontades do Poder Executivo e Legislativo, eleitos por ele) e que, portanto, a sua não realização somente pode ocorrer em situações excepcionais, das quais o exemplo mais evidente é a arrecadação não acompanhar a estimativa de entrada de recursos ou, ainda, de haver risco de não cumprimento das metas fiscais (que, por sua vez, decorrem do "plano").

Vemos, também, na defesa do orçamento impositivo que o seu obrigatório cumprimento deriva, também, do princípio da eficiência. Deveras, se são poucos os recursos públicos e se a sua destinação foi discutida e acordada entre Executivo e Legislativo, pressupõe-se que o que foi decidido é para ser cumprido.

Por outro lado, parece razoável que haja válvulas de escape para a rigidez da "impositividade" do orçamento, porém estas também devem constituir exceção.

Talvez uma possibilidade para interpretar-se esta "entidade" – o orçamento impositivo - seja a de deixar um percentual (reduzido) como margem de manobra, impondo o estrito cumprimento (afora os casos excepcionais antes mencionados) de todo o restante do orçamento.

Outro ponto que merece atenção é que, a entender-se pela impositividade do orçamento, este é "impositivo" por inteiro, não somente quanto às emendas parlamentares.

Com efeito, se a impositividade da lei orçamentária de fato existe, segundo o raciocínio desenvolvido acima, em função de espelhar a vontade do povo, ou ele vale por inteiro, segundo o interesse público, ou ele pode ser flexível em alguns casos.

Orçamento, PPPS e insegurança jurídica

Kleber Luiz Zanchim.[148]
Bárbara Veltri Filgueiras Teixeira.[149]

1. O caso

Em 2007, o Município de Rio das Ostras ("Município") firmou contrato de Parceria Público-Privada ("PPP") para concessão administrativa da ampliação e operação do sistema de esgotamento da cidade pelo prazo de 15 (quinze) anos.

Para garantir as contraprestações mensais devidas à concessionária, foi constituído o Fundo de PPP do Município ("Fundo"), formado por créditos de royalties de exploração de petróleo repassados periodicamente pela União ao Município. A gestão do Fundo foi contratada com instituição financeira, entre cujas atribuições estava debitar do patrimônio do Fundo valores de contraprestação eventualmente não pagos pelo Município.

Em 2013, o Decreto Municipal nº 734/2013 determinou a suspensão dos pagamentos municipais a contratos de obras e serviços, com fundamento no impacto destes contratos no orçamento público e na necessidade de analisar se havia lesão ao erário público. O Município passou então a inadimplir as parcelas de contraprestação da PPP, que foram pagas pelo

Fundo. Entendendo que, diante desses pagamentos, a instituição financeira teria desrespeitado o Decreto Municipal nº 734/2013, o Município resiliu o contrato de gestão do Fundo.

Observe-se que as decisões do Município de (i) editar o Decreto Municipal nº 734/2013 e (ii) resilir o contrato de gestão do Fundo foram pautadas por questões orçamentárias. Diante da escassez de recursos para fazer frente a despesas correntes, os agentes públicos municipais entenderam por bem simplesmente sustar determinados pagamentos e impedir que, mesmo os garantidos, pudessem ser saldados.

Nesse contexto, o parceiro privado moveu ação requerendo decretação de nulidade do Decreto Municipal nº 734/2013 e solicitando antecipação dos efeitos da tutela para que a instituição financeira retivesse mensalmente os valores equivalentes às contraprestações, evitando que o Município pudesse acessá-los. Requereu, alternativamente, que fossem vedados (i) a destituição da gestão do Fundo sem nomeação de um novo gestor, e (ii) atos tendentes a extinguir o Fundo.[150]

Argumentou que a resilição do contrato de gestão do Fundo tinha finalidade de frustrar a garantia concedida e impedir o recebimento da contraprestação pela concessionária, descumprindo o contrato de PPP. Sustentou que o Decreto Municipal nº 734/2013 disseminava a inadimplência institucional. Além disso, tal norma seria nula porque editada com abuso de poder.

Em 2015, já no curso do contencioso judicial e antes da prolação da sentença em primeira instância, o Município editou a Lei Municipal nº 1.890/2015 que, com fundamento na crise financeira oriunda da redução dos repasses de royalties, limitou em 15% o comprometimento dessas receitas com despesas ou obras não emergenciais para os exercícios de 2015 e 2016.

1.1 A insegurança jurídica

O juízo de primeiro grau indeferiu o pedido de antecipação de tutela formulado pelo parceiro privado por considerar ser vedado deferimento de medida liminar em face da Fazenda Pública que importe em pagamentos. Declarou que não havia risco de dano irreparável e conferiu ao Município o prazo de um mês para contratar novo gestor para o Fundo. [151]

Diante do indeferimento, a concessionária interpôs Agravo de Instrumento, no qual foi concedida a antecipação da tutela com o fim de conservar a eficácia da garantia, determinando a permanência do gestor original do Fundo até que um novo fosse regularmente contratado.[152]

Com a edição da Lei Municipal nº 1.890/2015, mencionada supra, inaugurou-se um contencioso paralelo. A concessionária propôs ação cautelar para assegurar o repasse de valores recebidos pela municipalidade a título de royalties do petróleo para o Fundo nos termos inicialmente pactuados no contrato de PPP. Sustentou que o estabelecimento de garantias sólidas representou componente relevante na formatação do modelo contratual licitado. Alegou que o Município teria sistemática e reiteradamente descumprido os compromissos financeiros a que se vinculou, e que o funcionamento do mecanismo de garantia vinha preservando a viabilidade da concessão. Assim, o esvaziamento da garantia colocaria em risco a continuidade da operação de serviço público essencial. [153]

Ressaltou, ainda, que os mecanismos de garantia integram o equilíbrio econômico-financeiro da PPP, cuja intangibilidade é protegida pelo artigo 37, XXI, da CF/88, e pelo ato jurídico perfeito (art. 5, XXXVI, da CF/88). Informou que a PPP constou do Plano Plurianual para os exercícios 2014/2019 e que o Fundo estava previsto na LDO 2015 e na LOA 2015 com dotação orçamentária referente à regular execução do contrato.

Por fim, o parceiro privado pontuou que a Lei Municipal nº 1.890/2015 foi fruto de casuísmo, concebida para atingir a avença, configurando abuso do exercício do poder de legislar ao buscar esvaziar as garantias da contraprestação, com o que violaria a legítima confiança depositada no contrato.

Dois anos depois da propositura da demanda relativa ao Decreto Municipal nº 734/2013, a sentença julgou-a improcedente por considerar que tal norma preenchia os requisitos do ato administrativo e que a mudança de gestor do Fundo não afetaria a garantia. Declarou que havia cláusula contratual expressa que amparava o ato realizado pelo Município (destituição do administrador do Fundo). [154]

A concessionária apelou ressaltando que o Município não lhe pagava os valores devidos há mais de dois anos, desde a destituição do gestor do Fundo e da propositura da ação. Requereu que fosse determinada a permanência do gestor original até a nomeação de outra instituição financeira pelo Município. Indeferido inicialmente o pedido de antecipação de tutela recursal, este foi deferido em Agravo de Instrumento que determinou a suspensão das pretensões do Município de modificação unilateral do contrato de PPP. [155]

Três anos mais tarde, no Acórdão da apelação, a sentença foi parcialmente reformada para suspender a rescisão contratual até a nomeação de outro administrador ao Fundo, bem como restou vedada a prática de atos tendentes a frustrar a garantia da execução das obrigações assumidas pela municipalidade. [156]

Em relação à Lei Municipal nº 1.890/2015, o juízo de primeiro grau deferiu medida liminar e determinou a observação dos termos inicialmente pactuados no contrato de PPP. [157] Em seguida, a decisão foi objeto de reconsideração. O magistrado entendeu que se aplicava a vedação ao deferimento de liminares que acarretem pagamentos pelo Poder Público. Reconheceu a grave crise financeira enfrentada pela Região dos Lagos e da Baixada Litorânea e entendeu que permitir o pagamento dos valores pleiteados ensejaria impacto ainda maior nas finanças públicas, obstando investimento em áreas prioritárias. Presumiu a validade da Lei Municipal n° 1.890/2015 e reconheceu a primazia do interesse público no caso. [158]

A decisão de reconsideração deu ensejo à interposição de Agravo de Instrumento pela concessionária, em que foi deferido o pedido liminar para suspender as pretensões do Município de modificação unilateral do contrato de PPP. [159]

O Município formulou então pedido de suspensão de liminar ao Superior Tribunal de Justiça, argumentando que a decisão do Tribunal de Justiça em sede de Agravo de Instrumento, ao não possibilitar à municipalidade a demonstração do seu quadro econômico, acarretava iminente risco de gravíssimas lesões à economia pública municipal.

O Superior Tribunal de Justiça determinou a suspensão da liminar, considerando que esta tinha potencial de lesar o interesse público e que não cabe ao Poder Judiciário fazer gerenciamento de recursos públicos. Ressaltou que a decisão *a quo* que deferiu o pedido liminar não examinou a questão atinente às limitações financeiras do Município, lastreando-se exclusivamente na legalidade do contrato e no dever de cumprimento integral do quanto pactuado. [160]

Nos autos do Agravo de Instrumento, o Município alegou a impossibilidade processual de deferimento de medida cautelar contra a Fazenda Pública que imponha o pagamento de quantia certa. Manifestou que a crise do petróleo havia interferido nas estimativas de arrecadação de receita do Município e que o sistema de compartilhamento dos riscos nas PPPs impunha a mutabilidade na metodologia de repasse financeiro. Defendeu a Lei Municipal nº 1.890/2015 como a melhor saída para impedir que a PPP drenasse integralmente os recursos municipais, o que causaria prejuízo a todos os demais direitos fundamentais.

Declarou que não havia risco à manutenção do serviço, tendo em vista que somente 10% do valor pago à concessionária era correspondente ao custo de operação do sistema. Requereu que fosse realizada uma ponderação de interesses entre os prejuízos imediatos aos direitos fundamentais da população *versus* a obrigação de pagamento de verba sem riscos e juros abusivos de contrato supostamente ilegal.

No julgamento definitivo do Agravo de Instrumento, o Tribunal de Justiça determinou a conservação, até o julgamento final da ação, da eficácia das garantias legais e contratuais nos casos de inadimplemento do Município. Entendeu que o Município buscava modificar as regras contratuais com fundamentos em ilicitudes que, se existentes, deveriam ser demonstradas em ações judiciais próprias.[161]

Declarou que não há óbice ao deferimento de liminares contra a Fazenda Pública, tendo em vista que somente é vedada a imposição, por liminar, de novos benefícios e vantagens financeiras em favor de terceiros que não tenham previsão orçamentária. Diante da dotação de recursos para cumprimento das obrigações inerentes ao contrato de PPP, seria injustificável a reiterada inadimplência do Município. Por fim, tendo em vista a perpetuação do não pagamento, considerou que a retirada da eficácia da garantia impactaria diretamente no contrato de PPP, deixando a concessionária sem contrapartida, o que seria nocivo inclusive para a confiabilidade do modelo de PPPs.

Antes que fosse julgada a ação, a Lei Municipal nº 1.890/2015 teve sua vigência exaurida, importando na perda superveniente do objeto do processo e na sua extinção sem resolução do mérito.

1.1.1 Resumo do imbróglio jurídico

Note-se que, em primeira instância, houve (i) *indeferimento* de liminar pleiteada pelo parceiro privado no primeiro processo relativo ao Decreto Municipal nº 734/2013, e (ii) *deferimento seguido de indeferimento* (por reconsideração) na segunda lide, no tocante à Lei Municipal nº 1.890/2015.

A sentença no primeiro processo foi pela improcedência da ação, parcialmente reformada no Tribunal Estadual para impedir que o Município frustrasse as garantias do contrato de PPP.

No segundo processo, o Tribunal Estadual reformou a decisão de primeira instância de, após reconsideração, indeferir a tutela requerida pela concessionária. Depois, o Superior Tribunal de Justiça suspendeu a liminar da Corte Estadual. Por fim, no julgamento definitivo do Agravo de Instrumento, o Tribunal de

Justiça reiterou entendimento pela preservação das garantias contratuais. A lide, então, perdeu objeto por exaurimento da Lei Municipal nº 1.890/2015.

Trata-se de um vai-e-vem de entendimentos, somado a longo decurso de tempo, que desestabiliza qualquer decisão de investimentos. A insegurança jurídica adveio do Executivo, que editou decreto destinado a descumprir o contrato de PPP, do Legislativo, que editou lei com o mesmo propósito, e também do Judiciário, que vacilou em seus entendimentos.

O pano de fundo neste caso é o suposto potencial do contrato de PPP de "quebrar" o Município. Dogmaticamente, porém, não há espaço para tanto, haja vista o rigoroso regime orçamentário estabelecido para esse tipo de avença. Assim, uma compreensão mais aprofundada de tal regime pode contribuir para aumentar a segurança jurídica dos chamados projetos estruturados.

2. Aspectos orçamentários das PPPs

2.1 Condicionantes formais – artigo 10 da Lei 11.079/2004

O orçamento público consiste em instrumento de planejamento e controle da atividade estatal por meio da previsão de receitas e despesas. No Brasil, o planejamento orçamentário é feito por meio do Plano Plurianual ("PPA"), da Lei de Diretrizes Orçamentárias ("LDO") e da Lei Orçamentária Anual ("LOA"), que devem projetar de forma coordenada as despesas e receitas com objetivo de manter a austeridade fiscal e a estabilidade econômica.[162]

Neste mesmo sentido, a Lei de Responsabilidade Fiscal ("LRF") estabelece mecanismos de controle do aumento da despesa e de manutenção do equilíbrio das contas públicas.[163] A LRF introduziu o Anexo de Riscos Fiscais e o Anexo de Metas Fiscais como componentes da LDO, mecanismos que estabelecem metas anuais relativas a receitas, despesas, resultados nominal e primário e montante da dívida pública, e avaliam os passivos contingentes e outros riscos capazes de afetar as contas públicas.[164] A LRF exige ainda o aumento de receita ou redução de despesa para que seja permitido o aumento ou criação de despesas de caráter continuado.[165]

Para que uma despesa esteja autorizada, sua criação deve estar prevista nos planos orçamentários para o respectivo exercício fiscal. Esses mecanismos são relevantes para limitar o crescimento da dívida pública, importante elemento evidenciador da condição fiscal do país.[166]

As despesas se dividem, conforme definido pela Lei nº 4.320/64, entre despesas correntes e despesas de capital. As despesas correntes são fatos modificativos do patrimônio público, enquanto as despesas de capital são fatos permutativos. Em outras palavras, as despesas que não contribuem para a formação ou aquisição de um bem de capital, mas sim para manutenção da máquina estatal e de despesas cotidianas já estabelecidas, são despesas correntes. Aquelas que acarretam a formação de um bem de capital, ou seja, os investimentos, são as despesas de capital.[167]

Na relação entre despesas e dívida pública há de se observar que, ao concentrar recursos em despesas correntes de forma ineficiente, o ente público acaba por limitar sua capacidade de investimento em infraestrutura, considerando que tais gastos consomem receitas e afetam indicadores da dívida pública.[168] Por exemplo, para orientar que recursos oriundos de operações de crédito sejam direcionados a investimentos e não ao pagamento de despesas correntes, a Constituição Federal estabeleceu a *regra de ouro* em seu artigo 167, inciso III, vedando tais operações quando excederem o montante das despesas de capital, ressalvadas as autorizadas mediante créditos suplementares ou especiais com finalidade precisa, aprovados pelo Poder Legislativo por maioria absoluta.[169]

As PPPs destinam-se exatamente a viabilizar investimentos, em especial aqueles em que, por sua natureza, nem o Poder Público, nem a iniciativa privada, conseguem assumir sozinhos. Sua dinâmica econômico-financeira está ancorada no compartilhamento de riscos, o que traz reflexos orçamentários importantes.

Por envolverem dispêndios de recurso no longo prazo, os projetos de PPP devem estar contemplados nas leis orçamentárias dos parceiros públicos, observar a LRF[170] e, mais especificamente, as condicionantes fixadas no artigo 10 da Lei Federal nº 11.079, de 30 de dezembro de 2004 ("Lei de PPPs").[171]

O artigo 10, I, "b", da Lei de PPPs prevê a necessidade de aderência das despesas a serem criadas ao Anexo de Metas Fiscais, integrante da LDO. Os incisos II e III impõem a elaboração de estimativa do impacto orçamentário-financeiro nos exercícios em que deva vigorar o contrato de PPP e a declaração do ordenador da despesa de que as obrigações contraídas pela Administração Pública no decorrer da avença são compatíveis com a LDO e estão previstas na LOA.

O inciso IV do artigo 10 da Lei de PPPs exige que seja estimado o fluxo dos recursos públicos suficientes para o cumprimento, durante a vigência do contrato e por exercício financeiro, das obrigações contraídas pela Administração Pública. Por fim, o inciso V impõe que o objeto da PPP esteja previsto no PPA em vigor.

Os controles de fluxos financeiros são relevantes porque pretendem garantir a correta contabilização e reserva no orçamento dos valores das contraprestações do contrato, fazendo com que o contrato de PPP não impacte negativamente outras metas previstas pelo ente público e que não sejam prejudicadas as demais atividades e serviços estatais, acomodando os gastos com o contrato no orçamento e exigindo que seus efeitos financeiros, nos períodos seguintes, sejam compensados pelo aumento permanente de receita ou pela redução permanente de despesa.[172]

2.2 Riscos contratuais e impactos orçamentários – Portaria STN 614/06

O fator essencial para determinar o impacto da PPP no balanço público é o compartilhamento dos riscos entre poder concedente e concessionária. A finalidade da Portaria nº 614/06, da Secretaria do Tesouro Nacional ("STN"), é oferecer mecanismos para identificar a essência econômica do contrato precisamente a partir dessa alocação dos riscos.[173]

A Portaria STN nº 614/06 elegeu três grupos de riscos como critérios para determinar a essência econômica da PPP. A assunção de parcela substancial de qualquer um deles pelo Estado impõe-lhe o reconhecimento do ativo em seu balanço com o respectivo reflexo no endividamento. Isso significa que, caso o ente público assuma determinados riscos de forma substancial, será considerado o proprietário econômico do ativo.

Nesta hipótese, o valor dos desembolsos públicos deve ser contabilizado como dívida pública porque o contrato se assemelhará a uma operação de crédito para aquisição de um ativo, e a contraprestação será enquadrada na categoria de despesa de capital.[174] A regularidade do contrato estará sujeita, portanto, aos limites estabelecidos pela LRF para operações que acarretam endividamento.[175] Ou seja, constatada a alocação de quaisquer destes riscos ao Poder Concedente, este deverá registrar os ativos do projeto como seus, prevendo passivo em valor equivalente.[176]

O primeiro dos riscos identificados pela Portaria STN nº 614/06 é o risco de demanda, representando pela possibilidade de alterações no nível de utilização do ativo em relação ao previsto na modelagem do empreendimento[177], desconsideradas as variações resultantes de inadequação dos serviços prestados. A subutilização do serviço causa, então, a queda na receita esperada para o projeto. A variação no volume de utilização dos serviços pode ser consequência de inúmeros fatores, entre eles oscilações macroeconômicas, tendências do mercado ou novas formas de prestação de serviço.[178] Este risco recai sobre o ente público quando ele garante pelo menos 40% do fluxo total de receita esperado ao parceiro privado.

O risco de disponibilidade deriva da possibilidade de que o serviço seja fornecido em padrão inferior ao exigido contratualmente, e não se confunde com a penalização por descumprimento do contrato pelo parceiro privado.[179] Este risco se materializa quando há comprometimento no oferecimento dos serviços no volume ou na qualidade estabelecidos no contrato de PPP. Considera-se que tal risco é alocado ao ente público quando este se obrigar ao pagamento de ao menos 40% da contraprestação acordada, independentemente de o serviço ser ofertado em conformidade com o pactuado.[180]

Já o risco de construção é efeito da variação de custo que uma obra pode ter. Inclui áleas associadas ao preço dos insumos, às características do local de construção, ao prazo da obra e a elementos relacionados ao projeto. Ou seja, são os custos referentes à constituição ou manutenção estrutural do bem.[181] O risco estará alocado ao ente público quando este assumir compensação de pelo menos 40% da variação do custo originalmente contratado em decorrência de atrasos ou aumentos nos valores de construção ou reforma do bem, de custos de reparo e manutenção ou de reajuste das contraprestações devidas em decorrência de aumentos de índices setoriais.[182]

Cabe destacar que, mesmo quando o ente público não seja o titular econômico do ativo objeto da PPP e, portanto, não sofra impacto em seu endividamento, a efetivação do contrato de PPP dependerá do cumprimento das exigências orçamentárias para a criação de despesa de natureza continuada.[183]

O gerenciamento dos riscos é essencial não apenas para se ter clareza dos reflexos Municipal nº 734/2013 do contrato na dívida pública, mas também porque, além das contraprestações, o setor público poderá estar sujeito a outros dispêndios contratuais no caso de materialização das áleas assumidas.

Notas finais: mitigadores da insegurança jurídica sobre o impacto orçamentário das PPPS.

No caso abordado neste trabalho observa-se que, a despeito dos cuidados orçamentários exigidos por LRF, Lei de PPPs e Portaria STN nº 614/06 para celebração dos contratos de PPP, as decisões judiciais vacilaram em torno da tese de que o cumprimento da avença pelo parceiro público comprometeria o erário municipal, "quebrando" o Município.

A saída encontrada para proteger a municipalidade devedora foi formal: decidir pela legalidade dos atos do Poder Executivo destinados a frustrar o pagamento da contraprestação da PPP sob o argumento de que preenchiam os requisitos do ato administrativo e visavam à proteção do interesse público ao resguardar finanças municipais.

Com isso, houve uma espécie de "choque de legalidades": a do Decreto Municipal nº 734/2013, de um lado, e a do contrato de PPP e sua respectiva estrutura de garantia, de outro. Venceu a norma administrativa por conta do entendimento impreciso sobre a efetiva dinâmica orçamentária das PPPs.

Nessa situação, a insegurança jurídica parece ter duas fontes, caracterizadas por falhas de compreensão dos fenômenos em análise. A primeira é um juízo de valor que privilegia um decreto em relação a um contrato, como se este valesse menos que aquele. A falha está em que ambos são normas jurídicas sem distinção hierárquica ou de especialidade, não havendo razão para a norma posterior (o decreto) sobrepujar a anterior (o contrato). O segundo vício de entendimento está em que a questão orçamentária nas PPPs tem uma dinâmica própria, estruturada para não concorrer com outras despesas do parceiro público. Portanto, cumprir o contrato não onera o Município como se fosse um fato novo. A oneração é um dado de origem da contratação.

Toda vez que o conceito fluido de interesse público é utilizado para superar questões dogmáticas, a insegurança jurídica se manifesta com intensidade. Torna-se uma válvula de escape para descumprimento de obrigações legais e contratuais. Isso elimina a possibilidade de tomada de decisão racional porque fica impossível construir cenários, haja vista sempre se ter de considerar que, por uma decisão administrativa e/ou judicial sem lastro no contrato, todo o investimento do parceiro privado pode se perder.

Esse contexto cria um caldo de desconfiança em relação às instituições de Estado, cujos movimentos tornam-se incertos e deixam os administrados reféns de posicionamentos decisórios destrutivos. O sistema jurídico deve ser utilizado como ferramenta para mitigar esses impactos, pois "o Direito, como formalizador de condutas por excelência, controla a contingência, dando contornos à confiança nos ambientes em que se desconfia".[184]

O ordenamento jurídico brasileiro dispõe de mecanismos destinados a amainar tal insegurança jurídica nas três esferas de Poder. O Decreto-Lei nº 4.657/1942 (Lei de Introdução às Normas do Direito Brasileiro) tem normas como o artigo 20, segundo o qual nas esferas administrativa, controladora e judicial, não se decidirá com base em valores jurídicos abstratos sem que sejam consideradas as consequências práticas da decisão, e o artigo 30, pelo qual as autoridades públicas devem atuar para aumentar a segurança jurídica na aplicação das normas.

Especificamente para o Poder Judiciário, há ainda previsões como o artigo 489, §1º, II e III, do Código de Processo Civil, que dispõem não ser considerada fundamentada uma decisão judicial que empregar conceitos jurídicos indeterminados, sem explicar o motivo concreto de sua incidência no caso, ou invocar motivos que se prestariam a justificar qualquer outra decisão. Interesse público ou "quebra" do Município estão nessas categorias.

Para o Legislativo, por fim, há a limitação de que lei não pode violar ato jurídico perfeito nem direito adquirido (artigo 6º do Decreto-Lei nº 4.657/1942 e artigo 5º, XXXVI, da Constituição Federal), estando os contratos e suas garantias aí abrangidos. Se o parceiro privado faz jus a garantia e a pagamento, uma lei posterior jamais poderia privá-lo disso, sob pena de as avenças de nada servirem no Brasil.

Assim, não faltam normas em favor da segurança jurídica. Falta respeito a elas. A insegurança em sua aplicação fragiliza qualquer iniciativa de investimento de longo prazo, caso dos projetos de infraestrutura.[185] Se, a cada ciclo político, os contratos de empreendimentos fundamentais para a sociedade são combatidos pelo Executivo e/ou Legislativo, e não são protegidos pelo Judiciário, o desenvolvimento nacional permanecerá como sonho impossível.

No caso estudado neste artigo, o ente público não poderia furtar-se ao cumprimento das obrigações que assumiu com correspondente previsão orçamentária, motivo pelo qual é incabível o entendimento sobre a impossibilidade de concessão de liminar que preserve os pagamentos e as garantias. A restrição às liminares há de ser aplicada apenas para obrigações novas, que se pretendem materializar pela via judicial.[186] Não se poderia aplicar às PPPs, que são detalhadamente inseridas no orçamento do parceiro público. Para tais contratos, se houver resistência do Poder Concedente em efetivar os pagamentos, a ordem judicial tem de ser para pagar.

Ao analisar o caso concreto de um contrato de PPP, o julgador deve observar não apenas que há uma possível despesa por parte do Estado, mas que há um negócio jurídico complexo e estruturado a requerer estabilidade e confiança, com efeitos econômico-sociais relevantes para o progresso do país.

Sistema público de saúde brasileiro: esboço histórico do orçamento e fontes de financiamento

Mônica De Almeida Magalhães Serrano[187]

1. Sistema de saúde no sistema constitucional brasileiro

O sistema de saúde público brasileiro, com o advento da Constituição Federal de 1988, consagra a saúde como direito constitucional do cidadão e dever do Estado, a garantir políticas sociais e econômicas que visem à redução do risco de doença e de outros agravos e ao acesso universal e igualitário às ações e serviços para sua promoção, proteção e recuperação.

O sistema único de saúde – SUS foi constituído sob as diretrizes da universalidade, igualdade e integralidade do atendimento, dispondo as normas constitucionais sobre a forma como se dará o respectivo financiamento, além de compreender um conceito amplo de saúde, mais afeito a uma concepção de democracia social, seguindo, em tal ponto, definição dada pela Organização Mundial de Saúde (OMS), qual seja: "um estado de completo bem-estar físico, mental e social e não somente ausência de afecções e enfermidades".

Tal ponto é de grande relevância, como apontam Sueli Gandolfi Dallari e Vidal Serrano Nunes Júnior:

> Com efeito, a afirmação a saúde como ausência de doença, como dito, embora padeça de insubsistência, afirma a existência de um núcleo preciso, orientando a compreensão do que, de forma clara e inquestionável, é direito subjetivo do indivíduo, ou seja, o de assistência integral, quer para evitar, quer para tratar, quer para ainda readequar o indivíduo socialmente. Já as formulações incorporadas pela Constituição da Organização Mundial de Saúde, consubstanciando inegável evolução na abordagem do tema, talvez apresentem como virtude maior a identificação da saúde como um bem jurídico que apresenta três diferentes dimensões: uma individual, outra coletiva e outra de desenvolvimento, assim pensado não só com base nas presentes, mas também nas futuras gerações[188]

São essas as linhas básicas do sistema de saúde brasileiro atual, mas um breve desenho histórico será valioso e didático para a completa compreensão do tema, especialmente no que diz respeito às formas de financiamento.

2. O sistema de saúde público brasileiro e evolução histórica

A saúde pública no País sofreu diversas transformações no decorrer do tempo. Nos primeiros anos, especificamente na era colonial e imperial, é possível afirmar que algo sistematizado praticamente inexistia e qualquer atuação na saúde se desvinculava de qualquer preocupação voltada ao cidadão.

Não havia nenhuma atividade de natureza preventiva ou organizacional. A questão da saúde pública ficava basicamente circunscrita à questão de limpeza nos centros urbanos e ao combate de doenças infectocontagiosas.

Com efeito, nessa época, enfrentava-se nos núcleos urbanos crítica situação em relação à higiene e limpeza públicas. Não se fazia ainda presente qualquer sistema de esgoto ou de tratamento da água, o que, aliado à falta de higiene e conscientização da população, só agravava a situação.

As adversidades eram intensas. Havia nas cidades intensa insalubridade e grande acumulação de lixo. Os vasos sanitários, tal como conhecidos atualmente, sequer existiam. Curiosamente, o primeiro vaso sanitário foi criado em 1596 pelo poeta inglês John Harington e aperfeiçoado em 1778 por Joseph Bramah [189], tendo se popularizado com as revoluções industriais, de tal forma que nessa época no Brasil os excrementos eram lançados diretamente às ruas, não havendo lugar adequado ou tratamento dos dejetos ou lixo descartado.

A falta de cuidados mínimos com a higiene pública levava à ocorrência de epidemias, como febre amarela, varíola, malária, peste negra entre outros.[190]

Portanto, nesse período histórico o foco na área da saúde se voltava ao controle da limpeza pública e ao combate das doenças infectocontagiosas.

Não havia qualquer planejamento ou controle sanitário de âmbito coletivo, nem se buscava delimitar a causa de doenças.

Assim, não havia qualquer sistematização na área da saúde. Inclusive, o fenômeno da lepra bem representa essa falta de caráter operacional. Como se sabe, a lepra ou hanseníase é uma doença infecciosa e a incidência no Brasil se deu com os primeiros colonizadores e com a vinda de escravos, posto que não se tem notícia da existência da doença entre os índios. Contudo, não havia um combate propriamente dito à doença ou às causas, o que viabilizaria uma atuação preventiva e repressiva mais eficaz. As ações se voltavam ao isolamento dos portadores, que eram internados em diversos leprosários, destituídos de assistência adequada, além de serem objeto de grande repulsa social e discriminação.[191]

Vale citar, nesse diapasão, Letícia Maria Eidt:

"Segundo dados do Serviço Nacional de Lepra (1960), as medidas legislativas mais importantes até o século XX, ditadas para o controle da hanseníase no território nacional, foram: Lei tornando obrigatório o isolamento dos doentes de hanseníase no Rio de Janeiro, decretada em 1756; o regulamento assinado em 1787 por D. Rodrigo de Menezes para o hospital da Bahia; o isolamento obrigatório dos doentes no Estado do Pará em 1838; proibição do exercício de certas profissões pelos hansenianos em 1848 e de 1883 expedição de legislação apropriada com a criação de hospitais-colônias em Sabará.

Conforme Maurano (1939), a endemia hansênica evoluía há, aproximadamente, três séculos no Brasil e pouco ou quase nada havia sido feito para conter sua expansão. Foi Emílio Ribas que, no ano de 1912, durante o I Congresso Sul Americano de Dermatologia e Sifiligrafia do Rio, destacou a importância da **notificação compulsória** e de se **tratar a hanseníase com rigor científico**, além do **"isolamento humanitário" em hospitais-colônias** que não apenas abrigassem os doentes, mas, também, trabalhassem a questão da profilaxia, entre elas, afastar os filhos recém-nascidos sadios de seus pais doentes e dar-lhes assistência nos **educandários ou preventórios**. Este sanitarista aconselhava a ação conjunta do Estado, dos Municípios e da comunidade para resolver a questão da hanseníase em território brasileiro. Nesta época destaca-se o envolvimento de Oswaldo Cruz, no Rio de Janeiro, e de Alfredo da Matta, no Amazonas.

Por volta de 1916, era instituída, na cidade do Rio de Janeiro, a Comissão de Profilaxia da Lepra, da qual fazia parte Adolfo

Lutz. Neste mesmo ano, Carlos Chagas presidiu o 1º. Congresso Americano de Lepra também nesta cidade (Velloso e Andrade, 2002).[192]

Outro elemento enfrentado na área da saúde no Brasil colonial, outrossim, além de inexistir uma atuação sistêmica, era a escassez de médicos, com formação superior e adequada.

O Brasil enfrentava dificuldades, enquanto colônia, para o implemento de carreiras universitárias de médicos, em decorrência de vários problemas estruturais, inclusive falta de recursos para investimentos, até mesmo por imposições advindas de Portugal, tal como esclarece Márcio Antônio Moreira Galvão:

> A tentativa de implantação do Ensino Médico em Minas Gerais antes da chegada da Corte Portuguesa ao Brasil, em 1808, é também citada por Machado et al. Esses autores afirmam que, até o século XIX, o número de médicos diplomados é mínimo, já que a proibição do ensino superior era um ponto básico da política de Portugal com relação ao Brasil colonial. No entanto, a Fisicatura habilita os chamados "cirurgiões práticos", que tenham servido por alguns anos nos Hospitais de Santa Casa de Misericórdia. No intuito de implantar o Ensino Superior de Medicina, as Câmaras Municipais propõem a criação de uma Faculdade de Medicina financiada por elas mesmas, o que é negado pelo Conselho Ultramarino em documento enviado às Câmaras. Esse documento argumenta "que "poderia ser questão política, se convinham essas aulas de artes e ciências em colônias(...), que podia relaxar a dependência que as colônias deviam ter ao Reino"
>
> "A instalação da Corte portuguesa no Brasil, em 1808, modifica essa situação. A criação do Ensino Cirúrgico é agora colocada como útil ao restabelecimento da saúde do povo. A saúde torna-se objeto do poder central.[193]

Marcus Vinícius Polignano, igualmente, nos dá uma ideia da carência de profissionais, o que intensificava a dificuldade de acesso a tratamentos:

A carência de profissionais médicos no Brasil Colônia e no Brasil Império era enorme, para se ter uma idéia, no Rio de Janeiro, em 1789, só existiam quatro médicos exercendo a profissão (SALLES, 1971). Em outros estados brasileiros eram mesmo inexistentes. [194]

Para enfrentar tal celeuma, foram criados cursos práticos denominados de 'cursos de cirurgia', na tentativa de suprir o atendimento à população, sendo certo que somente em 1808 foi criada a primeira escola de nível superior. [195]

Claro que o acesso a tratamentos e medicamentos se mostrava mais facilitado aos nobres e para os que detinham algumas posses, o que não ocorria em relação às pessoas mais pobres e carentes, que ficavam muitas vezes à mercê de ações caritativas.

Como alerta Carla Mereles, os institutos religiosos nesse período tiveram papel essencial na área da saúde, tal como as Santas Casas, que atuavam basicamente por meio de filantropia:

"A ligação entre entidades religiosas e tratamentos de saúde é bastante forte e existe desde a colonização do Brasil. Movimentos da Igreja Católica, da Igreja Protestante, da Igreja Evangélica, da Comunidade Espírita, entre outras, chegam a ter 2.100 estabelecimentos de saúde espalhados por todo o território brasileiro, de acordo com a Confederação de Santas Casas de Misericórdia (CMB).

As Santas Casas de Misericórdia são uma dessas entidades que se destinaram a prestar assistência médica às pessoas. As Santas Casas foram, durante décadas, a única opção de acolhimento e tratamento de saúde para quem não tinha dinheiro. Elas eram fundadas pelos religiosos e, num primeiro momento, conectadas com a ideia de caridade – entre o século XVIII e o ano de 1837."[196]

Vale ressaltar, em tal ponto, que a primeira Santa Casa de Misericórdia surgiu em meados de 1523, a partir da qual outras foram criadas, as quais se viabilizavam por meio de doações e recebiam todos tipos de doentes e pessoas carentes, suprindo a função que seria do Estado.

Mas vale destacar que o primeiro modelo de política de saúde organizado no Brasil veio surgir somente entre os séculos XIX e XX, denominado como modelo campanhista, através do qual se destacava a realização de campanhas e programas de saúde. Contudo, o objetivo desse modelo se voltava mais uma vez ao controle de grandes epidemias.

O modelo campanhista não teve resultados tão adequados, tendo apresentado alguns elementos de autoritarismo, inclusive com concessão até mesmo de poder de polícia aos agentes da saúde. Ademais, foi implantado sem qualquer preparo e informação à sociedade.

Personagem de destaque do período, sob o Governo de Rodrigues Alves, foi o sanitarista Oswaldo Cruz, nomeado como diretor geral de Saúde Pública em 1903, cargo que pode ser equiparado atualmente ao de Ministro da Saúde, tendo desenvolvido trabalho importante no combate às epidemias, apesar de ter recebido críticas severas:

> O desafio não era pequeno. O jovem médico e cientista teve que empreender uma campanha sanitária de combate às principais doenças da capital federal: febre amarela, peste bubônica e varíola. Para isso, adotou métodos como o isolamento dos doentes, a notificação compulsória dos casos positivos, a captura dos vetores – mosquitos e ratos –, e a desinfecção das moradias em áreas de focos. Utilizando o Instituto Soroterápico Federal como base de apoio técnico-científico, deflagrou campanhas de saneamento e, em poucos meses, a incidência de

peste bubônica diminuiu com o extermínio dos ratos, cujas pulgas transmitiam a doença.

Ao combater a febre amarela, na mesma época, Oswaldo Cruz enfrentou vários problemas. Grande parte dos médicos e da população acreditava que a doença se transmitia pelo contato com as roupas, suor, sangue e secreções de doentes. No entanto, Oswaldo Cruz acreditava em uma nova teoria: o transmissor da febre amarela era um mosquito. Assim, suspendeu as desinfecções, método tradicional no combate à moléstia, e implantou medidas sanitárias com brigadas que percorreram casas, jardins, quintais e ruas, para eliminar focos de insetos. Sua atuação provocou violenta reação popular.[197]

O maior enfrentamento pelo qual o sanitarista passou foi em decorrência da implantação da vacinação obrigatória da população, o que chegou a desencadear uma movimentação contrária da população (conhecida como 'revolta da vacina'), dada a forma como idealizada a campanha:

Em junho de 1904, Rodrigues Alves enviou um projeto de lei ao Congresso Nacional propondo a obrigatoriedade da vacinação contra a varíola. Na época, os conhecimentos sobre os benefícios da vacina estavam restritos aos médicos e às autoridades públicas; a população desconhecia esses benefícios e o governo não fez campanha para informar sobre a importância da vacinação. As medidas foram tomadas de maneira autoritária e sem esclarecimentos à população. Residências foram interditadas ou bombardeadas com enxofre e os doentes segregados, cortiços e casas de cômodos foram derrubados.

A obrigatoriedade de introduzir líquidos desconhecidos no corpo, imposta de maneira autoritária pelo governo, gerou forte resistência em vários segmentos da sociedade, como oficiais do Exército, intelectuais positivistas, monarquistas, e líderes operários. A imprensa também fez grande oposição[198]

Contudo, apesar da polêmica atuação, o sanitarista teve certo êxito, com praticamente erradicação da febre amarela em 1907 no Rio de Janeiro.

Na Europa, os avanços na área de saúde se manifestavam de forma mais aguçada. Já em meados do século XIX havia sido descoberta uma vacina pelo médico inglês Edward Jenner contra a varíola, com método primitivo, através de aplicação de secreção de vaca infectada pela varíola bovina em corte realizado no braço da pessoa que receberia a vacina, mas com resultados relativamente satisfatórios, sendo certo que somente em 1865 foi descoberto modo eficaz de vacinação em laboratório, com controle total da varíola na Europa no século XX, período em que passaram a desenvolver também outras vacinas, como a vacina contra a raiva canina. Igualmente no século XIX o químico e biólogo francês Louis Paster fez grandes descobertas, abrindo novas perspectivas ao estudo da origem das doenças. Acreditava o cientista que grande parte dos males decorreria de microrganismos anaeróbicos, o que levou por terra a teoria da abiogênese ou geração espontânea, mostrando novos caminhos para o combate e prevenção de doenças. Técnicas antissépticas e de esterilização passaram a ser utilizadas, com redução de mortes entre os doentes, com novas medidas implementadas posteriormente, como instalação de redes de esgoto e tratamento de água. [199]

Mas, no Brasil, apesar de pequenos avanços que já se faziam presentes, o fato é que o sistema de saúde ainda se mostrava incipiente e bastante restrito.

Oportuna a colocação de Maria Rita Bertolozzi e Rosângela Maria Greco:

> Nesse período delineou-se uma política nacional de saúde através da criação de estruturas como o Ministério da Educação e Saúde. Vale dizer que o caráter dessa política continuou sendo restrito, pois limitava-se apenas à cobertura de certos segmentos de trabalhadores.
>
> No que toca aos programas de Saúde Pública, eles voltavam-se para a criação de condições sanitárias mínimas que favoreciam a infra-estrutura necessária para suportar o contingente migratório. No entanto, permaneciam, via de regra, limitados pela opção política de gastos do Estado e pelo dispendioso modelo sanitarista adotado (campanhista)[200]

Na verdade, nesse momento histórico a economia no Brasil tinha por base a atividade agrícola, com destaque ao café, e se voltava à exportação, ambientação que proporcionou a intensificação dos processos de urbanização e industrialização.

Inclusive, com abolição da escravidão, havendo necessidade de expansão do mercado de trabalho, houve incentivo do governo à imigração, aumentando a ocupação dos centros urbanos, de forma desordenada, com formação de muitos cortiços. Ponderam nesse sentido Solange Aragão e Thais C. S. Souza:

> Na cidade de São Paulo, a construção e difusão dos cortiços se dá em meio às grandes transformações de fins do oitocentos e princípios do século XX, decorrentes da economia do café, que colocou a capital paulista no centro do eixo econômico [4]; da chegada da ferrovia, que fazia a ligação com o porto de Santos e facilitava as comunicações, atraindo para a capital as camadas mais abastadas da população [5]; da confluência dos imigrantes, que se fixavam na cidade, contribuindo "para o seu crescimento e expansão de seu comércio e sua indústria" [6]; da abolição da escravidão, em 1888; e do ainda incipiente processo de industrialização.

Para as camadas abastadas foram criados novos bairros a partir do loteamento de antigas chácaras, como os Campos Elíseos, que seria habitado pela aristocracia do café [7]; Higienópolis, onde foram erguidos os palacetes dos ricos fazendeiros, dos comerciantes mais prósperos, de alguns profissionais liberais e dos primeiros industriais [8]; e a própria Avenida Paulista, loteada por Joaquim Eugênio de Lima em 1891, onde se destacariam os palacetes dos "barões do café" e dos imigrantes enriquecidos com a indústria.[201]

Havia, pois, um crescente mercado de trabalho formado por imigrantes e trabalhadores assalariados, que ficavam destituídos de direitos básicos e, portanto, à mercê de doenças, o que poderia comprometer a força de trabalho, como também o comércio, especialmente a exportação dos produtos brasileiros:

No início da República, a vida dos trabalhadores era difícil, pois não havia sequer leis que garantissem seus direitos sociais. Um homem adulto trabalhava, em média, 12 horas por dia. Algumas categorias profissionais trabalhavam sete dias por semana. Os salários eram miseráveis, sendo que a mulher operária ganhava bem menos do que o homem, e a criança recebia menos ainda do que a mulher. Nenhuma legislação garantia pensões, aposentadorias ou indenizações por acidente de trabalho. Lutava-se, portanto, por direitos que dessem aos trabalhadores o mínimo de garantias na fábrica e fora dela.

Mas essa luta não era apenas por leis sociais e aumentos de salário. Outra reivindicação era que o trabalho fosse valorizado e os trabalhadores fossem reconhecidos socialmente. Naquela época, logo após a abolição da escravidão (1888), ainda prevalecia no país a crença de que viver do trabalho alheio era o ideal de vida. O trabalho, principalmente o braçal, tinha uma conotação negativa, herdada da época colonial e da escravidão: era visto como algo desprezível[202]

Constata-se, por conseguinte, que nesse período a preocupação relativamente à saúde pública era evitar que a classe trabalhadora adoecesse, evitando-se, assim, prejuízos financeiros e econômicos.

Com a industrialização, que se intensificava, a preocupação com a proteção aos trabalhadores crescia e por volta de 1920 foram criadas as caixas de aposentadoria e pensão

– CAPS, o que incluiria assistência médica, instituídas por meio da Lei Elói Chaves, de 24/01/1923, que já apresentava características mais próximas à atual previdência social, mas com benefícios mais limitados e extensivos a poucas categorias. Implantava-se a partir de então o denominado modelo médico previdenciário privatista, com a ideia de oferecer assistência médica ao trabalhador. Iniciou-se com os empregados das empresas ferroviárias, mas logo foram outras organizadas. As CAPS eram criadas pelas empresas e/ou empregados sob regime de capitalização e o número reduzido de contribuintes acaba por lhes conferir uma certa fragilidade, além de ter suscitado notícias de fraudes nas concessões de benefícios.

Com Getúlio Vargas assumindo o Poder em 1930, houve a criação do Ministério da Educação e Saúde Pública, como também o Ministério do Trabalho e Indústria e Comércio e, até mesmo por pressão social, houve a ampliação das Caixas de Aposentadorias e passaram a ser criados os Institutos de Aposentadorias e Pensões – IAPS, autarquias, organizadas agora por categorias profissionais. A ideia era a construção de uma previdência aos trabalhadores, agora sob controle governamental. Havia por meio deles o benefício de aposentadorias, pensões e serviços de saúde. O primeiro Instituto de Aposentadoria e Pensões criado foi o Instituto Marítimo, em 1933, após o qual seguiram-se vários outros, como dos comerciários e dos bancários. A contribuição para a manutenção do sistema se dava conjuntamente pelo empregado, que tinha o montante descontado de seus salários, empregador e do governo.

Ocorre que os institutos eram organizados por categoria e aquelas que tinham mais força e poder de organização acabavam por deter, em decorrência, maior poder político, como também mais recursos, o que acabava por trazer desigualdade de tratamento aos trabalhadores.

Esses institutos tiveram, inclusive, atuação importante na área da habitação, como bem esclarece Cristina Maria Perissinotto Baron:

> No campo da habitação brasileira, o governo autorizou as Caixas de Aposentadoria e Pensões a financiar casas, as Caixas foram criadas em 1923 para regulamentarem a previdência social. Existiam em 1930, 47 órgãos desse tipo e em 1933 foram criados os Institutos de Aposentadoria e Pensões, em âmbito nacional; muitos dos quais substituíram as Caixas de Aposentadoria e Pensões. Os Institutos eram divididos por categorias profissionais, a saber: marítimos (IAPM), industriários (IAPI), bancários (IAPB), comerciários (IAPC), condutores de veículos e empregados de empresas de petróleo (IAPETEC) e estivadores (IAPE). A legislação que 105 TÓPOS V. 5, N° 2, p. 102 - 127, 2011 autorizou as Caixas a utilizarem parte de sua receita na construção de casas data de 1931 (Decreto n0 20.465, 01 out. 1931), mas efetivamente teve que esperar aprovar os seus regulamentos em abril de 1932 (Decreto n0 21.326, 27 abril 1932), as construções de casas só poderiam ser financiadas para os associados dos diversos Institutos. (FINEP-GAP 1983) Um dos institutos mais atuantes na área habitacional foi o Instituto de Aposentadoria e Pensões dos Industriários – IAPI, o qual formulou 3 tipos de planos de atuação que foram sendo incorporados pelos demais institutos, a saber: 1) Plano A: locação ou venda de unidades habitacionais em conjunto residenciais adquiridos ou construídos pelos institutos, com o objetivo de proporcionar aos associados moradia digna, sem prejuízo da remuneração mínima do capital investido. 2)Plano B: financiamento aos associados para aquisição da moradia ou construção em terreno próprio. 3)Plano

C: empréstimos hipotecários feitos a qualquer pessoa física ou jurídica, bem como outras operações imobiliárias que o instituto julgasse conveniente, no sentido de obter uma constante e mais elevada remuneração de suas reservas (BONDUKI, 1998:105).[203]

Instaura-se, ainda, no País, sob forte influência dos movimentos nazifascistas mundiais, como na Alemanha (Hitler) e Itália (Mussolini), a denominada ditadura do Estado Novo, sob o governo de Getúlio Vargas, no período compreendido entre 1937 a 1945. Ademais, o País passa a enfrentar reflexos da crise de 1929, com a redução da exportação e do preço do café, e abertura maior à industrialização. Getúlio Vargas, então, busca aproximação ao trabalhador, com postura claramente demagógica e populista, conferindo-lhes alguns direitos, com a criação, como já afirmado, do Ministério da Educação e Saúde Pública e do Ministério do Trabalho e Indústria, além dos IAPs, que favoreciam importantes categorias de trabalhadores, mas ao mesmo tempo com forte concentração de poder no Executivo, o que se expande às áreas sociais. Assim explicita Francisco de Assis Acurcio:

> Diferentemente das CAPs, a administração dos IAPs era bastante dependente do governo federal. O conselho de administração, formado com a participação de representantes de empregados e empregadores, tinha uma função de assessoria e fiscalização e era dirigido por um presidente, indicado diretamente pelo Presidente da República. Há uma ampliação da Previdência com a incorporação de novas categorias não cobertas pelas CAPs anteriormente. (...) Do ponto de vista da concepção, a Previdência é claramente definida enquanto seguro, privilegiando os benefícios e reduzindo a prestação de serviços de saúde. (...) Caracterizam esta época a participação do Estado no financiamento (embora meramente formal) e na administração dos institutos, e um esforço ativo no sentido de diminuir as despesas, com a consolidação de um modelo de

Previdência mais preocupado com a acumulação de reservas financeiras do que com a ampla prestação de serviços. Isto faz com que os superávits dos institutos constituam um respeitável patrimônio e um instrumento de acumulação na mão do Estado. A Previdência passa a se configurar enquanto 'sócia' do Estado nos investimentos de interesse do governo." (Cunha & Cunha, 1998[204]

Getúlio Vargas, inclusive, proclama a nova Constituição Federal de 1937, conhecida como Constituição Polaca, com a suspensão de vários direitos políticos, e com todas as relações sociais e com o Governo sob forte controle.

É possível observar, sem qualquer dúvida, alguns passos evolutivos, inclusive com a criação de várias legislações que favoreciam o trabalhador, mas o fato é que o sistema de saúde ainda se voltava basicamente à questão do combate às epidemias e aos interesses financeiros e econômicos dos detentores de Poder, destituído do caráter social e coletivo e da necessidade de concretização de políticas públicas voltadas ao cidadão. De toda forma, merece destaque a existência de algum investimento e concretos atos na área da saúde:

O governo montou um sistema de saúde pública: construiu grandes hospitais e criou o Ministério da Educação e Saúde. Investiu recursos na área da saúde da criança, da gestante e no combate de doenças endêmicas, como malária, febre amarela e lepra, com equipes deslocando-se para lugarejos que não contavam com serviços médicos. Foi criado também um vasto programa de previdência social, com seguros contra invalidez, doença, morte, acidentes de trabalho, seguro-maternidade, entre outros[205]

A tônica nessa seara era possibilitar o avanço econômico e industrial, com grandes obras, tal como relata Rainer Gonçalves Sousa:

No âmbito econômico, o Estado Novo abriu vários institutos e agências responsáveis pela regulamentação de várias atividades. Além disso, vale destacar o grande investimento feito na indústria pesada. A Fábrica Nacional de Motores, a Companhia Siderúrgica Nacional, a Companhia Vale do Rio Doce e a Hidrelétrica do Vale do São Francisco eram algumas das estatais que deveriam abrir portas para o surgimento de outras indústrias no país.[206]

Com a queda do Estado Novo e final da Segunda Guerra, Getúlio Vargas se aproxima mais da classe trabalhadora, com objetivos claramente políticos:

A partir de 1942, o governo Vargas começou a se movimentar no sentido de preparar a transição controlada de um Estado autoritário para um regime mais aberto. Não por acaso, naquele ano o ministro do Trabalho Marcondes Filho uma campanha de popularização da figura de Vargas nos meios de comunicação, principalmente através do programa radiofônico "Hora do Brasil". O objetivo era assegurar maior base de apoio para o governo entre as classes trabalhadoras. Esta era também a raiz da preocupação de consolidar os direitos sociais e trabalhistas, expressa em medidas aprovadas em 1943 como a CLT e o aumento do salário mínimo. [207]

Apesar dos esforços empreendidos por Getúlio Vargas, que intentava permanecer no Poder, inclusive implementando a reforma constitucional para realização de novas eleições, acabou deposto em outubro de 1945, abrindo espaço para a redemocratização do País.

Em 1945 foram efetivamente realizadas eleições diretas, saindo vitorioso Eurico Gaspar Dutra, que exerceu a Presidência no período compreendido entre 1946 a 1951, dando continuidade à atuação de caráter desenvolvimentista. Em tal sentido, elaborou o denominado Plano SALTE, cujas iniciais significariam as áreas da saúde, alimentação, transporte e energia, que deveriam ser priorizadas, mas não obteve êxito na efetivação do plano e alcance dos resultados pretendidos ante a crise econômica que assolava o Governo e a alta inflação.

No decorrer do governo de Dutra, apesar de ter havido formalmente a redemocratização do País, inclusive com a promulgação da Constituição Federal de 1946, que consagrou vários direitos civis e da coletividade, a grande questão é que não se efetivaram concretamente todos esses direitos.

No decorrer do Governo de Dutra já surge novamente Getúlio Vargas, agora como candidato, consagrando-se vitorioso e iniciando a sua gestão democrática em 1951, sob discurso de garantir **o desenvolvimento econômico do país e proporcionar maior bem-estar à coletividade.**

No decorrer de novo Governo, Getúlio cria em 1953 o Ministério da Saúde. Foi a primeira vez em que houve um ministério dedicado exclusivamente a políticas de saúde, o que desta vez englobava o atendimento a zonas rurais, regiões não contempladas anteriormente.

Inclusive, no exercício do segundo governo de Vargas verifica-se um aumento que pode ser considerado importante nas despesas realizadas com a área de saúde pública em âmbito federal, embora ainda seja distante de um valor a ser considerado razoável. Evaldo Vieira bem explicita esses percentuais de gastos com a saúde:

> O segundo período da administração de Vargas contribuiu com a certeza no **expressivo crescimento das despesas federais**

com a Saúde Pública, as quais subiram de 1,32% (em 1950) para 5,45% (em 1955) do conjunto dos gastos da União. Assim, apesar da brusca redução das despesas federais com as atividades de educação e de pesquisa, registra-se grande elevação de gastos com as medidas de saúde, constituindo aumento de mais de quatro vezes no período compreendido entre 1950 e 1955. É preciso notar que as despesas com a Saúde Pública, realizada pelos Estados, pelo Distrito Federal e pelos Municípios, não acompanharam a tendência do governo federal. De 1951 a 1954, os gastos com a saúde mudaram de 7,4% para 7,63% do total das despesas dos Estados e do Distrito Federal. Este pequeno crescimento igualmente se verifica no âmbito dos Municípios, onde os gastos com a saúde aumentaram de 3,57% para 3,98% do total das despesas, ao longo dos anos de 1950 a 1954.[208] (gg.nn.)

Mas, o que se constata é que, apesar de ter havido crescimento no tocante ao financiamento da área social, o fato é que os valores dispensados à saúde e educação se mostram mínimos. E, ademais, sem qualquer consistência, posto que as atuações continuavam a se dar na área da saúde sem qualquer sistematização adequada, voltadas a campanhas contra algumas doenças e/ou questões muito específicas. Nada voltado à sociedade de forma planejada em termos de políticas públicas substanciais. Houve certo êxito na redução de uma ou outra doença, como tuberculose ou malária, mas no geral a situação era bastante frágil e precária, mantendo-se, inclusive, o drástico índice de expectativa de vida e de mortalidade infantil. De acordo com IBE, em 1950 havia uma taxa mortalidade de 135 a cada mil nascidos. Em algumas regiões essa taxa era ainda mais alta, como no Nordeste, em que passa a ser de 175 a cada mil nascidos, em 1950.[209]

A verdade é que a atuação de Getúlio seja na área da educação, saúde ou de habitação foi pontual, sem qualquer base estrutural que pudesse refletir alguma mudança importante no decorrer de sua segunda gestão (1951/1954):

> Neste sentido, a política social do segundo governo de Getúlio Vargas reduziu-se a um conjunto de deliberações predominantemente setoriais na educação, na saúde pública, na habitação popular, na Previdência Social e na Assistência Social. Inexistia qualquer preocupação mais profunda com transformações gerais, que alcançassem a essência da política social. Vargas baixou decisões particulares a cada questão importante e urgente, surgida no âmbito da política social. Sem meios de concretizar até mesmo todas as suas promessas neste campo, o presidente da República dedicava-se a remediar casos mais aflitivos. Distante de medidas estruturais em sua atuação governamental, Getúlio só veio a melhorar as condições de vida da população carente, no Brasil, através de algumas providências dispersas de política econômica e de política social. Embora pregasse a melhoria das condições de vida dos necessitados, procurando reuni-los em torno de si, ele não avançou além das soluções de momento[210]

Com uma série de problemas que enfrentava no governo e mediante pressão para renunciar, principalmente por militares, Getúlio Vargas se suicida, assumindo a presidência o vice-presidente Café Filho, que se afastou por problemas de saúde, tendo assumido o presidente do Senado Nereu Ramos, que governou até a posse de Juscelino Kubitschek.

No Governo de Juscelino Kubitschek (1956/1961) verifica-se importante redução de recursos para a área de saúde **(passaram de 5,45% em 1955 para 4,62% em 1960)**[211], educação e pesquisa. Houve clara preponderância da área econômica, com realização de grandes obras, tal como a construção de Brasília, que se tornou a nova Capital, hidrelétricas, e incentivo a indústrias, especialmente automobilística, e empresas multinacionais (Plano de Metas), mas com detrimento da área social.

Com todos os investimentos realizados, a economia estava fragilizada, com alta inflação e aumento da dívida interna e externa. Nesse contexto, aponta a figura de Jânio Quadros como candidato. Questão interessante é que na época o vice-presidente também era eleito, sendo certo que sai vitorioso João Goulart para esse cargo, que não pertencia ao mesmo grupo político do Presidente eleito. Goulart, na verdade pertencia ao PC do B (Partido Comunista do Brasil).

Jânio tomou posse em 31/01/1961 e, sob discurso de moralidade e austeridade, suscitava a necessidade de várias reformas estruturais, adotando, ainda, política externa que descontentou a área política, com aproximação de países socialistas e, após vários conflitos e desgaste de sua imagem, renunciou em 25/08/1961.

O Vice-presidente João Goulart seria o sucessor legal. Mas a sua posse e nomeação foi contestada por militares e pela classe social dominante e configurou um impasse político. A resolução se deu pelo Ato Adicional à Constituição Federal de 1946, que instaurou o sistema parlamentarista, que possibilitava a posse de Goulart, mas conferia poderes limitados ao Presidente. Esse sistema foi mantido até 1963, quando por força de plebiscito instaurou-se novamente o Presidencialismo, tomando posse como Presidente João Goulart, que se manteve no cargo até o golpe de 31/03/1964.

O discurso de João Goulart, que prometia efetivas conquistas sociais, acabou interrompido com o golpe militar e, destituído do poder, exilou-se o presidente no Uruguai.

As diretrizes proclamadas por Jango mostravam um discurso com viés claramente democrático, lançando o Plano Trienal, que delineava reformas de base. Contudo, a área social não chegou a ter qualquer alteração substancial, talvez pela fragilidade de sua gestão:

> Portanto, como se deu na Educação, ainda que neste setor da política social, o janismo e o janguismo escolheram a intervenção mais setorial, conforme as carências da Saúde Pública. Os recursos financeiros eram escassos, e uma publicação de 1963 divulgou que o Ministério da Saúde possuía CR$400,00 para cuidar da saúde de cada brasileiro. Não sucedeu, de fato, aquele conjunto de providências capazes de transformar as cruéis condições de Saúde Pública no país. Soluções meramente isoladas surgem ainda na Previdência e Assistência Social, bem como na Habitação Popular. Conforme se viu anteriormente, também aqui não houve lugar para mudanças amplas, que tocassem as bases da política social. As chamadas reformas de base, defendidas por Goulart, pouco se realizaram; e as decisões janguistas perdiam-se em casos particulares, merecedores de pronta atenção, porventura existentes no âmbito da política social. Apesar de já mencionado em outras ocasiões, também aqui e importante lembrar que a Previdência e a Assistência Social sobretudo se concentravam no atendimento individual. A Saúde Pública agia em função do controle de certos malefícios que atingiam a coletividade.[212]

Na área da saúde no decorrer dos Governos de Jânio Quadros e João Goulart verifica-se queda de investimentos nas áreas federal e municipal, enquanto a mortalidade infantil continuava a atingir níveis alarmantes.[213]

Com o golpe, é possível detectar que a área da saúde, apesar de ter sido objeto de algumas evoluções, juntamente com o ambiente que se mostrava favorável a maiores conquistas, inclusive por meio de realizações de várias Conferências de Saúde, com especial destaque para a 3ª Conferência Nacional de Saúde, além de outros movimentos, todos sinalizando ideias progressistas, tal como a municipalização dos serviços, sofre um revés. Instalado o regime militar, o que se verifica é que os investimentos na área de saúde passaram a ser praticamente inexistentes, com cortes importantes implantados de verbas nessa área. Políticas públicas e preocupação com questão social passam a ser irrelevantes.

Assim que instalado o regime militar no País, a população confronta-se com o que passou a ser denominado 'milagre econômico', com a sensação de aceleração da economia, melhoria dos salários e da renda.

Houve forte investimento em diversas áreas, como no setor siderúrgico, de transportes, sistema bancários e construção civil.

O crescimento da economia intensificou-se, época conhecida com 'milagre econômico':

> O "milagre" era regido por uma política que estimulava o crescimento, ao mesmo tempo em que favorecia a concentração da renda. O lema do "milagre" era o de "crescer o bolo para

depois dividi-lo". O bolo, de fato, cresceu, mas as fatias foram distribuídas de maneira muito desigual [214]

Contudo, aos poucos o milagre se desfaz e ao final do regime instala-se no País grave recessão, com desemprego e inflação. Os impactos negativos são graves. Há claro aumento da pobreza, bem como intensifica-se a desigualdade social.

O sistema de saúde, que se encontrava em processo de evolução, retrocede. Voltam a eclodir epidemias – meningite, dengue, etc., com novo aumento da mortalidade infantil.

Houve crescimento na área da indústria e comércio, contudo, áreas como educação e saúde ficaram claramente prejudicadas. A política de saneamento praticamente inexistia.

Registre-se as palavras de *Viviane Tavares:*

Fazendo o recorte para o período militar, no livro *Na corda bamba de sombrinha: a saúde no fio da história* (Escola Politécnica de Saúde Joaquim Venâncio e Casa de Oswaldo Cruz, 2010), Carlos Fidelis Ponte, um de seus organizadores, explica que com a criação do Fundo de Apoio ao Desenvolvimento Social (FAS), em 1974, as empresas de medicina passaram a contar com uma nova fonte de financiamento para construção, ampliação e compra de equipamentos.

"Administrado pela Caixa Econômica Federal e constituído principalmente com recursos da Loteria Esportiva, o FAS desembolsou até 1979 cerca de 7 bilhões de cruzeiros (moeda de então) para a saúde, dos quais 70% (algo em torno de 1 bilhão e meio de reais) foram destinados a hospitais particulares situados no eixo Rio-São Paulo".

Tais empréstimos, relata o autor, foram realizados em condições vantajosas para os empresários: "(...) com longos prazos de carência, juros subsidiados e correção monetária abaixo da inflação. Instala-se, assim, um verdadeiro processo de drenagem dos recursos públicos, que passam a capitalizar as empresas de medicina privada, transformando a saúde em um negócio bastante lucrativo".

Desde sempre, portanto, o cenário da saúde do país é marcado pelo fortalecimento do setor privado. O livro *Na corda bamba de sombrinha: a saúde no fio da história* mostra ainda que a previdência social, durante o período militar, "patrocinava o desenvolvimento do setor privado mediante a compra de serviços privados de saúde e assim estimulava um padrão de organização da prática médica orientada pelo lucro.[215]

Além dos já conhecidos casos de tortura e impedimento de pesquisas na área, outra característica foi marcante na ditadura: a intensificação da privatização da saúde.

Importante constar que em 1960 foi criada a Lei Orgânica da Previdência Social – LOPS, que tinha o condão de unificar a legislação dos institutos, e em 1966 os Institutos de Aposentadoria e Pensões foram unificados com a criação do Instituto Nacional de Previdência Social – INPS, quando já se instalara a ditadura no País, que perdurou de 1964 a 1985.

Em 1974, criou-se também o Ministério da Previdência e Assistência Social e o INSS passou a ampliar a rede de atendimentos, tendo passado a atender as domésticas, autônomos e maiores de 70 setenta anos e inválidos.

Criou-se, ademais, o Fundo de Apoio ao Desenvolvimento Social – FAZ, por meio da Lei 6.168/74, com incentivo à criação de uma rede hospitalar privada, por meio de juros subsidiados, sob a justificativa de acompanhar as necessidades da ampla gama previdenciária de beneficiados.

Em 1977 foram fundados o Sistema Nacional e Assistência Social (SINPAS), o Instituto de Administração Financeira da Previdência e Assistência Social (IAPAS) e o

Instituto Nacional da Previdência Social (INAMPS), com desmembramento do antigo INPS, que mais uma vez atende ao cidadão com carteira assinada.

E como consta Maira Mathias:

A Constituição de 1969 definiu que a iniciativa estatal na área econômica era de caráter complementar à iniciativa privada. "O governo militar foi superimportante para a privatização em todas as áreas. Na saúde, as empresas eram da mão para a boca, como se diz. Eram médicos do trabalho que faziam suas empresinhas. Com o regime militar, eles se tornam capitalistas no sentido literal do termo: saem do esquema de autofinanciamento e passam a tomar empréstimos e créditos do governo", afirma Ligia Bahia. De acordo com ela, isso aconteceu "com clareza, com determinação" porque na cabeça dos militares quanto mais empresas o Brasil tivesse, melhor. "Esse era o discurso: mais empresas, mais mercado, equivaliam à modernização. E esses médicos souberam navegar muito bem nessa conjuntura", diz.

A demanda era garantida pelo Estado. O INPS e, depois, o Inamps operavam basicamente através de convênios com a rede privada ao invés de investir na ampliação e qualidade da rede própria de serviços. De acordo com o estudo pioneiro de Hésio Cordeiro sobre o setor privado, as internações nos hospitais próprios da Previdência, que já representavam uma parcela ínfima do total – 4,2% em 1970 –, minguaram ainda mais. Em 1976, eram de 2,6%. Os 41 hospitais do Inamps fizeram 253 mil internações frente aos 6,28 milhões do setor conveniado em 1978. Nesse ano, o privado respondeu por 53% das consultas médicas pagas pelo Inamps.

"A equação é simples: os militares criaram na Caixa Econômica Federal uma coisa que se chamava Fundo de Apoio à Assistência Social, o FAS. E esse dinheiro foi financiar a construção de hospitais. E tinha o Inamps, que era para pagar a assistência médica. Então o dinheiro público, pelo FAS, financiava a construção de hospital e o dinheiro público, pelo Inamps, contratava os hospitais que iam ser construídos para prestar serviço para a Previdência. Isso foi, realmente, uma coisa monumental", resume Nelsão. Detalhe: "O FAS na educação beneficiou as escolas públicas. E na saúde, não", emenda Ligia [216]

Evaldo Vieira também pondera sobre intensa privatização na área da saúde:

> Os serviços de assistência médica foram sobretudo privatizados por meio de firmas individuais, de grupos e de cooperativas médicas. As firmas e grupos médicos buscam lucros, reduzindo então as despesas médico-hospitalares e deturpando o atendimento prestado. As cooperativas médicas, organizadas com base no regime de livre escolha e pagamento por unidade de serviços, chegam a distribuir lucros com o título de 'sobras'. Em 1978, um setor do INPS, Serviço Nacional de Previdência e Assistência Social – SINPAS, responsável pelo atendimento médico (INAMPS), pagou serviços a particulares no valor de 45,6 bilhões de cruzeiros, representando 76% de seus gastos. Está fora de dúvida a dominação dos tecnocratas na Previdência e na Assistência Social, desde 1966, com o surgimento do INPS. Tais tecnocratas ai penetraram e ai cresceram, vindos dos quadros do IAPI.[217]

O governo militar passou a enfrentar grave crise financeira e social, com inflação recorde em meados de 1980 a 1984 (em 1984 chegou a registrar o País inflação de 223,775%).[218]

As manifestações sociais se alastravam. Buscava-se o retorno à democracia. Intensificou-se o movimento que proclamava a realização de eleições diretas.

Mas houve, na verdade, ao final do regime militar, votação indireta pelo Congresso Nacional em 15/01/1985, e Tancredo Neves foi eleito presidente com 480 votos, com a promessa de que esta seria a última eleição indireta do país. Contudo, não chegou a tomar posse e faleceu em 21/04/1985, assumindo a presidência o vice José Sarney, tendo realizado eleições diretas, com formação, ademais, de uma Assembleia Constituinte para elaboração de uma nova Constituição, a de 1988.

Importa acrescer que desde meados de 1970 já deflagrara o movimento da reforma sanitária, que nasceu da luta contra a ditadura, com pleito de várias transformações que se faziam necessárias na área da saúde, com o objetivo de melhorar a situação da coletividade. Grande marco desse movimento foi a VIII Conferência Nacional de Saúde, realizada em 1986, com propostas que foram absorvidas pela Constituição Federal de 1988.

A nova Constituição, além de concretizar extensos direitos e garantias ao cidadão, criou o Sistema Único de Saúde, moderno e inovador, de caráter universal.

Não obstante as mudanças, que refletem um novo paradigma na saúde, surge o grande problema consubstanciado na falta de efetivação dos direitos sociais viabilizados pela nova ordem constitucional.

Não havia contemplação de como seria o financiamento do sistema de saúde, o que começou a ser viabilizado de forma mais eficaz com a Emenda Constitucional 29/2000, que a passa a definir percentuais mínimos de investimento em saúde.

Um pouco do cenário do financiamento da saúde à época é fornecido pelo CONASS – Conselho Nacional de Secretários de Saúde:

> O sistema de saúde brasileiro teve sua expansão acelerada a partir do início da segunda metade do século XX. No início dos anos 1950 os dispêndios nacionais com saúde não excediam a 1% do PIB, grande parte destinada a programas de saúde pública, principalmente os de controle de doenças transmissíveis (MC GREEVEY; BAPTISTA; PINTO; PIOLA; VIANNA). Vinte e cinco anos depois esse percentual era

estimado como equivalente a 2,5% do PIB, incluindo o gasto privado. Nos anos 1980 chegou a 4,5% (VIANNA; PIOLA, 1991, Op cit.). Atualmente, supera 7% do PIB (WHO, 2003)[219]

O Governo Sarney teve alguns avanços sociais, tal como a criação do Programa Nacional do Leite ou criação do seguro desemprego em 1986, mas na área da saúde, como também na área social em geral, não houve uma evolução na efetivação dos direitos.

Ao contrário, verificou-se uma ampliação dos serviços privados de saúde, conforme análise de Carlos Henrique Assunção Paiva e Luiz Antonio Teixeira:

> No entanto, após a aprovação do SUS e da Lei Orgânica da Saúde (1990), profundas mudanças econômicas, políticas e na esfera pública viriam a ocorrer. Em meio à crise econômica do governo Sarney e dos que o sucederam, desfez-se o otimismo de uma rápida e radical transformação do sistema de saúde, então expresso em nossa carta constitucional. Às dificuldades em colocar em prática ações transformadoras que entravam em choque com interesses econômicos de grupos altamente organizados somava-se a complexidade do desafio representado pela implementação de um sistema único de saúde em um país com grandes disparidades regionais.
>
> Se o contexto de crise econômica e democratização nos anos 1980 havia contribuído para o debate político da saúde no período de consolidação dos princípios do SUS – equidade, integralidade e universalidade –, nos anos 1990 a concretização desses princípios gerou tensões contínuas em um momento em que a concepção de Estado mínimo, ditada pelo neoliberalismo em ascensão na Europa e nos EUA, propunha restringir a ação do Estado na regulação da vida social. A onda conservadora de reformas no plano político, econômico e social dos vários países repercutiria fortemente no Brasil, reforçando as tendências de adoção de políticas de abertura da economia e de ajuste estrutural, com ênfase, a partir de 1994, na estabilização da moeda; privatização de empresas estatais; adoção de reformas institucionais fortemente orientadas para a redução do tamanho e das capacidades do Estado. O SUS encontraria, nesse contexto, seu estrutural cenário de crise [220]

Superado o Governo Sarney, finalmente o Brasil tem o primeiro presidente da República eleito em 1989, tendo tomado posse Fernando Collor de Mello em 1990, até renunciar em 1992, em meio a vários escândalos de corrupção e irregularidades.

O novo presidente, sob influência das ideias do neoliberalismo, as promessas de campanha de estabilizar a economia, que já apresentava inflação de 80% ao mês, e melhorias à sociedade, não se concretizaram. Efetivou diversas privatizações, mas sem aplicação de recursos nas áreas sociais.

A crise se abate sobre o governo Collor, com denúncias graves, até que o Presidente renuncia, deixando a área da saúde em situação crítica. No decorrer de seu governo o investimento nessa área diminui drasticamente:

> No desfecho do governo Collor de Mello, o mínimo de investimento "per capita" na saúde da população, fixado pela Organização Mundial de Saúde – OMS, perfazia a quantia de 500 dólares/ano. Entretanto, dos países industrializados, **o Brasil se posicionava como a aquele que menos investia, não atingindo 100 dólares/ano "per capita" na saúde dos brasileiros**. Resta mencionar que na gestão Collor, diminui o investimento total na saúde. Sem levar em conta o ano de 1992, derradeiro desta gestão, tal investimento caiu 16,97%, em bilhões de dólares em 1990 e 1991(gg. nn)[221]

Com a renúncia, assume a Presidência da República o vice Itamar Franco, cujo Ministério da Fazenda foi assumido por Fernando Henrique Cardoso, que promoveu o conhecido Plano Real, que teve êxito na estabilização da economia.

O sucesso econômico foi tal que Fernando Henrique acabou eleito como Presidente nas eleições de 1994.

Assume a gestão, com a pretensão de reduzir a atuação, com privatização de várias estatais, aumento da taxa de juros, atraindo o capital estrangeiro. Houve grande arrecadação com as privatizações, cujos valores, no entanto, não foram revertidos às áreas sociais:

> O governo Fernando Henrique demonstrou a importância da estabilidade da moeda, mas as políticas neoliberais não permitiram o desenvolvimento econômico e trouxeram novos problemas, como o desemprego e a perda de direitos sociais[222]

Aspecto que deve ser considerado, ainda, no Governo Fernando Henrique é a transferência ao terceiro setor nas áreas sociais, por meio das Organizações Sociais (OS), para a realização de serviços e funções tipicamente do Estado, especialmente nas áreas de saúde e educação, o que diminuiu a qualidade de vida, especialmente da população carente.

Posteriormente, assumindo Luiz Inácio Lula da Silva, com a era do Partido Trabalhista, houve a implementação de alguns direitos sociais, com investimentos crescentes na área de educação e saúde.

Essa explanação histórica possibilita a verificação de que desde os primórdios, no Brasil, sempre houve mínima aplicação de recursos nas áreas sociais e da saúde, além dos recursos terem sido erroneamente aplicados, com clara má gestão pública.[223]

Em tal ponto, tardou no País um sistema de políticas públicas organizado na área da saúde. Ademais, a gestão pública nessa seara dava-se de forma a atender a interesses meramente econômicos ou políticos e/ou para atender interesses de classes economicamente dominantes. O sistema de saúde atuava, pois, de forma pontual e voltando para questões específicas e pontuais. Não havia uma preocupação coletiva ou estrutural, sendo certo que os recursos destinados à área eram inexpressivos.

A Constituição Federal de 1988 muda esse arquétipo, sob os influxos da reforma sanitária, constituindo o atual e denominado Sistema Único de Saúde.

Contudo, o problema do financiamento da saúde continua a significar uma grande problemática. Nos governos assumidos após Constituição Federal de 1988 se verifica sensível melhora, com leve aumento na aplicação de recursos para as áreas sociais e da saúde.

Contudo, não revelam eficácia na implementação de direitos do cidadão e na redução das desigualdades sociais.

As carências e falta de atendimento público na área da saúde permanecem críticos e gritantes, com vícios nas gestões públicas, maquiagem de orçamentos públicos e, principalmente, com recursos destinados claramente insuficientes, como veremos na análise técnica do atual sistema de saúde a ser desenvolvido no tópico a seguir.

3. Novos paradigmas do sistema público da saúde a partir da Constituição Federal de 1988 e o financiamento da saúde

A Constituição Federal de 1988 consolidou no País o Estado Democrático de Direito, prescrevendo entre os seus fundamentos a cidadania e a dignidade da pessoa humana.

Os direitos fundamentais, ademais, foram consagrados de forma ampla, sob os desígnios de uma sociedade livre, justa e igualitária e, ainda, com a tônica de erradicar a pobreza.

No tocante ao direito à saúde, também se mostra progressiva a nova Constituição Federal, atendendo aos reclamos e clamor social, desenvolvidos a partir de movimentos pela reforma sanitária, desde meados dos anos setenta.

Em tal ponto, em foi realizada a VIII Conferência Nacional de Saúde - CNS, em 1986, com participação de mais de quatro mil pessoas e vários segmentos especializados, discutindo-se temas relativos à saúde como direito, para fins de reformulação de todo sistema nacional de saúde, que serviu como base para a criação do Sistema Único de Saúde (SUS).

O direito à saúde passa a integrar o rol dos direitos fundamentais de forma inovadora e assegura o seu caráter universal, tal como se verifica no artigo 196, que prescreve:

> *Art.196 - A saúde é direito de todos e dever do Estado, garantido mediante políticas sociais e econômicas que visem à redução do risco de doença e de outros agravos e ao acesso universal e igualitário às ações e serviços para sua promoção, proteção e recuperação.*

Embora não de forma expressa, parece clara que a tônica da disposição constitucional supra destacada, acompanhando a definição constante do preâmbulo do pacto que criou a OMS –

Organização Mundial de Saúde, foi a de adotar um conceito amplo de saúde, estabelecido como um estado de completo bem-estar físico, mental e social, atribuindo-lhe, ademais, o caráter de direito subjetivo público, dotado de exigibilidade judicial.

Desta forma, constata-se que vários aspectos passam a integrar o conceito de direito à saúde, comportando ampliativamente elementos como a alimentação, o meio ambiente, o saneamento básico, trabalho, meio de transporte, educação, lazer, entre outros.

A Constituição Federal estabeleceu em seu artigo 198 que as ações e serviços públicos de saúde integram uma rede regionalizada e hierarquizada, constituindo um sistema único, organizado segundo três principais diretrizes: descentralização, assistência integral e participação da comunidade:

> Art. 198 - As ações e serviços públicos de saúde integram uma rede regionalizada e hierarquizada e constituem um sistema único, organizado de acordo com as seguintes diretrizes:
> I - descentralização, com direção única em cada esfera de governo;
> II - atendimento integral, com prioridade para as atividades preventivas, sem prejuízo dos serviços assistenciais;
> III- participação da comunidade.

A regulamentação do sistema único de saúde veio se dar em 1990, através da Lei 8.080, de 19 de setembro de 1990, a denominada Lei Orgânica de Saúde, sob os comandos delimitados pela própria Constituição Federal, dispondo sobre as condições para a promoção, proteção e recuperação da saúde, a organização e o funcionamento dos serviços correspondentes.

No tocante à participação da comunidade na gestão do SUS, a regulamentação se deu pela Lei 8.142, de 28 de dezembro de 1990, mediante criação das conferências e conselhos de saúde. Esta legislação também disciplina as   transferências intergovernamentais de recursos financeiros na área da saúde.

Verifica-se claramente a ideia de uma nova estrutura, com implantação da municipalização e descentralização. A estrutura se dá mediante a organização dos três entes governamentais, com cooperação entre eles. O gestor municipal passa a ser responsável pelo atendimento da na área de saúde, com o desenrolar da atividade de acordo com o sistema de referência e contra referência, que encaminhará o cidadão usuário de acordo com a complexidade do atendimento, referenciando-o do nível menor ao mais complexo, com destaque, ainda, para a abertura havida para a participação social, por meio de Conselhos Municipais, Estaduais e Nacional.

Contudo, o problema que se enfrenta após a implantação desse sistema (SUS) e ainda permanece até os dias atuais é no tocante à efetividade do direito consagrado como direito de todos e dever do Estado e a forma pela qual se dará o financiamento a viabilizar o sistema.

A Constituição Federal, em seu artigo 195, estabeleceu que o financiamento do SUS é realizado mediante orçamento conjunto da União, Estados, Distrito Federal e municípios, além de outras fontes. Assim, a responsabilidade financeira ficou compartilhada entre os três níveis de gestão.

Contudo, esse se torna o grande desafio, consubstanciado na questão financeira, a implementar o direito à saúde.

Consagrado o direito à saúde como direito fundamental, não houve a devida regulamentação inicialmente no tocante aos recursos a serem gastos pelos entes federados. A Constituição Federal de 1988 não estabeleceu qualquer parâmetro ou percentual mínimo que vinculasse os entes federados à destinação de recursos para tanto, até o advento da Emenda Constitucional n. 29 — EC 29/2000, que passou a determinar que a União, os Estados, o Distrito Federal e os municípios aplicassem anualmente recursos mínimos em ações e serviços públicos de saúde.

Assim, o artigo 198 da Constituição Federal passou a prescrever os percentuais mínimos de aplicação, cabendo aos Tribunais de Contas de cada esfera e conselhos a fiscalização da contabilização das receitas e despesas.

Ademais, foi criado o SIOPS, sistema informatizado de acesso público operacionalizado pelo Ministério da Saúde, através do qual os gestores da União, Estados e Municípios declaram todos os anos os dados sobre gastos públicos em saúde, sendo meio hábil de acompanhamento do cumprimento do dispositivo constitucional que determina a aplicação mínima de recursos em ações e serviços púbicos de saúde (ASPS).

Anteriormente, só havia vinculação constitucional para a área da Educação, com o percentual de 18% de receitas da União e 25% dos Estados e Municípios.

A Lei 141/2012 passa a regulamentar o artigo 198 da CF, estabelecendo os valores mínimos a serem aplicados anualmente pelos entes federados, como também passa a definir o que seria gasto com Ações e Serviços Públicos de Saúde (ASPS) e o que não configuraria tais gastos.

Estabelece para Estados e Distrito Federal 12% de sua receita e para os Municípios, 15% de sua receita (art. 7º).

O mínimo aplicado pela União era definido com base no que foi empenhado no ano anterior mais a variação nominal do produto interno bruto (PIB) dos dois últimos anos, até a LC 141/2012.

Já em 2015 foi aprovada a EC-86, que definiu o percentual mínimo de investimento em saúde para a União, no patamar de 15% da receita corrente líquida (RCL), mas gradual, com regra transitória de escalonamento para cinco anos. Ademais, os recursos referentes à participação da União nos resultados ou pela compensação financeira pela exploração de petróleo e gás natural perdem a condição anterior legalmente estabelecida de recursos adicionais ao apurado para a aplicação mínima constitucional a partir de 2015.

Ao lado da EC-86, houve também a promulgação da EC-95, que limitou pelos próximos 20_(vinte) anos os gastos federais, com correção pela inflação do ano anterior, e no caso, ainda, da saúde, não mais pelo RCL. Assim, a nova base de cálculo para a aplicação mínima em ASPS a partir dessa EC passa a ser a Receita Corrente Líquida da União, sendo 06% de aplicação em ASPS. A base para aplicação mínima para União será a RCL desta, sendo 13,2% em 2016, 13,7% em 2017, até atingir 15% em 2020, não havendo mais prazo para revisar o cálculo, o que modifica o cenário e praticamente congela os investimentos, rompendo com cenário que vinha crescendo em ralação ao financiamento.

Percebe-se nítida evolução no estabelecimento de recursos mínimos a serem aplicados à saúde pelos entes federados, contudo, alguns pontos devem ser analisados, e que acabam pode desvirtuar o financiamento do sistema público e consubstanciar um claro subfinanciamento da saúde.

A primeira grande questão é que desde a implementação do Sistema Único de Saúde tem havido redução sistemática de recursos ao financiamento da área.

Nesse sentido, vale destacar a EC-95 que estabelece que a correção se dará pela inflação e não mais pelo RCL no tocante ao financiamento federal do SUS. Com validade de 20 anos, o aumento de despesas do governo em relação a esse valor mínimo fica limitado à inflação do ano anterior:

> A Emenda Constitucional n° 95, aprovada em 2016, institui Novo Regime Fiscal, determinando que, em 2017, as despesas primárias teriam como limite a despesa executada em 2016, corrigida em 7,2%. A partir de 2018, vigoraria o limite do

exercício anterior, atualizado pela inflação de doze meses. Na prática, a EC 95 congela as despesas primárias, reduzindo-as em relação ao PIB ou em termos per capita por duas décadas [224]

Outra questão importante é no tocante à delimitação de quais seriam as despesas que possam ser consideradas como ações e serviços de saúde, o que pode levar à inclusão de despesas que claramente não importam em gastos com saúde, desconfigurando o patamar mínimo que deva ser reservado à saúde.

Com efeito, a LC 141/2012 traz explicitação do que pode ser considerado despesas com ações e serviços públicos de saúde. Tal ponto já foi objeto de grandes discussões e essa legislação já exclui do âmbito de despesas dessa natureza gastos que suscitavam dúvidas, como pagamento de aposentadorias e pensões, inclusive dos servidores da saúde e pessoal ativo da área de saúde quando em atividade alheia à referida área. Mas há que se fazer fiscalização constante para inibir eventuais gastos que assim não se caracterizam, tal como gastos com publicidade, que muitas vezes foram computados como gastos com saúde.

Finalmente, questão que ganha importância hoje é relativamente às despesas que são empenhadas a título de ações e serviços de política de saúde e não são pagas até o último dia do exercício e inscritas como restos a pagar. Pela importância, o tema será destacado em tópico autônomo, o que tem levado à redução drástica do financiamento da saúde pública, o que se traduz em números recorrentes abaixo dos estabelecidos como mínimos obrigatórios pela Constituição Federal, deteriorando ainda mais o sistema público de saúde, que já sofre com claro subfinanciamento.

4. Do planejamento orçamentário e vinculação de receitas à saúde – contingenciamento do pagamento de despesas e restos a pagar - comprometimento do financiamento do sistema público de saúde.

O planejamento orçamentário busca efetivamente o equilíbrio entre receitas e despesas públicas, sendo certo que o ordenamento jurídico atual persegue não só o equilíbrio orçamentário, como também e especialmente a eficiência na gestão pública, com a concretização das políticas sociais e dos direitos fundamentais garantidos constitucionalmente.

Observa-se, em tal passo, efetivos avanços na sociedade brasileira, especialmente com a Constituição de 1988 e com a edição da Lei de Responsabilidade Fiscal. De acordo com portal transparência:

> Orçamento público é o instrumento utilizado pelo Governo Federal para planejar a utilização do dinheiro arrecadado com os tributos (impostos, taxas, contribuições de melhoria, entre outros). Esse planejamento é essencial para oferecer serviços públicos adequados, além de especificar gastos e investimentos que foram priorizados pelos poderes.
>
> Essa ferramenta estima tanto as receitas que o Governo espera arrecadar quanto fixa as despesas a serem efetuadas com o dinheiro. Assim, as receitas são estimadas porque os tributos arrecadados (e outras fontes) podem sofrer variações ano a ano,

enquanto as despesas são fixadas para garantir que o governo
não gaste mais do que arrecada[225]

O orçamento é executado por meio das legislações
orçamentárias previstas pela Constituição Federal, ou seja, o
Plano Plurianual (PPA), a Lei de Diretrizes Orçamentárias
(LDO) e a Lei Orçamentária Anual (LOA). Essas legislações
formam um sistema, e são de competência do Poder Executivo.

Como já visto acima, foram estabelecidos gastos mínimos
a serem destinados pelos entes federados, mas as despesas devem
ser realizadas de forma compatível com as receitas, e de acordo
com prévio orçamento, a ser aprovado pelo Congresso. Não será
admitida a realização de despesa, sem previsão na lei orçamentária,
salvo algumas exceções, tal como a abertura de créditos suplementares
(artigo 165, § 8º, CF).

A execução orçamentária e financeira deve ser realizada
em consonância com a dotação. A Lei n. 4320/64 estabelece três
fases para as despesas: empenho, liquidação e pagamento,
consignada em lei orçamentária ou em créditos adicionais (Lei n.
4.320/1964, Art. 72).

Assim, o gasto com ações e serviços de saúde (ASPS)
deve estar associado ao mínimo de recursos estabelecidos pela
Constituição Federal, cujos montantes serão destinados ao SUS.

As despesas deverão, a tal título, ser empenhadas
conforme a previsão orçamentária.

O que se tem verificado, contudo, é que no período de
2002 a 2014 as despesas empenhadas a título de ASPS e não

pagas até 31/12 tem sido crescente, e ficam inscritas como restos a pagar, que podem ser não processados e processados.

Os restos a pagar processados são despesas liquidadas e não pagas, enquanto os não processados são despesas não liquidadas e não pagas.

Por força do princípio da anualidade do orçamento público, a despesa é considerada realizada em um ano e os efeitos ocorrem em outro exercício.

Em tese, cada despesa não paga e empenhada, inscrita como resto a pagar, deveria constar no exercício seguinte, e tem havido crescimento crescente de restos a pagar não processados, sendo vedada, ademais, a reinscrição. Também é proibida a inscrição de restos a pagar no último ano do mandato do governante sem a respectiva cobertura financeira, de acordo com art. 55 da LRF.

As despesas rubricadas com restos a pagar não processados tem validade até o dia 30/06 do segundo ano subsequente, se não cancelada.

Tal situação tem revelado grande desvio no custeio do SUS, a significar investimentos importantes que deixaram de ser feitos, não respeitando nem mesmo o mínimo obrigatório.

A situação encontrada para as despesas com ASPS revelou um elevado volume de inscrição em restos a pagar no período de 2002 a 2014, com postergação de seu pagamento.

Nota-se no gráfico 3 que, mesmo em 2014, foram reinscritas despesas relativas a 2003. analisar os gastos da União com ASPS no período de 2000 a 2010 (Silva et al., 2011).

A respeito do grande volume de inscrições de despesas como RP, com base nos resultados de estudo exploratório sobre as contas públicas nacionais, Augustinho, Oliveira e Lima (2013) afirmam que a postergação do pagamento de despesas por meio da inscrição em restos a pagar consiste em meio para que o governo federal aumente artificialmente o superávit primário. Segundo os autores, as características do regime contábil brasileiro – de competência para as despesas e de caixa para as receitas – admite que os empenhos em fase de liquidação sejam relacionados como despesas. Contudo, como os restos a pagar são despesas que ainda não foram efetivamente pagas, não prejudicam o resultado primário. Para realizar este procedimento contábil, no período de 2002 a 2005, o montante total inscrito em restos a pagar passou de R$ 14,5 bilhões para R$ 34,0 bilhões, em uma variação nominal de 134% e de 941% entre 2002 e 2012, ano este em que os RPs chegaram a R$ 150,4 bilhões.

No mesmo sentido, Almeida Junior (2011) afirma que o ganho que o governo tem em aumentar os RPs é conseguir melhorar o resultado do superávit primário para um determinado ano, pois os restos a pagar serão contabilizados como dívida flutuante, que não entra na contabilidade da dívida líquida do setor público (DLSP). O resultado desse artifício contábil é aumentar a dívida flutuante com fornecedores para alcançar um superávit primário maior e cumprir a meta daquele ano, o que permite ao governo mostrar que está sendo feito um esforço maior de contenção de despesas, quando o que de fato ocorreu foi a postergação de seu pagamento[226]

O mais grave é que é possível identificar, ainda, cancelamentos de inscrições de restos a pagar, além da ocorrência de prescrição, posto que inscritos irregularmente como restos a pagar, significam dívida passiva, que prescrevem em cinco anos, por força do Decreto 20910/32.

Há uma relação importante de cancelamento de despesas inscritas como restos a pagar, em descompasso com a aplicação mínima de recursos pela União.

Nesse passo, o Conselho Nacional de Saúde explicita a gravidade e o prejuízo contabilizado:

> A Comissão de Orçamentos e Finanças (Cofin) do Conselho Nacional de Saúde (CNS) apresentou hoje (22/03), durante a 303ª Reunião Ordinária do órgão colegiado, a análise da execução orçamentária do Ministério da Saúde no último quadrimestre. R$ 20 bilhões no orçamento da saúde estão como "restos a pagar". Ou seja, despesas empenhadas, mas que não foram pagas até o final de 2017.
>
> De 2003 a 2016, o valor acumulado como "restos a pagar" foi de R$ 6,5 bilhões. Apenas em 2017, esse valor foi de R$ 14,3 bilhões. A soma da dívida com o SUS chega a R$ 20,9 bilhões de verba que está empenhada, mas até agora não foi paga. "Nos anos de gestão do ministro Ricardo Barros, o grau de empenhos a pagar está muito acima dos anos anteriores", disse o conselheiro Wanderley Gomes da Silva. Vale ressaltar que o ministro já comunicou que vai deixar o cargo ainda em março para disputar as eleições 2018[227]

Na verdade, esse descompasso revela que recursos mínimos que deveriam ter sido realizados acabaram por se transmudarem em restos a pagar, que foram cancelados ou foram atingidos por prescrição, tudo a significar que no período de 2002 a 2014 nem mesmo os gastos mínimos com a saúde foram realizados e podem ter se perdido, o que mostra um prejuízo à sociedade, que vem sofrendo com a delicada situação do sistema público de saúde, por força de um verdadeiro mascaramento das contas públicas, além do financiamento à saúde que vem experimentando redução a cada ano, oficialmente.

Esse cenário contribuiu para a colocação hoje no Brasil na 64ª posição em gastos com saúde, conforme dados do Banco Mundial. Os investimentos em saúde no Brasil, apesar de demonstrarem certa elevação, equivalem a 3,8% do Produto Interno Bruto (PIB):

> Os gastos públicos com saúde no Brasil equivaleram a 3,8% do PIB (Produto Interno Bruto), em 2015. O País está na 64ª posição em gastos com saúde, no ranking com 183 países, "ligeiramente superior" à média da América Latina e Caribe, que gasta 3,6% do PIB, e abaixo dos países desenvolvidos, que aplicam, em média, 6,5% do PIB em saúde.
>
> Os dados do Banco Mundial estão no relatório Aspectos Fiscais da Saúde no Brasil e foram divulgados na semana passada pela Secretaria do Tesouro Nacional.[228]

Ademais, situação grave no País revela ainda a presença de doenças endêmicas como febre amarela, doença de Chagas, tuberculose, entre outras, que atingem com maior rigor a classe pobre e carente.

Em tal sentido, notícias recentes expõem o perigo de novo surto de febre amarela, facilmente controlável por meio de vacinas:

> Com pelo menos 36 casos de febre amarela, confirmados em seres humanos entre dezembro de 2018 e janeiro de 2019, o Brasil poderia estar vivendo uma terceira onda de surto da doença. O alerta foi divulgado esta semana pela Organização Mundial de Saúde (OMS). O País registra, segundo a entidade, oito mortes confirmadas por esse vírus no mesmo período.
>
> As infecções se concentram em 11 municípios de dois estados. Em São Paulo, foram confirmados casos em Eldorado (16 casos), Jacupiranga (1), Iporanga (7), Cananeia (3), Cajati (2), Pariquera-Açu (1), Sete Barras (1), Vargem (1) e Serra Negra (1). No Paraná, duas pessoas apareceram com a doença – uma Antonina e outra em Adrianópolis. O local de infecção de mais um último episódio confirmado de febre amarela está sob investigação[229]

A prevenção de doença de Chagas há anos vem sendo negligenciada e ainda se faz presente no País:

Embora tenha sido descoberta há mais de cem anos, a doença de Chagas ainda afeta mais de 6 milhões de pessoas no mundo, sendo que apenas uma em cada dez é diagnosticada, de acordo com a MSF.

No Brasil, e estimativa é que haja mais de 1 milhão de pessoas infectadas pela doença. Cerca de 200 por ano têm o diagnóstico confirmado, segundo o Ministério da Saúde.[230]

O Brasil figura, ainda, como segundo País no mundo em casos de hanseníase:

O país é o segundo do planeta em número de casos de hanseníase, atrás somente da Índia. Em 2017 houve 26.800 casos (total ainda em aberto pelo Ministério da Saúde) contra 25.218 em 2016. Se tivesse sido cumprida a meta da OMS, a doença deveria ter sido eliminada em 2015.

— O esgoto corre a céu aberto nas comunidades à volta do Curupaiti e cada vez chega mais gente, aumenta a pobreza. A hanseníase está ligada à higiene. É muito triste ver que continuam a chegar doentes, com feridas abertas, ao hospital (Instituto Estadual de Dermatologia Sanitária, que funciona na antiga colônia-leprosário do Curupaiti) em meio a esse cenário. Não dá para acreditar que possa melhorar desse jeito — diz ela, que mora numa das cinco vilas do Curupaiti, onde hoje vivem ex-pacientes, funcionários, ex-funcionários e suas famílias, cerca de duas mil pessoas."[231]

Triste cenário apresenta o País no que diz respeito à saúde pública. Por certo, nos últimos anos o Sistema Público da Saúde tem evoluído, como também a questão do financiamento pelos entes federados, mas por certo há um caminho longo a ser trilhado.

Conclusões

A Constituição Federal de 1988 mostra-se como marco no sistema público de saúde. Anteriormente, não se verifica um verdadeiro sistema de saúde organizado no País, apenas atuações esparsas e com focos específicos, sem qualquer estrutura voltada ao coletivo, especialmente no tocante a ações preventivas.

Com o retrato histórico realizado é possível constatar a existência de gestões públicas voltadas a interesses meramente econômicos. Em tal ponto, em alguns momentos o sistema de saúde veio a beneficiar alguns trabalhadores, com o fim de salvaguardar o comércio, inclusive externo, ficando a coletividade na dependência de uma atuação benemérita.

Quando instalada a ditadura, constata-se drástica redução de recursos à área da saúde, os quais já se mostravam irrisórios à época. Nesse mesmo período, há importante ampliação de hospitais da rede privada, com empréstimos a juros subsidiados pelo Governo, em prejuízo das questões sociais, que ficaram preteridas.

Após grandes movimentos, em especial a reforma sanitária, foi finalmente implementado o Sistema Único de Saúde, com a Constituição Federal de 1988, com grande avanço, ainda, na forma de financiamento.

Contudo, com o implemento da EC-95, que limitou pelos próximos 20(vinte) anos os gastos federais, com correção pela inflação do ano anterior, e no caso, ainda, da saúde, não mais pelo RCL, veio novo retrocesso, com diminuição de recursos à área que já sofre subfinanciamento, além dos vícios apontados, o que provoca grave situação no tocante ao sistema de saúde, especialmente à classe social de poder aquisitivo mais baixo.

Despesas Públicas

Christianne de Carvalho Stroppa[232]

Introdução

Provocada pelo convite para ministrar aula na Escola Paulista da Magistratura – EPM, no Curso "Direito Financeiro e Direito Econômico à luz da Jurisprudência e da Administração dos Tribunais", me debrucei sobre o tema da Despesa Pública, muito pouco conhecido e trabalhado pelos advogados militantes no Direito Administrativo, em especial daqueles que atuam na área de Contratações Públicas.

De início, passando os olhos pela Constituição Federal de 1988, constata-se haver 67 (sessenta e sete) referências ao tema, dentre as quais destacam-se:

Art. 165. Leis de iniciativa do Poder Executivo estabelecerão:

I - o plano plurianual;

II - as diretrizes orçamentárias;

III - os orçamentos anuais.

§1º A lei que instituir o plano plurianual estabelecerá, de forma regionalizada, as diretrizes, objetivos e metas da administração pública federal para as despesas de capital e outras delas decorrentes e para as relativas aos programas de duração continuada.

§2º A lei de diretrizes orçamentárias compreenderá as metas e prioridades da administração pública federal, incluindo as despesas de capital para o exercício financeiro subsequente, orientará a elaboração da lei orçamentária anual, disporá sobre as alterações na legislação tributária e estabelecerá a política de aplicação das agências financeiras oficiais de fomento.

(...)

§5° A lei orçamentária anual compreenderá:

I - o orçamento fiscal referente aos Poderes da União, seus fundos, órgãos e entidades da administração direta e indireta, inclusive fundações instituídas e mantidas pelo Poder Público;

(...)

§6° O projeto de lei orçamentária será acompanhado de demonstrativo regionalizado do efeito, sobre as receitas e despesas, decorrente de isenções, anistias, remissões, subsídios e benefícios de natureza financeira, tributária e creditícia.

Art. 167. São vedados:

(...)

II - a realização de despesas ou a assunção de obrigações diretas que excedam os créditos orçamentários ou adicionais;

III - a realização de operações de créditos que excedam o montante das despesas de capital, ressalvadas as autorizadas mediante créditos suplementares ou especiais com finalidade precisa, aprovados pelo Poder Legislativo por maioria absoluta;

IV - a vinculação de receita de impostos a órgão, fundo ou despesa, ressalvadas a repartição do produto da arrecadação dos impostos a que se referem os arts. 158 e 159(...);

IX - a instituição de fundos de qualquer natureza, sem prévia autorização legislativa.

Art. 169. A despesa com pessoal ativo e inativo da União, dos Estados, do Distrito Federal e dos Municípios não poderá exceder os limites estabelecidos em lei complementar.

§1° A concessão de qualquer vantagem ou aumento de remuneração, a criação de cargos, empregos e funções ou alteração de estrutura de carreiras, bem como a admissão ou contratação de pessoal, a qualquer título, pelos órgãos e entidades da administração direta ou indireta, inclusive fundações instituídas e mantidas pelo poder público, só poderão ser feitas:

I - se houver prévia dotação orçamentária suficiente para atender às projeções de despesa de pessoal e aos acréscimos dela decorrentes;

Art. 99. Ao Poder Judiciário é assegurada autonomia administrativa e financeira.

§ 1° Os tribunais elaborarão suas propostas orçamentárias dentro dos limites estipulados conjuntamente com os demais Poderes na lei de diretrizes orçamentárias.

(...)

§ 5º Durante a execução orçamentária do exercício, não poderá haver a realização de despesas ou a assunção de obrigações que extrapolem os limites estabelecidos na lei de diretrizes orçamentárias, exceto se previamente autorizadas, mediante a abertura de créditos suplementares ou especiais.

Art. 71. O controle externo, a cargo do Congresso Nacional, será exercido com o auxílio do Tribunal de Contas da União, ao qual compete:

(...)

VIII - aplicar aos responsáveis, em caso de ilegalidade de despesa ou irregularidade de contas, as sanções previstas em lei, que estabelecerá, entre outras cominações, multa proporcional ao dano causado ao erário;

Na sequência, importante visitar a Lei nº 4.320, de 17 de março de 1964[233], recepcionada pela Constituição Federal com *status* de Lei Complementar, com a finalidade de estatuir Normas Gerais de Direito Financeiro para elaboração e controle dos orçamentos e balanços da União, dos Estados, dos Municípios e do Distrito Federal, onde se verifica 95 (noventa e cinco) referências ao tema, destacando-se:

Art. 2º A Lei do Orçamento conterá a discriminação da receita e despesa de forma a evidenciar a política econômica financeira e o programa de trabalho do Governo, obedecidos os princípios de unidade universalidade e anualidade.

§1º Integrarão a Lei de Orçamento:

I - Sumário geral da receita por fontes e da despesa por funções do Governo;

II - Quadro demonstrativo da Receita e Despesa segundo as Categorias Econômicas, na forma do Anexo nº 1;

Art. 6º Todas as receitas e despesas constarão da Lei de Orçamento pelos seus totais, vedadas quaisquer deduções.

Art. 12. A despesa será classificada nas seguintes categorias econômicas:

➢ DESPESAS CORRENTES: Despesas de Custeio / Transferências Correntes

➢ DESPESAS DE CAPITAL: Investimentos / Inversões Financeiras / Transferências de Capital

Por fim, uma vez que, atualmente, o "orçamento é utilizado como instrumento de planejamento da ação governamental, possuindo um aspecto dinâmico, ao contrário do orçamento tradicional já superado, que possuía caráter eminentemente estático"[234], imperiosa a consulta à Lei Complementar nº 101, de 4 de maio de 2000. Denominada 'Lei de Responsabilidade Fiscal – LRF', regulamentando o art. 169 da CF/88[235], objetiva estabelecer normas para a responsabilidade na gestão fiscal dos gestores públicos, bem como a transparência e controle dos gastos públicos. Faz 43 (quarenta e três) referências ao tema.

Marcus Abraham[236], ao discorrer sobre a dinamicidade da LRF, nota que:

A partir da lei, pretendeu-se conferir maior efetividade ao ciclo orçamentário, ao regular e incorporar novos institutos na lei orçamentária anual e na lei de diretrizes orçamentárias, voltadas para o cumprimento das metas estabelecidas no plano plurianual. Desejou-se impor a cobrança dos tributos constitucionalmente atribuídos aos entes federativos para garantir sua autonomia financeira, estabelecendo-se condições na concessão de benefícios, renúncias e desonerações fiscais. Buscou-se obrigar a indicação do impacto fiscal e a respectiva fonte de recursos para financiar aumentos de gastos de caráter continuado, especialmente em se tratando de despesas de pessoal. Fixaram-se limites para a ampliação do crédito público com vistas ao controle e redução dos níveis de endividamento. E criaram-se sanções de diversas naturezas em caso de descumprimento das normas financeiras.

Na LRF destacam-se os seguintes dispositivos:

Art. 1º, §1º A responsabilidade na gestão fiscal pressupõe a ação planejada e transparente, em que se previnem riscos e corrigem desvios capazes de afetar o equilíbrio das contas públicas, mediante o <u>cumprimento de metas de resultados</u> entre receitas e <u>despesas</u> e a obediência a limites e condições no que tange a renúncia de receita, geração de despesas com pessoal, da seguridade social e outras, dívidas consolidada e mobiliária, operações de crédito, inclusive por antecipação de receita, concessão de garantia e inscrição em Restos a Pagar.

Art. 15. Serão consideradas não autorizadas, irregulares e lesivas ao patrimônio público a <u>geração de despesa</u> ou assunção de obrigação que não atendam o disposto nos arts. 16 e 17.

Art. 16. A criação, expansão ou aperfeiçoamento de ação governamental que acarrete <u>aumento da despesa</u> será acompanhado de:

Art. 17. Considera-se <u>obrigatória de caráter continuado</u> a <u>despesa corrente</u> derivada de lei, medida provisória ou ato administrativo normativo que fixem para o ente a obrigação legal de sua execução por um período superior a dois exercícios.

Art. 18. Para os efeitos desta Lei Complementar, entende-se como <u>despesa total com pessoal</u>: o somatório dos gastos do ente da Federação com os ativos, os inativos e os pensionistas, relativos a mandatos eletivos, cargos, funções ou empregos, civis, militares e de membros de Poder, com quaisquer espécies remuneratórias, tais como vencimentos e vantagens, fixas e variáveis, subsídios, proventos da aposentadoria, reformas e pensões, inclusive adicionais, gratificações, horas extras e vantagens pessoais de qualquer natureza, bem como encargos sociais e contribuições recolhidas pelo ente às entidades de previdência.

Art. 24. Nenhum benefício ou serviço relativo à seguridade social poderá ser criado, majorado ou estendido sem a indicação da fonte de custeio total, nos termos do §5º do art. 195 CF, atendidas ainda as exigências do art. 17 (<u>despesas com seguridade social</u>).

Oportuno, ainda, salientar que, nos termos do art. 359-D da Lei nº 10.028, de 19 de outubro de 2000[237], ordenar despesas não autorizadas por lei pode acarretar pena de reclusão de 1 a 4 anos.

Verifica-se, então, que apesar "de a natureza da decisão sobre a aplicação dos gastos públicos ter, em regra, conteúdo político, existem limites, parâmetros e prioridades constitucionais e infraconstitucionais para a realização de todas as despesas públicas"[238].

Na sequência, após analisar alguns dos conceitos da despesa pública, as diferenças com as despesas privadas (quanto à necessidade, quanto ao modo como se realiza e quanto à conexão com a receita), os princípios norteadores (utilidade, discussão pública e legalidade), a classificação doutrinária (quanto à periodicidade, quanto à competência, quanto à extensão/lugar, quanto ao aspecto econômico e quanto à autorização orçamentária), a classificação legal (despesas correntes e despesas de capital) e os estágios da sua execução, bem desenvolvidos pela doutrina, alguns aspectos merecem ser realçados:

a) a despesa pública deve ser estudada pelo Direito Administrativo ou continuar como conteúdo único do Direito Financeiro?

b) a despesa pública determina a receita ou é a receita que a determina?

1. A despesa pública deve ser estudada pelo Direito Administrativo ou continuar como conteúdo único do Direito Financeiro?

De proêmio, importante verificar alguns dos conceitos da despesa pública propostos.

Para a Secretaria do Tesouro Nacional – STN[239], despesa pública é:

> 1. Em sua acepção financeira, é a aplicação de recursos pecuniários em forma de gastos e em forma de mutação patrimonial, com o fim de realizar as finalidades do Estado e, em sua acepção econômica, é o gasto ou não de dinheiro para efetuar serviços tendentes àquelas finalidades;
> 2. Compromisso de gasto dos recursos públicos, autorizados pelo Poder competente, com o fim de atender a uma necessidade da coletividade prevista no orçamento.

Segundo Aliomar Baleeiro a despesa pública pode significar duas coisas, em primeiro lugar, designa o "conjunto dos dispêndios do Estado, ou de outra pessoa de direito público, para o funcionamento dos serviços públicos" e, também, a "aplicação de certa quantia, em dinheiro, por parte da autoridade ou agente público competente, dentro de uma autorização legislativa, para execução de fim a cargo do governo"[240].

Para Hely Lopes Meirelles, é "todo dispêndio que a Administração faz para custeio de seus serviços, remuneração dos servidores, aquisição de bens, execução de obras e serviços e outros empreendimentos necessários à consecução de seus fins"[241].

Já Afonso Gomes Aguiar conceitua como "toda saída de dinheiro dos cofres públicos, autorizada ou não orçamentariamente, ou em crédito adicional, de que resulte ou não diminuição da riqueza ou patrimônio estatal, autorizada regularmente, por quem de direito, na honra dos compromissos do respectivo ente público"[242].

Conforme José Paciulli, é o gasto da riqueza pública, autorizado pelo Poder competente, com o fim de ocorrer a uma necessidade pública (coletiva)"[243]

Por fim, de conformidade com Marcus Abraham[244],

... é a aplicação de recursos financeiros em bens e serviços destinados a satisfazer as necessidades coletivas. A origem etimológica da palavra despesa vem do latim *dispendere*, que significa empregar e, portanto, nos indica sua função: utilizar os recursos estatais na execução da sua finalidade. Apesar de utilizarmos a palavra 'gasto' como sinônimo de despesa, no direito financeiro não há uma conotação negativa como usualmente é empregada no dia a dia, no sentido de desperdício ou de esbanjamento. Muito pelo contrário, o gasto do dinheiro público deve ser sempre feito e considerado como um emprego da verba pública de maneira positiva, ou seja, um investimento na sociedade ou no patrimônio estatal, agregando-se valor através da despesa pública, em bens ou serviços de interesse da coletividade.

Como decorrência, tem a despesa pública duas acepções possíveis: (i) parte do orçamento como perspectiva legal (acepção geral); ou (ii) perspectiva infralegal (acepção particular).

No primeiro sentido, a despesa pública é parte do orçamento, representando, portanto, a distribuição e emprego das receitas para cumprimento das diversas atribuições da administração. No segundo sentido, é a utilização, pelo agente público competente, de recursos financeiros previstos na dotação orçamentária, para atendimento de determinada obrigação a cargo da administração, mediante a observância da técnica da *ciência da administração*, o que envolve o prévio empenho da verba respectiva[245].

Como parte do orçamento, isto é aquela (parte) em que se encontram classificadas todas as autorizações para gastos com as várias atribuições e funções governamentais; forma, por outras palavras, o complexo da distribuição e emprego das receitas para custeio dos diferentes setores da administração[246]. É o que se verifica do conceito formulado por José Matias Pereira, por exemplo.

A perspectiva infralegal será observada no plano em que a autoridade administrativa deve efetivar a execução dos dispêndios contidos na lei orçamentária[247], ou seja, a despesa é considerada no plano da execução orçamentária. O segundo conceito formulado por Aliomar Baleeiro se enquadra nessa acepção.

É exatamente referida dicotomia que acarreta importante e atual debate sobre se a despesa pública deve ser estudada no âmbito do Direito Administrativo ou do Direito Financeiro.

Lembra Carlos Alberto de Moras Ramos Filho[248] que:

> Há quem entenda descaber no âmbito da Ciência do Direito
> Financeiro o estudo da despesa pública, por constituir ela fato
> ligado à prestação dos serviços públicos, que seria assunto
> regulado pelo Direito Administrativo. Em verdade, o Direito
> Financeiro se ocupa dos gastos públicos unicamente no que diz
> respeito aos **mecanismos formais** que envolvem desde a
> previsão até o desembolso (execução) deles. Já a análise dos
> serviços que ensejam as despesas (ou seja, das atividades
> estatais para as quais são direcionados os recursos públicos –
> por exemplo, serviços públicos relacionados à saúde, educação,
> segurança etc.) pertence ao campo da especulação de outras
> disciplinas, geralmente do Direito Administrativo, que é o
> âmbito apropriado para a teoria do serviço público.

O que acaba por ocorrer na rotina da Administração Pública é que a despesa pública acaba se situando exclusivamente na seara do Direito Financeiro.

Ciente de que o Direito Administrativo é o "ramo do Direito Público que disciplina o exercício da função administrativa, bem como pessoas e órgãos que a desempenham"[249], bem como que, no exercício da referida função, o Estado desempenha suas atividades, dentre as quais se destaca o oferecimento de serviços públicos, a questão somente emerge como problema a ser resolvido pelo Direito Administrativo quando o Gestor Público se vê impossibilitado de implantar, melhorar e ampliar referidos serviços públicos, já que não pode criar despesa se não há receita suficiente para custeá-la.

Interessante análise dessa polêmica foi feita por José Marcos Domingues[250], tendo afirmado que a despesa pública se situa na seara do Direito Financeiro, bem como que:

> À arrecadação das receitas públicas deve corresponder o equitativo gasto público que financie as políticas públicas de atendimento aos direitos individuais e sociais, que em última análise exsurgem dos valores priorizados pelo povo legitimamente representado. Assim como não há democracia política sem democracia fiscal, a justiça social decorre da justiça financeira.

Como sugestão para minimizar referida polêmica, seria prudente que ficasse a cabo do Direito Financeiro estudar a despesa pública sob a ótica formal, por sua vez, ao Direito Administrativo restaria a análise material do tema. O que não se aceita no modelo de Estado atual, preocupado com temas como 'Gestão Pública', 'Governança', 'accountability', entre outros, a noção de despesa pública fique restrita aos militantes do Direito Financeiro.

2. A despesa pública determina a receita ou é a receita que a determina?

Dentre as diferenças entre a despesa pública e a despesa privada destaca-se sua conexão com a receita. Enquanto a despesa privada fica determinada pela receita, a despesa pública é que acaba por determinar a receita[251].

Atualmente, há quem defenda que a despesa pública deve ter a mesma conexão com a receita que a despesa privada, porquanto, a definição do rol de atividades administrativas a serem implementadas deve se enquadrar na receita existente. Implica afirmar que:

... o Estado – da mesma forma que o indivíduo – também ajusta suas despesas ao cálculo de suas prováveis receitas. Em tempos ruins, quando o montante da arrecadação cai, é provável que se reduzam os gastos públicos; em tempos bons, quando a arrecadação aumenta, é provável que, de igual modo, aumentem-se os gastos públicos[252].

Essa ideia é defendida por Geraldo de Camargo Vidigal[253], para quem, no Estado moderno:

... os ideais de desenvolvimento e bem-estar e o conhecimento dos mecanismos financeiros ditam quadros inteiramente diversos de necessidades financeiras públicas. O Estado não limitará suas despesas ao mínimo do conceito 'gendarme', mas procurará, pelo contrário, dimensioná-las de maneira a que satisfações sociais, sob as gestões combinadas do poder público, mas também com a perda de poder de compra e gestão que as receitas públicas acarretam ao setor privado.

Essa inversão possibilitará que a lei orçamentária não seja vista como uma peça de ficção, seja porque decorrente de uma receita superestimada servindo a uma despesa pública inflada[254], ou como mera formalidade a ser cumprida pelos entes federativos.

José Maurício Conti, lembrando a importância da lei orçamentária[255], nota que:

... ainda há muito o que fazer para que a lei orçamentária passe a ocupar legitimamente o papel que lhe cabe, e foi corretamente reconhecido, de lei mais importante do ordenamento jurídico depois da Constituição.

Para que a lei orçamentária possa ter a eficácia e seriedade que justifiquem estar nesta posição de destaque, e sua elaboração torne-se o foro de discussão apropriado para as decisões sobre a adequada alocação dos recursos públicos, com a definição das políticas públicas, programas e ações governamentais que serão efetivamente realizados, e o Poder Legislativo torne-se o verdadeiro responsável por dar a palavra final, há alguns aperfeiçoamentos que se fazem necessários.[256]

Faz-se necessário inverter o binômio despesa x receita para receita x despesa, o que possibilitará a elaboração de planos de governos efetivos, porquanto a implementação de serviços públicos ficará condicionada às receitas realmente existentes, o que possibilitará ajustes durante o exercício financeiro[257].

Conclusão

As breves considerações que compõem este texto não têm o intuito de esgotar o tema da despesa pública, mas sim, de fomentar o debate sobre tão interessante e atual tema, já que, em face de uma Constituição Federal que assegura tantos direitos aos administrados, os entes federativos se vêm cada vez mais provocados a atender às demandas sociais, o que acaba sendo limitado pela receita existente.

Desta forma, pode-se afirmar inexistir discricionariedade na escolha da despesa pública, porquanto a eleição estará adstrita à receita pública[258], o que acaba por condicionar e até por restringir a escolha a ser realizada.

Renúncia de receitas sob a ótica da LRF: monitoramento da neutralidade orçamentária e da sustentabilidade fiscal das ações administrativas de renúncia.

Cláudia Polto da Cunha.[259]

O cenário econômico adverso enfrentado em âmbito nacional nos últimos anos, em especial no período compreendido entre 2014 e 2016[260], e as consequências gravosas que se abateram sobre os entes da Federação[261], trouxeram à baila o inevitável debate sobre a efetividade dos instrumentos legais voltados a assegurar a chamada gestão fiscal responsável.

Nos termos predicados pela Lei de Responsabilidade Fiscal (Lei complementar nº 101, de 4 de maio de 2000 – LRF), a responsabilidade na gestão fiscal pressupõe:

> "(...) a ação planejada e transparente, em que se previnem riscos e corrigem desvios capazes de afetar o equilíbrio das contas públicas, mediante o cumprimento de metas de resultados entre receitas e despesas e a obediência a limites e condições no que tange a renúncia de receita, geração de despesas com pessoal, da seguridade social e outras, dívidas consolidada e mobiliária, operações de crédito, inclusive por antecipação de receita, concessão de garantia e inscrição em Restos a Pagar" (Art. 1º, §1º).

Não obstante o equilíbrio fiscal perseguido pela LRF demande atenção ao binômio despesas e receitas públicas, é possível identificar uma maior efetividade dos mecanismos de controle voltados ao primeiro elemento dessa equação. Uma hipótese plausível é que os mecanismos de controle de geração de despesas públicas seriam de mais fácil compreensão pelos gestores públicos, não ensejando, via de regra, dúvidas interpretativas quanto à sua incidência ou discussões metodológicas quanto ao modo de cumprimento e monitoramento.

De outra parte, possivelmente esses controles se mostram mais efetivos também em função da incidência de restrições, vedações e sanções que são deflagradas de forma automática a partir do descumprimento dos requisitos legalmente previstos para geração de despesas públicas ou quando da extrapolação dos limites estabelecidos[262], além da existência de alguns controles *"ex ante"* exercidos por outros Poderes ou esferas federativas[263].

É inexorável o fato de que, orçamentariamente, as receitas só podem ser objeto de estimativas, ao passo que as despesas são, necessariamente, certas e dotadas de grau de especificação que se traduz em uma autorização legal para sua realização[264]. As receitas observam, diversamente das despesas, o regime de caixa e somente serão efetivas no momento do correspondente ingresso nos cofres públicos[265]. Isso não significa, contudo, a incidência de controles menos rígidos do que aqueles aplicáveis às despesas públicas.[266]

Embora cuide-se de estimativas, é importante lembrar que o quadro normativo vigente restringe sobremaneira a margem de arbitrariedade para a elaboração das projeções de receitas na etapa de encaminhamento da proposta orçamentária anual, devendo ser demonstrada a sua factibilidade com base em elementos técnicos e dados objetivos, com a adoção de premissas consistentes.

É o que determina o artigo 12 da LRF ao dispor que as "previsões de receita observarão as normas técnicas e legais, considerarão os efeitos das alterações na legislação, da variação do índice de preços, do crescimento econômico ou de qualquer outro fator relevante e serão acompanhadas de demonstrativo de sua evolução nos últimos três anos, da projeção para os dois seguintes àquele a que se referirem, e da metodologia de cálculo e premissas utilizadas.". Ademais, a teor do parágrafo primeiro do citado dispositivo, no processo de aprovação da LOA somente se admite a reestimativa das receitas por parte do Poder Legislativo se comprovado erro ou omissão de ordem técnica ou legal.

A observância de tais condicionantes legais conduz à elaboração de um orçamento anual que contempla expectativa bastante plausível de efetivo ingresso do montante de receitas estimadas, conferindo, assim, base confiável para a fixação e futura execução das despesas autorizadas na mesma peça orçamentária.

Aliada a tal sistemática, como medida de reforço à gestão planejada dos recursos públicos e à sustentabilidade dos compromissos financeiros assumidos pela Administração, a LRF determina, ainda, que a Lei de Diretrizes Orçamentárias- LDO seja instruída por Anexo de Metas Fiscais. Trata-se de documento no qual são estabelecidas as metas anuais, em valores correntes e constantes, relativas a receitas, despesas, resultados nominal e primário e montante da dívida pública, para o exercício a que se referirem e para os dois seguintes.

Esse documento fornece referencial objetivo para o monitoramento do equilíbrio orçamentário, que constitui um princípio reitor da LRF. Nesse contexto, um dos elementos obrigatórios do Anexo de Metas Fiscais é o demonstrativo da estimativa e compensação da renúncia de receita, além da margem de expansão das despesas obrigatórias de caráter continuado. Semelhante exigência já estava presente na Constituição da República anteriormente à edição da LRF, nos termos do artigo 113 do Ato das Disposições Constitucionais Transitórias, que assim dispôs:

> Art. 113. A proposição legislativa que crie ou altere despesa obrigatória ou renúncia de receita deverá ser acompanhada da estimativa do seu impacto orçamentário e financeiro.

A renúncia de receitas é reconhecida, portanto, como um fator de potencial impacto no equilíbrio orçamentário, demandando explicitação, quantificação e medidas de neutralização. Dados seus efeitos, é equiparada por diversos autores a uma despesa pública (gasto fiscal), atraindo, assim, tratamento orçamentário que lhe seja equivalente[267].

Adicionalmente, como mecanismo de controle social das ações de renúncia de receitas, o §6º, do art. 165, da Constituição Federal determina que o projeto de lei orçamentária anual seja instruído com demonstrativo regionalizado do efeito, sobre as receitas e despesas, decorrente de isenções, anistias, remissões, subsídios e benefícios de natureza financeira, tributária e creditícia. A mesma exigência foi incorporada à LRF, nos termos do inciso II, do art. 5º.

Essa abordagem é bem explorada em Nota Técnica elaborada pela Instituição Fiscal Independente, do Senado Federal, que também indica a dimensão fiscal do tema no âmbito federal, sendo elucidativo o seguinte excerto:

> As perdas de receita com gastos (benefícios) tributários chegaram a R$ 270,4 bilhões, em 2017. Esse montante equivale a 4,1% do PIB e a 20,7% da receita administrada pela Receita Federal, e supera o dobro dos R$ 124,3 bilhões de déficit primário do governo central. Cerca de 80% das perdas concentram-se em nove modalidades de gastos tributários, com desoneração mais intensiva do IPI, Cofins e Imposto de Renda. As normas que regem os gastos tributários não contemplam mecanismos adequados de controle da criação e expansão desses gastos, nem criam condições adequadas para a realização de avaliação dos resultados alcançados.
>
> (.....)
>
> As ações ou políticas públicas são normalmente executadas por meio dos gastos públicos. O sistema tributário destina-se a fornecer as receitas necessárias para financiar esses gastos. Entretanto, as ações podem também ser implementadas por meio do próprio sistema tributário. Nesse caso, o governo concede desoneração tributária ao setor privado para incentivá-lo a tomar decisões que viabilizem o alcance de certos objetivos

de interesse público. A desoneração pode ser operacionalizada por meio de isenções, anistias, reduções de alíquotas, presunções creditícias, deduções, abatimentos e diferimentos de obrigações tributárias. Entre os objetivos perseguidos estão a equalização da renda entre regiões, o incentivo a setores econômicos, a compensação de gastos dos contribuintes com serviços relevantes oferecidos de maneira incompleta pelo Estado e a compensação de entidades civis por oferecerem complementarmente serviços considerados típicos de Estado. Assim, os benefícios tributários são uma espécie de gasto público indireto, feito por meio do sistema tributário, que também visam alcançar determinados objetivos de interesse público. Essa comparação com o gasto público fez com que a expressão gasto tributário passasse a ser empregada na literatura e comunidade internacional, opção também seguida pela Receita Federal, em 2003, em detrimento da expressão benefício tributário, presente nos textos legais."[268]

Vale destacar que a renúncia, embora traga ínsita uma certa carga de juízo de valor negativo, muitas vezes associada a uma injustificada liberalidade, não é, *per si*, ilegítima do ponto de vista da responsabilidade fiscal. Também é importante ter em mente que o tema possui contornos diversos quando examinado sob as duas óticas que lhe são pertinentes: a tributária e a financeira.

Sob a ótica da responsabilidade fiscal, o que se afigura deletério é a adoção de condutas que visem escamotear os reais efeitos orçamentários e financeiros da renúncia de receitas, prejudicando a aplicação das medidas voltadas à transparência e garantia da neutralidade fiscal do ato praticado[269].

Já do ponto de vista tributário, a renúncia será legítima e estará de acordo com a ordem constitucional vigente quando atenda ao comando do §6º, do art. 150, da Carta da República, segundo o qual "qualquer subsídio ou isenção, redução de base de cálculo, concessão de crédito presumido, anistia ou remissão, relativos a impostos, taxas ou contribuições, só poderá ser concedido mediante lei específica, federal, estadual ou municipal, que regule exclusivamente as matérias acima enumeradas ou o correspondente tributo ou contribuição, sem prejuízo do disposto no art. 155, § 2.º, XII." [270]

O dispositivo citado *in fine*, aplicável especificamente ao Imposto sobre Operações Relativas à Circulação de Mercadorias e sobre Prestações de Serviços de Transporte Interestadual e Intermunicipal e de Comunicação (ICMS), remete a lei complementar a tarefa de regular a forma como, mediante deliberação dos Estados e do Distrito Federal, isenções, incentivos e benefícios fiscais serão concedidos e revogados.

Essa disciplina foi estabelecida pela Lei Complementar nº 24, de 07 de janeiro de 1975, condicionando a concessão de isenções e as correspondentes revogações a celebração e ratificação de convênios com a participação de todos os Estados. Essa sistemática abarca também benefícios decorrentes de redução da base de cálculo; devolução total ou parcial, direta ou indireta, condicionada ou não, do tributo, ao contribuinte, a responsável ou a terceiros; concessão de créditos presumidos; e quaisquer outros incentivos ou favores fiscais ou financeiro-fiscais dos quais resulte redução ou eliminação, direta ou indireta, do respectivo ônus[271].

Já do ponto de vista orçamentário e financeiro, o tratamento conferido à renúncia de receitas pela Constituição Federal está plasmado, conforme já citado, no §6º, do art. 165, e no art. 113 do ADCT. No âmbito infraconstitucional, a matéria mereceu tratamento mais estrito, nos termos do artigo 14 da LRF, *in verbis*:

Art. 14. A concessão ou ampliação de incentivo ou benefício de natureza tributária da qual decorra renúncia de receita deverá estar acompanhada de estimativa do impacto orçamentário-financeiro no exercício em que deva iniciar sua vigência e nos dois seguintes, atender ao disposto na lei de diretrizes orçamentárias e a pelo menos uma das seguintes condições:

I - demonstração pelo proponente de que a renúncia foi considerada na estimativa de receita da lei orçamentária, na forma do art. 12, e de que não afetará as metas de resultados fiscais previstas no anexo próprio da lei de diretrizes orçamentárias;

II - estar acompanhada de medidas de compensação, no período mencionado no *caput*, por meio do aumento de receita, proveniente da elevação de alíquotas, ampliação da base de cálculo, majoração ou criação de tributo ou contribuição.

§ 1º A renúncia compreende anistia, remissão, subsídio, crédito presumido, concessão de isenção em caráter não geral, alteração de alíquota ou modificação de base de cálculo que implique redução discriminada de tributos ou contribuições, e outros benefícios que correspondam a tratamento diferenciado.

§ 2º Se o ato de concessão ou ampliação do incentivo ou benefício de que trata o *caput* deste artigo decorrer da condição contida no inciso II, o benefício só entrará em vigor quando implementadas as medidas referidas no mencionado inciso.

§ 3º O disposto neste artigo não se aplica:

I - às alterações das alíquotas dos impostos previstos nos incisos I, II, IV e V do art. 153 da Constituição, na forma do seu§ 1º;

II - ao cancelamento de débito cujo montante seja inferior ao dos respectivos custos de cobrança.

O tratamento constitucional e legal conferido ao tema evidencia, assim, dois vetores relevantes: i) a ênfase na transparência e no planejamento fiscal, determinando a quantificação dos impactos orçamentários-financeiros da renúncia de receitas decorrente da concessão de benefício fiscal ou financeiro-fiscal; ii) a neutralidade da renúncia do ponto de vista da manutenção do equilíbrio entre receitas e despesas orçamentárias.

Quanto ao segundo vetor, a citada neutralidade é assegurada pela aplicação, nos casos concretos, de uma das duas regras estabelecidas no art. 12 da LRF: a prevista no inciso I, ou, alternativamente, aquela estabelecida no seu inciso II.

Note-se que essa aplicação alternativa não representa propriamente uma opção oferecida ao gestor público. A escolha não pode ser exercida discricionariamente. Trata-se, isto sim, da incidência de normas diferentes que são atraídas por situações materialmente também diversas.

Na situação tratada pelo inciso I, embora presente hipótese de renúncia de receita do ponto de vista tributário, não se verifica uma frustração de receita sob a ótica orçamentária. Isso porque, em sendo observado, como é de rigor, o disposto no artigo 12 da LRF, os efeitos dos benefícios fiscais já teriam sido considerados na própria formulação da LOA, que contempla, portanto, uma estimativa de receitas da qual já foram subtraídas aquelas que não serão arrecadadas no exercício por força dos benefícios concedidos.

Essa mesma "dedução", por certo, deverá estar presente nas premissas adotadas nas projeções de arrecadação consideradas para fins de atingimento das metas constantes do Anexo de Metas Fiscais, cabendo aqui uma mera demonstração. Circunstância diversa ensejaria dúvidas sobre a própria consistência dessas projeções ou, no mínimo, discrepâncias metodológicas.

Já na situação tratada pelo inciso II, parte-se do pressuposto de que a renúncia estará, de fato, impactando as receitas previstas na LOA, eis que os efeitos do benefício fiscal em questão não estariam considerados na estimativa determinada pelo artigo 12 da LRF. Aqui, trata-se, via de regra, de benefícios concedidos ou ampliados no curso da execução orçamentária e cujo impacto na estimativa de receitas não foi, portanto, passível de delimitação na etapa de elaboração da LOA.

Nesse último cenário, é evidente que haverá frustração de parcela das receitas previstas no orçamento em curso, demandando, para manutenção do necessário equilíbrio com as despesas autorizadas na mesma peça orçamentária, a adoção de medidas compensatórias, ou, mais propriamente, medidas de recondução à equação orçamentária-financeira original.

Vale notar que nas situações em que a frustração de receitas previstas orçamentariamente ocorre em virtude de fatores exógenos, conjunturais e alheios a qualquer ação do administrador, manifestada apenas em função de queda da arrecadação de impostos, as medidas legalmente previstas para o reestabelecimento do equilíbrio orçamentário são essencialmente diversas daquelas determinadas quando o administrador público implementa ações de renúncia fiscal.

Medidas de redução de despesas, limitação de empenho (contingenciamento) e obtenção de receitas extraordinárias, incluindo operações de crédito (observada a "regra de ouro" estabelecida no art. 167, III, da Constituição Federal) e até mesmo operações de antecipação de receita orçamentária (cumpridos os requisitos específicos do art. 38, da LRF) são pertinentes no cenário de queda de arrecadação, porém, por certo, não podem ser invocadas como medidas compensatórias de renúncia fiscal.

O inciso II do artigo 14 da LRF apresenta um rol taxativo de alternativas para a sobredita compensação, verdadeiro *numerus clausus* estabelecido por opção legislativa. Admite-se, para tal finalidade, apenas medidas de incremento de receitas correntes, de caráter não extraordinário. São elas: elevação de alíquotas, ampliação da base de cálculo, majoração ou criação de tributo ou contribuição.

Considerando tratar-se de medidas sujeitas ao princípio da anterioridade estabelecido pelo artigo 150, III, "b", da Constituição da República[272], o §2º do citado artigo 14 estabelece, de forma coerente, que, em tais situações, o benefício do qual decorra a renúncia somente produzirá efeitos a partir da implementação de tais medidas.

Assim, em ambas as situações tratadas pela LRF - efeitos da renúncia já considerados na LOA, nos termos do art. 12, ou adoção de medidas compensatórias - atinge-se a mesma finalidade: a preservação da neutralidade do benefício do ponto de vista do equilíbrio orçamentário, bem como da higidez do planejamento efetuado para exercícios futuros.

Constata-se, pois, que do ponto de vista da LRF não é útil perquirir a natureza do benefício sob a ótica tributária, devendo recair a atenção, na verdade, sobre seus efeitos nas estimativas de receitas orçamentárias e metas fiscais estabelecidas. Para esse fim, afigura-se irrelevante a não caracterização como incentivo fiscal em sentido estrito de determinados benefícios ou regimes especiais.

Assim, descabe a construção de que a não caracterização da medida como incentivo fiscal *stricto sensu* teria o condão de afastar, também, a observância da disciplina estabelecida pela LRF para renúncia de receitas. Tal sofisma enuncia que em situações como a de diferimento do pagamento de imposto devido[273], não se estaria "renunciando" ao credito tributário, mas apenas protraindo seu recebimento para momento futuro. Trata-se de evidente equivoco conceitual que embasa uma construção falaciosa utilizada para justificar alguma "flexibilização" da regra da LRF, invocando pretensa coerência entre conceitos fundamentalmente diversos.[274]

Outro raciocínio que acaba contaminando o perfeito entendimento e aplicação do regramento estabelecido pela LRF para renúncia de receitas é aquele baseado exclusivamente nos efeitos econômicos da medida de incentivo da qual decorre a renúncia.

Nessa linha, costuma-se argumentar que serão mantidos postos de trabalho e que se busca evitar perdas na arrecadação, ou, ainda, que haverá incremento da atividade econômica, com geração de novas operações passíveis de aumentar a base de incidência de impostos. O argumento é irretocável como justificativa da medida do ponto de vista de seus benefícios sociais e da própria motivação sob a ótica do papel indutor legitimamente conferido ao poder público, porém em nada aproveita para afiançar a necessária neutralidade fiscal da ação.

Somado a esse embaralhamento conceitual, há aspectos de natureza metodológica que também precisam ser enfrentados. O primeiro ponto é que alguns incentivos, pela sua própria natureza, apresentam menor grau de precisão quanto ao universo de beneficiários contemplados e, consequentemente, maior grau de dificuldade para a quantificação dos impactos orçamentários envolvidos.

Quando se concede, por exemplo, uma remissão, que, materialmente, corresponde ao "perdão" de um crédito tributário em determinadas circunstâncias - normalmente em face do valor, situação conjuntural, jurisprudência pró-contribuintes, entre outras - não há maiores dificuldades de quantificação da renúncia de receitas daí advinda. Noutro giro, quando se trata de um benefício condicional, que demanda a adesão dos contribuintes de determinado segmento, condicionada ao cumprimento de requisitos específicos, o cálculo da renúncia é mais sofisticado e envolve a adoção de premissas e não apenas operações meramente aritméticas.

De fato, não é trivial o dimensionamento de todas as variáveis envolvidas no cálculo de benefícios que podem ser acessados por um gradiente amplo de contribuintes, mas cuja efetiva concessão depende de circunstâncias de diversas naturezas. Imagine-se, à guisa de exemplo, o desafio envolvido na delimitação da renúncia fiscal envolvida na concessão de incentivo fiscal condicionado à realização de investimentos para ampliação da capacidade instalada de indústrias de um determinado setor produtivo, atrelando-se o *quantum* do benefício conferido ao montante investido pelo contribuinte.

No exemplo citado, haverá que se considerar, no mínimo, as seguintes variáveis: i- número de indústrias existentes naquele seguimento; ii) aquelas que, em tese, se enquadram nas condições estabelecidas para a concessão do benefício; iii) as que possuem condições e/ou interesse na realização dos investimentos requeridos e, por fim, o mais difícil de ponderar,

iv) quantas, efetivamente, irão requerer o benefício, em que montante e em que momento.

É certo que, do ponto de vista científico, existem metodologias capazes de dar conta dessa quantificação, trabalhando com bases de dados disponíveis, além da consideração de cenários e premissas com diferentes graus de probabilidade. Porém, sempre haverá margem para adoção de algum viés, que pode ser mais conservador e prudente, com o dimensionamento do custo potencial máximo, ou, no outro extremo, subdimensionando o impacto advindo do cenário mais factível.

Além disso, o grau de explicitação dessas variáveis deve levar em conta questões como o sigilo fiscal e a proteção de informações que são relevantes do ponto de vista concorrencial e da participação relativa dos contribuintes no mercado em que se inserem (*market share*). São temas sensíveis, que precisam ser cotejados com a publicidade e transparência que se impõem a qualquer atuação da administração pública, mormente quando se está diante da disposição de recursos públicos.

Os aspectos aqui levantados podem, em alguma medida, auxiliar na compreensão desse estágio aparentemente menos avançado de efetividade dos controles sobre a renúncia de receitas em comparação com aqueles incidentes sobre a geração e limites estabelecidos para as despesas públicas. Oferecem, também, alguma predição do grau de risco envolvido nesse estado de coisas do ponto de vista do equilíbrio orçamentário e da sustentabilidade fiscal que citamos no início deste trabalho.

Em momentos de crise econômica, especialmente quando os índices de desemprego se apresentam elevados e alguns setores produtivos enfrentam fortes desafios de produtividade e competitividade, é previsível o aumento da demanda pela concessão de incentivos fiscais. Some-se a tal cenário, a "janela de oportunidade" oferecida pela sistemática de convalidação de benefícios prevista na Lei Complementar nº 160, de 2017,[275] e temos a exata medida da importância do aprimoramento dos controles sobre a renúncia fiscal e da conscientização dos gestores públicos sobre o uso responsável desse instrumento.

Sem embargo da aparente maior efetividade dos controles sobre a geração de despesas públicas e dos limites correspondentes, é certo que tal circunstância não impediu o crescimento exponencial das despesas com pessoal e do endividamento dos entes federados, com deterioração dos indicadores correspondentes.

Não se ignora que fatores como queda da arrecadação decorrente do desaquecimento da economia e taxas de câmbio desfavoráveis exerceram impacto relevante na piora da situação fiscal de Estados e Municípios, mas também não se pode olvidar que, em alguns casos, a situação foi agravada pelo subdimensionamento ou mesmo pela ocultação de alguns gastos correntes. Evidenciou-se, assim, o quão nefasta pode ser a "contabilidade criativa" que, esperamos, tenha sido superada a partir das consequências amargas que acabou por produzir.

Os incentivos fiscais, as subvenções e outras medidas de fomento e indução são instrumentos relevantes e que encontram o necessário respaldo no ordenamento jurídico pátrio[276]. Quando manejados de forma técnica, consistente e responsável podem mitigar os efeitos de um cenário econômico adverso trazendo benefícios sociais que os legitimam sob a ótica do interesse público.

Contudo, somente se prestarão ao atendimento de tais objetivos públicos quando não se descurar do controle de seus efeitos sob a ótica do equilíbrio orçamentário e da sustentabilidade fiscal. Como visto, não obstante os desafios inerentes a tal controle, as disposições constitucionais e legais pertinentes oferecem um instrumental capaz de apoiar os gestores públicos dispostos a fazer o melhor uso de tais medidas, apresentando-se como uma "blindagem" às inevitáveis pressões por medidas imediatistas e segmentadas que, a médio prazo, apresentarão o seu preço sob a forma de desequilíbrio fiscal.

Prescrição de débitos imputados pelos tribunais de contas: uma releitura a partir das alterações na LINDB

Caio Cesar Figueiroa[277]
André Castro Carvalho[278]

Introdução

Este artigo busca retratar as discussões jurídicas travadas acerca do instituto da prescrição sobre as pretensões de ressarcimento e sancionatórias exercidas pelos tribunais de contas, a partir dos processos de tomada de contas especial. Pretendemos expor, em linhas gerais, o acirrado debate que vem se tornando cada vez mais corriqueiro desde que o Supremo Tribunal Federal passou a enfrentar o tema em sede de Repercussão Geral.

Não pretendemos fazer aqui uma análise exaustiva da jurisprudência ou da doutrina, pois, para essa finalidade, já há material em abundância. Busca-se, sim, elencar os argumentos utilizados nesta discussão, e analisá-los criticamente: trata-se de uma abordagem distinta, na qual advogados, procuradores, juízes, dentre outras carreiras jurídicas, ainda não estão habituados, mas que, por força das alterações recentes sobre a Lei de Introdução às Normas de Direito Brasileiro – LINDB (Decreto-Lei nº 4.657/1942), promovidas a partir da Lei 13.655/2018, torna-se uma questão relevante para a motivação das decisões administrativas, controladora e judicial.

1. A tomada de contas especial e suas consequências

A instituição de um prazo prescricional para o exercício de prerrogativas de autoridades públicas tem como *ratio essendi* uma principal preocupação: criar parâmetros concretos com vistas à estabilização de relações jurídicas no tempo[279]. O decurso de um certo prazo, sempre fixado por lei, constituirá evento suficiente para impedir que a autoridade, órgão ou entidade, possa exercer suas pretensões ou poderes para a alteração do cenário estabilizado. Pela sua objetividade, acaba tornando-se o critério referencial mais lógico e eficiente. Por outro lado, há casos no qual a própria Constituição Federal cuidou de ressalvar a inaplicabilidade da regra da prescrição.[280] É o que se extrai do art. 37, § 5º da Constituição Federal, acerca das ações de ressarcimento pela prática de ilícitos que causem prejuízo ao erário.

O dano ao erário[281], por sua vez, pode ser apurado tanto na esfera administrativa, judicial ou controladora. O recorte deste estudo recai evidentemente sobre esta última.

Além das contratações públicas convencionais, também são objeto de apuração de irregularidades as parcerias firmadas entre o Poder Público e a sociedade civil organizada, mediante a celebração de convênios, contratos de parceria, contratos de gestão, dentre todos os demais arranjos constituídos para o exercício de atividades de relevante interesse social. No âmbito do controle externo, exercido pelo Poder Legislativo, e com amparo técnico dos tribunais de contas, os recursos públicos atrelados a estas parcerias são objeto de prestação de contas, iniciadas de acordo com o regramento ajustado dentro dessa relação jurídica. E pelo próprio texto constitucional (artigos 70, parágrafo único, e 71), o dever de prestar contas não é exclusivo da pessoa jurídica de direito público. Recai, também, sobre aqueles "que deram causa a perda, extravio ou outra irregularidade de que resulte prejuízo ao erário público", podendo, adicionalmente, "aplicar aos responsáveis, em caso de ilegalidade de despesa ou irregularidade de contas, as sanções previstas em lei, que estabelecerá, entre outras cominações, multa proporcional ao dano causado ao erário".[282]

O texto constitucional confere legitimidade aos tribunais de contas para apreciar o emprego de recursos públicos repassados a particulares, e instaurar, na hipótese de constatação de irregularidades, o processo de tomada de contas especial, com intuito de apuração dos fatos, identificação de responsáveis e a apuração do respectivo dano. Toma-se, como exemplo, dentre as causas de irregularidade disciplinadas no art. 16, inciso III da Lei Orgânica do Tribunal de Contas da União, a omissão no dever de prestar contas; prática de ato de gestão ilegal, ilegítimo, antieconômico, ou infração à norma legal ou regulamentar; dano ao erário decorrente de ato de gestão ilegítimo ou antieconômico; e desfalque ou desvio de dinheiro, bens ou valores públicos. A norma admite uma infinidade de situações. Aquilo que pode ser enquadrado dentro do que se imputa como irregular sequer pressupõe o exame do elemento subjetivo – dolo ou culpa – quanto à prática das irregularidades. Detalhe importante: constatada a ocorrência de dano ao erário, o TCU está obrigado, por lei, a providenciar a remessa imediata do processo ao Ministério Público da União, o qual, ao tomar conhecimento de tais irregularidades, poderá ajuizar as ações pertinentes, não só penais, mas também destinadas ao devido ressarcimento (art. 16, § 3º).

Assim, uma vez constatada de fato a irregularidade das contas, o tribunal de contas poderá condenar o responsável ao pagamento dos valores devidos decorrentes da apuração de dano ao erário, apurados por intermédio do devido processo de tomada de contas especial, sem prejuízo da aplicação de multa. E aqui vale o registro de uma segunda questão importante: embora constituídas no âmbito do controle externo, a lei atribui a estas decisões a natureza de título executivo. Os tribunais de contas, portanto, estão legitimados a proferir decisões de controle de natureza condenatória, a partir da constatação de práticas ilícitas decorrentes da aplicação subversiva de bens e valores públicos, apurando-se, para fins de futuro ressarcimento, o efetivo prejuízo causado à Administração Pública. Adicionalmente, e ainda dentro do exercício das atribuições constitucionais que lhe foram conferidas, as cortes de contas podem imputar multas atreladas à prática de atos ilícitos. No primeiro caso, o controle externo exerce uma pretensão de ressarcimento; no segundo, a pretensão é nitidamente sancionatória. E sobre cada uma destas pretensões – as quais não se confundem, ainda que oriundas de um mesmo fato – surge o questionamento principal: os tribunais de contas podem exercer estas pretensões a qualquer momento, considerando a imprescritibilidade prevista no art. 37, § 5º da Constituição? Adiante, será analisada discussão atual sobre cada uma destas situações.

2. Tomada de contas especial e a ação de reparação de danos

O TCU vem reiteradamente sustentando a tese da imprescritibilidade de suas decisões que tenham por objeto apurar prejuízos ao erário, em sede dos processos de Tomada de

Contas Especial. Para tanto, o Tribunal se ampara na regra do art. 37, § 5º da Constituição Federal, em precedentes do Supremo Tribunal Federal (MS 26.210/DF), e, adicionalmente, na inexistência de dispositivo expresso em sua lei orgânica atrelado à incidência da prescrição sobre o exercício de suas pretensões. Apesar deste posicionamento, o próprio TCU tratou em sede regulamentar das hipóteses de dispensa à instauração da Tomada de Contas Especial, quando transcorrido prazo superior a dez anos entre a data provável de ocorrência do dano e a primeira notificação dos responsáveis.[283] O prazo decenal – escolha que se fundamenta a partir do prazo prescricional ordinário regulamentado no art. 205 do Código Civil[284] – conquanto reflita alguma preocupação no que concerne à segurança jurídica advinda do poder de fiscalização e controle exercido pelo TCU, ainda está longe de ser a tese pacificada.

O primeiro dos argumentos, lastreado na ideia de imprescritibilidade com fundamento no texto constitucional, como já não era impossível de se imaginar, culminou em uma enxurrada de ações judiciais perante o STF. Esse foi o motivo a ensejar o reconhecimento da Repercussão Geral da matéria tratada no Recurso Extraordinário nº 636.886/AL,[285] que deu origem ao tema nº 899 (prescritibilidade da pretensão de ressarcimento ao erário fundada em decisão de Tribunal de Contas), ainda pendente de julgamento pelo Supremo. Não menos importante, são os demais precedentes do STF contrários à tese da imprescritibilidade, conforme se verificou no julgamento do Recurso Extraordinário nº 669.069/MG,[286] responsável no reconhecimento da Repercussão Geral (tema nº 666) acerca da imprescritibilidade das ações de ressarcimento por danos causados ao erário, ainda que o prejuízo não decorra de ato de improbidade administrativa. Em ambos os precedentes ainda sob pauta de julgamento no Supremo, já é possível notar uma tendência da Corte quanto a delimitação do alcance do art. 37, § 5º da Constituição, afastando, via de consequência, o precedente reiteradamente utilizado pelo TCU: o MS 26.210/DF.[287] Essa conclusão está embasada em duas razões.

A primeira razão de não se aplicar a regra da suposta imprescritibilidade da ação de ressarcimento do prejuízo ao erário, reside no fato de o processo de tomada de contas possuir natureza jurídica diversa do processo judicial que visa a condenação do particular ao ressarcimento do prejuízo. Tal constatação é de suma importância, considerando que, no processo judicial em que se exercerá a pretensão de ressarcimento, o ônus da prova é de quem alega o suposto prejuízo, sendo a demanda submetida a um juiz imparcial com a garantia de todos os meios de defesa disponíveis, tais como prova pericial, depoimento de testemunhas, etc.; no processo de contas, todavia, o ônus probatório se inverte: compete ao demandado provar a regularidade das suas contas, não podendo se valer do amplo lastro probatório dos processos judiciais. O

Superior Tribunal de Justiça[288] já se pronunciou em sentido similar em relevante precedente na jurisprudência nacional. Daí a importância do detalhe que chamamos atenção no capítulo anterior, acerca do dever de oficiar o Ministério Público como consequência da constatação de prejuízos ao erário, evento que poderá culminar em uma ação civil pública visando o ressarcimento.

A segunda razão pela qual se mostra inaplicável a tese da imprescritibilidade revela-se na distinção entre os débitos apurados pelos tribunais de contas, a partir de uma suposta irregularidade na prestação de contas, que diferem do "prejuízo" tratado no art. 37, §5º, da Constituição Federal. Como decorrência da irregularidade – admitida, inclusive nos casos de omissão ou documentos incompletos, ainda que prejuízo algum tenha sofrido os cofres públicos –, o art. 16, III, c/c art. 19, da Lei 8.443/1992, indica a possibilidade de imputação de débito pelo TCU. Não há que se falar em identidade dos institutos jurídicos do prejuízo (art. 37, § 5º, CF/88) com o débito da Lei nº 8.443/1992, quando o fundamento da imputação pelo TCU está na omissão da prestação de contas ou na prestação de contas incompletas. Ainda que se entendesse pela imprescritibilidade do prejuízo/dano ao erário, tal não se equivale ao débito previsto na Lei nº 8.443/1992. Portanto, a diferença entre o débito da Lei 8.443/92 e o prejuízo ao erário (art. 37, §5º CF/88) são fundamentais para se concluir pela inaplicabilidade deste dispositivo constitucional ao processo de tomada de contas.

Veja-se, por exemplo, decisões monocráticas mais recentes do Supremo Tribunal Federal, como a do MS 35.294/DF, em que o Ministro Marco Aurélio Mello concedeu medida liminar para suspensão da exigibilidade dos débitos imputados pelo TCU em processo de tomada de contas especial. No caso, discutia-se a suposta existência de sobre-preço a partir de um convênio celebrado em 1992 para construção de uma barragem, no estado do Ceará. O responsável só foi chamado a se pronunciar a respeito da execução do convênio em 2006, mais de uma década após a ocorrência do evento hipoteticamente danoso. A tese aventada pelo Ministro, apesar de reconhecer a lacuna sobre o instituto da prescrição na Lei Orgânica do TCU, entende pela necessidade de se operar os efeitos a partir de outras normas jurídicas do ordenamento.

A prescrição ou decadência no âmbito do direito público é corriqueiramente fixado em prazo inferior. É dizer, considerando a lacuna atual na legislação de regência dos processos de tomadas de conta especial, e por uma perspectiva de analogia entre normas prescricionais passíveis de incidência nos casos em que se aventa a prescrição, o prazo prescricional referencial em matéria de direito público que faz mais sentido seria o correspondente ao prazo quinquenal.[289] Apesar da uniformização quanto ao prazo de cinco anos, por certo que a metodologia de cálculo e a definição dos seus termos considerará a particularidade de cada bem jurídico específico, variando, o termo inicial, entre (i) a data na qual o fato se tornou conhecido; e (ii) a data de constatação oficial do fato. Para os casos atrelados à tomada de contas especial, muito mais sentido se faz pressupor a segunda regra, pois a obrigação de prestar contas por aqueles responsáveis pelo recebimento e gestão de recursos públicos é condição que já nasce estipulada desde a celebração do convênio e seus congêneres, com prazo certo e determinado, estabelecido, geralmente, ao final da execução do objeto.

3. Tomada de contas especial e a pretensão punitiva

Como dito inicialmente, a prestação de contas irregular também poderá dar ensejo à aplicação de multa àqueles sujeitos a fiscalização e controle dos tribunais de contas. No âmbito do exercício da pretensão punitiva do TCU, ao menos na esfera judicial, a questão é de menor complexidade. Hoje, já está consolidado no Supremo Tribunal Federal[290] a incidência do prazo disposto no art. 1º da Lei nº 9.873/1999[291], norma que regulamenta o exercício da pretensão punitiva da Administração Pública Federal, e determina o prazo quinquenal para fins de contabilizar a prescrição, aplicando-se também ao TCU quando do exercício de seu poder sancionador. No âmbito das tomadas de contas especiais, vinha-se sustentando a inaplicabilidade do prazo prescricional da Lei Federal mencionada, considerando que os dispositivos não se aplicariam ao Tribunal de Contas, pois não exerce poder de polícia, já que está na função constitucional de controle. O entendimento consolidado no TCU (Acórdão 1.441/2016, Plenário) era de que as sanções se subordinam ao prazo de 10 anos, contado da data de ocorrência da irregularidade a ser punida.

Apesar desta distinção entre o exercício do poder de polícia e o exercício do controle externo – o que faz certo sentido, na medida em que a atividade do TCU é voltada para a própria atuação estatal em relação a gestores de recursos públicos – não há como negar o caráter geral da Lei nº 9.783/1999 em sede de direito sancionatório, de modo que sua aplicação compete a qualquer ação punitiva do Estado, ressalvados os casos que contam com prazo e metodologia de cálculo distintos em normas específicas. E frise-se, o exercício do poder sancionador, repressivo, não necessariamente guarda compatibilidade com todos os atos emanados pelo Estado em sede de poder de polícia, os quais pressupõem uma orientação preventiva e acautelatória do interesse público.[292] Além disso, ainda que se cogitasse da não incidência imediata da norma sobre o exercício da pretensão punitiva do TCU, não se pode negar que a Lei Federal é norma que a melhor se coaduna, para fins de analogia, aos casos passíveis de incidência.

No âmbito do TCU, deu-se início a novas interpretações da matéria, considerando a amplitude que o STF conferiu quanto ao alcance da Lei nº 9.873/1999. Construía-se a ideia no Tribunal de Contas o fato de que as sanções praticadas no âmbito do processos de tomada de contas especiais decorrem de uma situação de dano ao erário, e que toma como base o valor do prejuízo causado.[293] O dano ao erário como fato gerador, portanto, seria razão suficiente para se sustentar uma aplicação analógica a partir do art. 23 da Lei de Improbidade Administrativa: apesar de manter o prazo quinquenal para cômputo da prescrição, adota como termo inicial a data em que se torna incontroversa a ocorrência de dano ao erário, momento que nasce a possibilidade de punição (aplicação de multa). O problema desta nova interpretação que faz o Tribunal de Contas reside no fato de que, muitas vezes, a instauração do processo de tomada de contas especial – considerando como marco inicial a prestação de contas realizada pelo sujeito fiscalizado – ultrapassa, em grande parte, o prazo de cinco anos. Na prática, a pretensão punitiva continua a ser exercida de modo indeterminado no tempo, fragilizando, como sustentando anteriormente, o próprio direito de defesa dos fiscalizados e a estabilidade das relações jurídicas.

Apesar destas discussões, fato de grande instabilidade e insegurança jurídica reside na perpetuação de decisões do TCU que revelam interpretações no sentido de manutenção da aplicação do prazo de prescrição de 10 anos, com esteio na regra geral do Código Civil.[294]

Conclusão: uma breve análise crítica da evolução do debate

A prescrição, que também é conhecida no direito anglo-saxão como *statute of limitations*, é instrumento jurídico apto para trazer pacificação nas relações jurídicas que envolvem indivíduos e o Estado. No âmbito da esfera controladora, os Tribunais de Contas exibem esta importante função, trazendo segurança jurídica nos acordos administrativos com a sociedade civil organizada, e também permitindo que o agente público possa exercer seu mister com previsibilidade.

Como relatado, o Tribunal de Contas da União entende que o exercício de suas atribuições é indisponível e mandamental, em observância às normas que emanam diretamente da Constituição (art. 70 e seguintes), sendo inadmissível a aplicação de qualquer prazo de caráter decadencial e prescricional, considerando a regra do art. 37, § 5º da Constituição Federal, em precedentes do Supremo Tribunal Federal, e, adicionalmente, na inexistência de dispositivo expresso em sua lei orgânica atrelado à incidência destes institutos. Diante desses riscos que envolvem a atuação dos agentes públicos honestos, mas que podem ser objeto de uma fiscalização anos depois, a LINDB tentou imprimir maior rigor para o exercício da função controladora,[295] mediante a fixação de parâmetros para uma motivação qualificada (art. 20) e a maximização da segurança jurídica (art. 30).

No presente ensaio, apresentou-se a jurisprudência atualizada dos tribunais superiores, na qualidade de precedentes relevantes para poder dar o contorno necessário ao artigo 37, § 5º, da Constituição Federal. A atuação dos Tribunais de Contas deve encontrar limite temporal, sob ofensa a princípios basilares do Estado de Direito, como a segurança jurídica, princípio constitucional implícito. Diz-se isso pois, embora a Constituição Federal não tenha expressamente lhe feito menção, sua essência decorre da própria acepção do Estado de Direito e a busca incessante pela justiça e segurança na aplicação das leis (*rule of law*). Com o crescimento do combate à corrupção no país de maneira sistematizada, é possível que o tema volte a ser enfrentado no futuro por conta de grandes escândalos envolvendo pessoas jurídicas e agentes públicos.

Intervenção do Estado no domínio econômico: o Estado empresário

Alessandra Obara Soares da Silva.[296]

1. Breve contextualização do tema

A Administração Pública moderna brasileira, entendida quanto ao seu aspecto de gestão, passou por pelo menos três tentativas de reestruturação.

A chamada primeira reforma administrativa, ocorrida na década de 30 do século XX, é atribuída à tentativa de superar o patrimonialismo então em voga, com aplicação da teoria desenvolvimentista. Nessa ocasião, o Estado brasileiro, sob o governo de Getúlio Vargas, criou o DASP - Departamento Administrativo do Serviço Público (previsto na Constituição de 1937), por meio do Decreto Lei 579/38.

Em decorrência, houve burocratização do Estado, com o desenho de uma Administração Pública centralizada, impessoal, organizada de forma hierárquica, com implantação da ideia de meritocracia e separação entre os interesses e bens públicos e particulares.

Releva lembrar que os pilares do desenvolvimentismo foram a intervenção estatal na economia, o nacionalismo econômico e o fomento à industrialização do país[297].

Nesse cenário, as empresas estatais surgiram como uma solução para transportar agilidade e flexibilidade à administração da máquina pública, especialmente daquela responsável pela intervenção do Estado na economia, com relativa autonomia financeira e menos amarras burocráticas na gestão de pessoal.

Note-se que o emprego do vocábulo "intervenção" para as atividades desempenhadas pelo Estado na Economia não se deu ao acaso, significando não apenas a separação entre Estado e Sociedade, como também uma atuação excepcional, porquanto em área estranha à de atribuição ordinária do Poder Público[298].

Registre-se que a partir de 1940 foram criadas diversas estatais, destacando-se a Companhia Siderúrgica Nacional, com auxílio financeiro dos Estados Unidos (1941), a Companhia Vale do Rio Doce (1942), a Companhia Hidroelétrica do São Francisco (1945), a Petróleo Brasileiro S.A. (1953, precedida da criação, no primeiro Governo Vargas, do Conselho Nacional do Petróleo, em 1938, subordinado diretamente ao Chefe de Governo) e o Banco Nacional de Desenvolvimento Econômico – BNDE, cuja finalidade era de financiamento da modernização da indústria.

No final da década de 1950, início de 1960, uma nova tentativa de reforma ocorreu, na esteira da teoria desenvolvimentista, porém com viés nacionalista menos exacerbado. Nesse período divulgou-se o Plano de Metas no Governo de Kubitschek (1956-1961), com a proposta de continuar a política de industrialização e de substituição das importações.

Como decorrência, no aparato estatal, ocorreu o chamado insulamento burocrático, com a valorização das ideias de carreiras públicas, hierarquizadas, profissionais. Houve também incremento da impessoalidade, do formalismo e maior enfoque nos controles *a priori* e por processo ou procedimento na Administração Pública[299]. Nesse período foram criadas as estatais Furnas Centrais Elétricas S.A. – FURNAS (1947) e Rede Ferroviária Federal S.A. – RFFSA (1957).

Já em 1967, durante o governo militar, sobreveio uma nova tentativa de reforma da Administração Pública, tendo como resultantes a inserção, na Constituição então em vigor, de um título específico para tratar de orçamento público e fiscalização financeira e orçamentária, inclusive com a publicação da Lei Orgânica do Tribunal de Contas da União e o Decreto-lei 200/67, que é, até hoje, uma fonte relevante de interpretação das normas relativas à Administração Pública brasileira[300].

A apontada segunda reforma administrativa do Estado brasileiro, de 1967, teve como "filosofia básica" executar política de descentralização, mantendo o controle pela Administração federal central das atividades de direção, orientação e normatização, e transferindo aos entes subnacionais (e aos particulares, o mercado inclusive) a competência para "solução de questões da administração ordinária", dada sua proximidade em relação aos cidadãos[301]. Com esses declarados propósitos, passou a estimular-se a desburocratização da máquina administrativa, a descentralização de atividades "ordinárias" com o que seria contido o "crescimento desmesurado da máquina administrativa"[302-303].

No final da década de 1970, com as crises do regime militar e econômica mundial, a (segunda) reforma proposta não foi completamente implementada. Houve, contudo, a criação do Ministério Extraordinário de Desburocratização, que tinha como uma de suas atribuições a desestatização por meio de privatizações (assim entendida a transferência para a iniciativa privada das atividades e serviços não essenciais), deixando para o governo as atividades de fomento, apoio e controle, com foco na eficiência.

Em 1979 foi criada a SEST - Secretaria de Controle de Empresas Estatais, eis que as estatais então existentes eram deficitárias e, na prática, estavam bastante distantes da supervisão ministerial e, portanto, do controle central.

Evidenciou-se, na época, as dificuldades para decidir entre o fortalecimento da atividade de controle central ou a menor ingerência do governo nas estatais. Isso porque, para além da constatação de captura das estatais tanto pelos atores políticos (com suas indicações para atribuições de direção das empresas) como pelos interesses corporativistas de seus empregados, os procedimentos de controle de preços a que frequentemente eram submetidas contribuíram para sua ineficiência econômica e, via de consequência, constantes déficits e necessidade de aporte de recursos do tesouro.

Durante o chamado processo de redemocratização, constatadas as ineficiências provocadas pelo modelo, até então existente, de intervenção do Estado no domínio econômico por meio das estatais, a Constituição Federal de 1988, originalmente dispôs em seu artigo 173:

> Artigo 173 - Ressalvados os casos previstos nesta Constituição, a exploração direta de atividade econômica pelo Estado só será permitida quando necessária aos imperativos da segurança nacional ou a relevante interesse coletivo, conforme definidos em lei.
>
> §1º - A empresa pública, a sociedade de economia mista e outras entidades que explorem atividade econômica sujeitam-se ao regime jurídico próprio das empresas privadas, inclusive quanto às obrigações trabalhistas e tributárias.

Observe-se que a redação original do artigo 173, em especial seu §1º, da Constituição Federal ressaltou a natureza extraordinária da atuação do Estado no domínio econômico, bem como a ausência de extensão às estatais exploradoras de atividade econômica de prerrogativas de Estado.

Em termos gerais, a Constituição de 1988, apelidada de "cidadã", operou uma descentralização das políticas sociais, e estimulou aproximação entre a população e a Administração Pública. Do ponto de vista da máquina administrativa, no entanto, o processo de redemocratização sofreu críticas por operar um retrocesso, direcionando ao fortalecimento dos controles burocráticos e à redução da autonomia de gestão dos dirigentes públicos.

Já no governo Collor, novas tentativa de reforma partiram do pressuposto de desprestígio dos servidores públicos, culminando na demissão de funcionários e extinção de órgãos inadvertidamente (leia-se: sem respaldo constitucional nem adequada análise estratégica). Nessa época, instalou-se o regime jurídico único (RJU), com a edição da Lei federal nº 8.112/90 que "transformou" mais de 400 mil empregados públicos celetistas de fundações públicas e autarquias em servidores estatutários, estáveis e com aposentadoria integral. Posteriormente, a fim de restabelecer a ordem turbada pelo açodamento, a Lei federal nº 8.878/94 (resultado de conversão de medida provisória) reintegrou os servidores demitidos. Os saldos das tentativas de reforma administrativa produzem reflexos até hoje.

Em 1995, no primeiro governo Fernando Henrique Cardoso, foi criado, sob a liderança do então Ministro Luiz Carlos Bresser Pereira, o MARE – Ministério da Administração Federal e Reforma do Estado, que identificou cinco frentes para sua atuação e planejamento estratégico, a saber: ajuste fiscal duradouro, reformas econômicas orientadas para o mercado, reforma da previdência social, inovação dos instrumentos de política social, reforma do aparelho do Estado (governança e políticas públicas eficientes).

Como resultado do trabalho do MARE[304], as Emendas Constitucionais n° 19 e n° 20, de 1998, modificaram a redação da Constituição de 1988.

Especificamente no que se refere à Administração Pública, sem perder de vistas conceitos de administração empresarial, em apertadíssima síntese, constitucionalizou-se o princípio da eficiência, houve flexibilização da estabilidade do ocupante de cargo público, com a previsão de avaliação de desempenho, previu-se o fim do Regime Jurídico Único, para permitir que o Poder Público, conforme a finalidade e o campo funcional da atividade desempenhada, optasse por contratar os seus agentes no regime de direito público ou privado, contribuindo para melhor planejamento da força de trabalho no setor público, estimulou-se ainda mais a participação popular, previu-se a edição de lei de defesa dos usuários de serviço público, incentivando a mudança de perspectiva do administrado para cidadão-cliente, incorporou-se a contratualização de metas à gestão pública, com os contratos de gestão inter-administrativos, estabeleceu-se teto de remuneração para servidores públicos, além do estágio probatório como requisito necessário para aquisição da estabilidade em cargos públicos.

Especificamente no que se refere às empresas estatais, a redação do artigo 173 foi modificada pela Emenda Constitucional n° 19/98, passando a prever que[305]

"Art. 173. Ressalvados os casos previstos nesta Constituição, a exploração direta de atividade econômica pelo Estado só será permitida quando necessária aos imperativos da segurança nacional ou a relevante interesse coletivo, conforme definidos em lei.

§1º - A lei estabelecerá o estatuto jurídico da empresa pública, da sociedade de economia mista e de suas subsidiárias que explorem atividade econômica de produção ou comercialização de bens ou de prestação de serviços, dispondo sobre:

I – sua função social e formas de fiscalização pelo Estado e pela sociedade;

II - a sujeição ao regime jurídico próprio das empresas privadas, inclusive quanto aos direitos e obrigações civis, comerciais, trabalhista e tributários;

III – licitação e contratação de obras, serviços, compras e alienações, observados os princípios da administração pública;

IV – a constituição e o funcionamento dos conselhos de administração e fiscal, com participação de acionistas minoritários;

V – os mandatos, a avaliação de desempenho e a responsabilidade dos administradores."

A modificação operada, note-se, manteve o caráter extraordinário da intervenção do Estado no domínio econômico. Admitiu expressamente, no entanto, a criação de empresas estatais não apenas para exploração de atividade econômica em caráter excepcional, como também a prestação de serviços públicos (diferente daqueles delegados à iniciativa privada mediante concessão ou permissão) e sujeitou as estatais às regras características do controle burocrático, como fiscalização pública e social, licitação, avaliação de desempenho de administradores.

Dessa brevíssima digressão para contextualização do tema, possível inferir que os modelos de administração pública burocrática e gerencial, no Brasil, na prática, sobrepuseram-se, de forma que nenhuma das reformas se deu, concretamente, de forma completa: ao mesmo tempo em que se buscou reduzir a máquina estatal para descentralizar atividades não exclusivas de Estado – e que poderiam ou deveriam ser exercidas despidas de qualquer remanescente poder de império – houve manutenção da intervenção estatal, com aproveitamento de mecanismos burocráticos, especialmente de controle (inclusive por processos, como no casos de licitação para aquisição de bens ou serviços e de seleção de pessoal).

2. Funções econômicas do Estado

Sem olvidar do modelo de gestão pública incorporado no texto constitucional, considerando o tema deste artigo, vale lembrar que a teoria econômica constitui relevante instrumento para melhor analisar o desempenho de funções econômicas pelo Estado.

Enquanto pessoa jurídica de direito público interno, o Estado desempenha três funções essenciais que podem ser didaticamente resumidas em função alocativa, distributiva e estabilizadora[306].

A função alocativa refere-se à atividade de elaboração do orçamento público, estimando receitas e atribuindo destinação a elas. A rigor, muitas das receitas têm destino pré-determinado, porquanto destinadas a finalidades específicas (receitas vinculadas) e poucas tem destinação discricionária (conforme critérios de conveniência e oportunidade do administrador público). A função alocativa, à vista da escassez de recursos e necessidades da sociedade implica decisões que representam o que as ciências econômicas denominam *tradeoff*, ou seja, "uma situação de escolha conflitante, isto é, quando uma ação econômica que visa à resolução de determinado problema acarreta, inevitavelmente, outros":

> Outro *tradeoff* que a sociedade enfrenta é entre eficiência e igualdade. Eficiência significa que a sociedade está obtendo o máximo que pode de seus recursos escassos. Igualdade significa que os benefícios advindos desses recursos estão sendo distribuídos de maneira uniforme entre os membros da sociedade. Em outras palavras, a eficiência se refere ao tamanho do bolo econômico e a igualdade, à maneira como o bolo é dividido em partes individuais.[307]

A função distributiva caracteriza-se pela transferência de recursos, como receitas de impostos (que não têm destinação específica prevista em norma jurídica), subsidiando, conforme prioridades indicadas na Constituição Federal e decorrentes da agenda do administrador público legitimado (eleito, nas democracias representativas, como a brasileira), com vistas à erradicação da pobreza e da marginalização, e redução das desigualdades sociais e regionais[308] na federação brasileira. À função distributiva atribui-se responsabilidade pelo agigantamento do Estado, pela viabilização de políticas clientelistas, a pretexto de concretização da Justiça Social.

E, a função estabilizadora é exercida por meio dos instrumentos de política econômica propriamente dita, com foco no desenvolvimento, estabilidade e promoção de emprego. A função estabilizadora objetiva suprir falhas de mercado que provocam desequilíbrios e desigualdades. Nesse cenário, a literatura econômica identifica como gatilhos da função estabilizadora do Estado a existência de (i) bens públicos[309], de (ii) monopólios naturais[310], de (iii) externalidades, positivas ou negativas[311], de (iv) mercados incompletos[312], de (v) falhas de informação, como assimetria de informações e desigualdade dos agentes, e de (vi) desemprego e inflação, vale dizer, sazonalidades que reclamam o retorno ao "equilíbrio de Pareto"[313].

À vista desse cenário, é possível inferir que, de acordo com a lógica jurídica, no plano normativo do "dever ser", o arranjo da intervenção do Estado por meio de estatais justifica-se para suprir falhas de mercado na busca do equilíbrio necessário ao regime de concorrência típico do domínio econômico. Noutras palavras, falhas de mercado motivam a intervenção do Estado na economia para restabelecer o equilíbrio e a igualdade desejados pela sociedade, caracterizando gatilhos que autorizam que o Poder Público atue com agilidade e flexibilidade típicos do regime jurídico de direito privado.

Essa atuação deve também ser equilibrada, evitando-se interferências indevidas no mercado bem como abstendo-se de praticar abuso do poder instrumental e das prerrogativas inerentes ao ente estatal, isto é, sem benefícios não extensíveis aos demais agentes.

Essa parece ser a melhor interpretação da norma veiculada no artigo 173, da Constituição Federal, ratificando a ideia de que o emprego do vocábulo "intervenção" evidencia a natureza excepcional e instrumental da atuação do Estado na hipótese. Nesse sentido:

> "A Constituição, de fato, deixa claro – e o Ministro [Eros Grau] bem observou – que a atividade própria do Estado, em todo o capítulo da ordem econômico-social, é a prestação de serviços públicos. Diz o art. 175 que incumbe ao Estado a prestação de serviços púbicos, não a exploração de atividade econômica. Quando o Estado explora atividade econômica, atua em campo alheio, em campo que a Constituição reservou – parágrafo único do art. 170 – à iniciativa privada. Quanto o Estado atua enquanto empresário, explorando atividade tipicamente econômica, o faz em caráter excepcional, criando suas empresas públicas, sociedades de economia mista, com regime próprio, estatuto próprio para cada qual delas – o Ministro deixou bem vincado isso –, art. 173, §1º, o que não impede o Estado também de prestar serviço público mediante sociedades de economia mista e empresas públicas". (STF, ADI 1642, Rel. Min. Eros Grau, j. 3.04.2008. Excerto do voto do Ministro Carlos Britto).

3. Moldura legal – panorama normativo do Estado empresário

Identificado o móvel para criação de estatais como instrumento de intervenção do Estado no domínio econômico, impende retomar os conceitos jurídicos envolvidos.

Os conceitos legais de empesa pública e sociedade de economia do artigo 5º do Decreto-lei nº 200/67, com redação dada pelo Decreto-lei nº 900/69, vigoraram até a superveniência da Lei de Responsabilidade das Estatais (Lei federal nº 13.303/20160, que sobre o tema assim dispôs:

Art. 3º Empresa pública é a entidade dotada de personalidade jurídica de direito privado, com criação autorizada por lei e com patrimônio próprio, cujo capital social é integralmente detido pela União, pelos Estados, pelo Distrito Federal ou pelos Municípios.

Parágrafo único. Desde que a maioria do capital votante permaneça em propriedade da União, do Estado, do Distrito Federal ou do Município, será admitida, no capital da empresa pública, a participação de outras pessoas jurídicas de direito público interno, bem como de entidades da administração indireta da União, dos Estados, do Distrito Federal e dos Municípios.

Art. 4º Sociedade de economia mista é a entidade dotada de personalidade jurídica de direito privado, com criação autorizada por lei, sob a forma de sociedade anônima, cujas ações com direito a voto pertençam em sua maioria à União, aos Estados, ao Distrito Federal, aos Municípios ou a entidade da administração indireta.

§ 1º A pessoa jurídica que controla a sociedade de economia mista tem os deveres e as responsabilidades do acionista controlador, estabelecidos na Lei nº 6.404, de 15 de dezembro de 1976, e deverá exercer o poder de controle no interesse da companhia, respeitado o interesse público que justificou sua criação.

§ 2º Além das normas previstas nesta Lei, a sociedade de economia mista com registro na Comissão de Valores Mobiliários sujeita-se às disposições da Lei nº 6.385, de 7 de dezembro de 1976.

Sem profundas modificações conceituais, verifica-se que a disciplina da intervenção do Estado no domínio econômico por meio de estatais (sociedades empresárias controladas pelo Poder Público) pouco mudou.

De acordo com a literatura jurídica, empresa estatal, em sentido amplo,

"é a organização para a produção, assumida pelo Estado, mediante a criação de entidade, por lei, com objetivo não exclusivo e nem sempre imediato, mas sempre presente, de lucro, submetida a regime jurídico de direito privado (mas não integral, em certos casos, pois confere determinadas derrogações pelo direito público, em razão da pessoa do acionista majoritário e das próprias atividades públicas assumidas), para desempenho de atividades econômicas ou de serviços públicos a ela transferidos ou delegados". (ARAUJO, Edmir Netto de. Curso de direito administrativo. 8.ed. São Paulo: Saraiva, 2018)

Relevante, portanto, compreender o conceito normativo de controle acionário a fim de analisar a atuação do Poder Público como empresário.

O Decreto-lei nº 200/67 definiu controle acionário como a propriedade da maioria das ações com direito a voto. Já a Lei das Sociedades Anônimas (Lei federal nº 6.404/76), expressamente aplicável às estatais, dispõe, em seu artigo 116, que o controle acionário de companhia é exercido por pessoa física ou jurídica, ou por grupo de pessoas vinculadas por acordo de voto, que detém a maioria dos votos nas deliberações da assembleia geral, com poder de eleger a maioria dos administradores da companhia e usar o poder para dirigir as atividades sociais e orientar o funcionamento dos órgãos da companhia.

A finalidade do controlador da empresa é realizar o objeto social e, assim, permitir que a sociedade empresária anônima cumpra sua função social. Afora isso, a Lei de Responsabilidade das Estatais, combinada com a Lei das S/As, atribui ao acionista controlador das estatais as mesmas responsabilidades e deveres do acionista controlador de toda empresa privada, porém expressamente permite que a atuação do Poder Público na qualidade de controlador da companhia seja orientada "de modo a atender ao interesse público que justificou a criação" da entidade (art. 238, da Lei n° 6.404/76).

Essa disposição normativa suscita diversas questões relevantes, brevemente expostas a seguir.

4. Intervenção do Estado no mercado: sobre o exercício de atividade econômica e a prestação de serviços públicos

Antes de avançar às questões relevantes propostas, cumpre tecer – ainda que breves – considerações acerca do regime jurídico aplicável às empresas controladas pelo Poder Público.

O contexto histórico – como acima brevemente abordado – justificou a forma de organização administrativa contemporânea de molde a abarcar órgãos (sem personalidade jurídica própria) e entidades criadas pelo Poder Público com a finalidade de desempenhar atividades de forma a alcançar o interesse público (satisfazer as necessidades do cidadão cliente e da sociedade como um todo, concretizando a justiça social por meio da realização e manutenção do bem-estar social).

Essa organização deve funcionar de forma coordenada e coesa, com máxima transparência possível, permitindo a ampla participação social e o controle de resultados (de acordo com a teoria da nova gestão pública).

A aplicação prática dessa ideia importou para a Administração Pública, além de teorias de administração de empresas, o conceito de governança, inclusive defendida por alguns como um novo paradigma de gestão pública:

> "Governança pública tem sido proclamada como um novo paradigma, distinto da nova gestão pública e da administração pública burocrática ortodoxa. Aplica-se em novos tempos e contextos, marcados pelo pluralismo, complexidade, ambiguidade e fragmentação, diferentemente dos contextos da velha administração pública (o nascimento e apogeu do estado do bem-estar social desenvolvimentista) e da nova gestão pública (a onda neoliberal dos anos 80 e 90). Propõe escopos mais amplos, colocando-se numa perspectiva mais abrangente de governo (*whole of government*) e sociedade (redes de governança), diferentemente dos enfoques estatal da administração pública ortodoxa e intraorganizacional da nova gestão pública (com ênfase em eficiência e controle)". (MARTINS, Humberto Falcão; MARINI, Caio. Governança pública contemporânea: uma tentativa de dissecação conceitual. Revista do TCU n. 130, maio/ago 2014, pp. 42/53)

De acordo com essa evolução da gestão pública, "governança pública é um processo de geração de valor público a partir de determinadas capacidades e qualidades institucionais; da colaboração entre agentes públicos e privados na coprodução de serviços, políticas e bens públicos e da melhoria do desempenho"[314].

No mesmo sentido, para o Tribunal de Contas da União, "governança no setor público compreende essencialmente os mecanismos de liderança, estratégia e controle postos em prática para avaliar, direcionar e monitorar a atuação da gestão, com vistas à condução de políticas públicas e à prestação de serviços de interesse da sociedade"[315]

No exercício da função pública – que abrange, como dito alhures, também as funções econômicas do Estado – o Poder Público pode atuar em terreno exclusivo seu (prestação de serviços públicos) ou em área reservada – em princípio – à iniciativa privada.

O conceito jurídico de serviço público é um dos mais tormentosos, eis que comporta mutações evolutivas e socioeconômicas cuja análise desborda os limites deste artigo.

De qualquer sorte, o que prevalece na literatura é o entendimento de que os serviços públicos em sentido estrito constituem atividade exclusiva do Estado, submetidas ao regime jurídico de direito público. São os serviços a que se refere o artigo 175, da Constituição Federal[316], que podem ser prestados diretamente pelo Estado, ou indiretamente, por particulares (pessoas jurídicas de direito privado) em regime de delegação. A ideia de delegação preserva a titularidade do serviço para o delegante (Poder Público).

Por "particulares" pode-se entender também empresas estatais, cujos gatilhos de criação são descritos no artigo 173 da Constituição Federal. Tangencia-se, aqui, o conceito de atividade econômica sobre o qual assim se manifestou o Supremo Tribunal Federal:

> Atividade econômica em sentido amplo é território dividido em dois campos: o do serviço público e o da atividade em sentido

estrito. As hipóteses indicadas no art. 173 do texto constitucional são aquelas nas quais é permitida a atuação da União, dos Estados-membros, do Distrito Federal e dos Municípios neste segundo campo. O preceito não alcança empresas públicas, sociedades de economia mista e entidades (estatais) que prestam serviço público. (STF, ADI 1642, Rel. Min. Eros Grau, j. 3.04.2008)

No que se refere à diferença quanto à natureza jurídica das empresas estatais, se prestadoras de serviço público ou se exploradoras de atividade econômica, o Supremo Tribunal Federal considera

"Certo, como resulta das premissas assentadas, em relação a ditas empresas estatais de serviço público, maior necessariamente será o influxo de normas de Direito Público, não obstante a sua personalidade de direito privado: a diferença aí, no entanto, não estará em serem entidades criadas e controladas pelo Estado para perseguir fins estatais - que também o são as destinadas à exploração direta de atividade econômica, instrumentos da política econômica pública.

O que verdadeiramente diferencia, no particular, os dois tipos de empresas estatais, é a atividade desempenhada: as últimas, embora o façam na persecução de fins públicos, desenvolvem atividade econômica, mediante relações jurídicas de Direito Privado.

Já as empresas estatais de serviço público desempenham, por isso, mediante delegação, atividade estatal, sujeita, por isso, ao estatuto do serviço público prestado, que é matéria de Direito Administrativo, tanto que igualmente imposto às empresas de capital exclusivamente privado, quando na execução da concessão de serviço público." (STF, ADI 83, Rel. Min. Sepúlveda Pertence, j. 24.4.91).

Na linha dessa distinção, já afirmou o STF que os bens das estatais prestadoras de serviço público são impenhoráveis (AC 669/SP[317]), assim como suas rendas e serviços[318], além de se sujeitarem à imunidade recíproca (RE 354.897/RS[319]) e submeterem-se ao regime de precatórios.

Não obstante, subsistem dúvidas a respeito do regime jurídico aplicável às estatais. Há quem defenda que a identificação do regime jurídico a elas aplicável não decorreria da definição apriorística da atividade executada (atividade econômica em sentido estrito ou serviço público), mas da condição em que a atividade é prestada. Nesse esteio, se a atividade estiver inserida em mercados competitivos[320], ou sujeitar-se a regime de concorrência, aplicar-se-ia o regime jurídico de direito privado, com menor influxo das normas de direito público sobre as estatais (e independentemente de prestarem serviço público ou explorarem atividade econômica).

Em teoria, atribuir tratamento diferenciado às estatais que atuam em mercados competitivos geraria ineficiências que poderiam, ao fim e ao cabo, implicar desatendimento do interesse coletivo relevante que justificou *ab initio* a criação da estatal.

O próprio STF, no julgamento do RE 599.628, com repercussão geral reconhecida, mais recentemente e evidenciando a possibilidade de atualizar sua jurisprudência, afirmou que

> Os privilégios da Fazenda Pública são inextensíveis às sociedades de economia mista que executam atividades em regime de concorrência ou que tenham como objetivo distribuir lucros aos seus acionistas. Portanto, a empresa Centrais Elétricas do Norte do Brasil S.A. (ELETRONORTE) não pode se beneficiar do sistema de pagamento por precatório de dívidas decorrentes de decisões judiciais (art. 100 da Constituição). (RE 599.628, rel. p/ o ac. min. Joaquim Barbosa, j. 25-5-2011, P, DJE de 17-10-2011, Tema 253.).

Afirma-se a possibilidade de atualizar a jurisprudência da Corte Superior na medida em que as formas de intervenção do Estado no domínio econômico por meio das estatais modificaram-se com a evolução da sociedade e com o desenvolvimento social e econômico.

Com efeito, é fato que alguns serviços que antes eram prestados em regime de monopólio natural passaram a ser prestados em regime de concorrência, vale dizer, as falhas de mercado que constituíram outrora gatilhos para criação de estatais (ou para utilização de instrumento de função econômica estabilizadora de mercado), não mais subsistem do mesmo modo, ao passo que as estatais criadas permanecem existindo. Assim, análise da conjuntura atual evidencia o descompasso da rígida classificação em silos das estatais prestadoras de atividade econômica e estatais prestadoras de serviço público para atribuir-lhes aprioristicamente e de forma estanque regime jurídico de direito privado ou regime jurídico de direito público. Anote-se que, *smj*, afirmar que todas as estatais se submetem a regime jurídico híbrido não constitui propriamente uma solução, eis que pouco ou nada se difere da análise do assunto sob a lente da divisão em silos isolados e incomunicáveis e, via de consequência, desconectados da realidade contemporânea.

5. Questões relevantes

Diante das disposições normativas e breve histórico da gestão pública sob o enfoque da intervenção do estado no domínio econômico, a atualidade evidencia questões relevantes que envolvem a figura do Estado enquanto acionista controlador de companhias, podendo-se destacar as seguintes, sem a pretensão de esgotar a matéria.

5.1. Por que autorizar a criação de estatais?

A decisão por intervenção no domínio econômico por meio de criação de estatais é uma decisão política, vale dizer, decorre do exercício de competência discricionária dos Poderes Executivo e Legislativo, vez que estatais devem ter sua criação autorizada por lei em sentido estrito.

O Supremo Tribunal Federal já reconheceu a preservação do mérito das decisões políticas do Poder Público no julgamento da ADI 1923, que versou sobre um dos instrumentos escolhidos pelos responsáveis pela reforma gerencial da década de 90 no Brasil: as organizações sociais. A despeito da atual discussão existente quanto à proatividade e ao ativismo exacerbados do Poder Judiciário, fato é que o STF já afirmou que

> (...) A atuação da Corte Constitucional não pode traduzir forma de engessamento e de cristalização de um determinado modelo pré-concebido de Estado, impedindo que, nos limites constitucionalmente assegurados, as maiorias políticas prevalecentes no jogo democrático pluralista possam pôr em prática seus projetos de governo, moldando o perfil e o

instrumental do poder público conforme a vontade coletiva. (...)
(STF, Relator(a): Min. Ayres Britto, Relator(a) p/ Acórdão:
Min. Luiz Fux, Tribunal Pleno, j. 16/04/2015)

Nesse contexto, todas as decisões e, em especial, aquelas tendentes à criação de estatais – que pressupõem duas decisões, a de intervenção e a forma de intervir – devem ser motivadas, ainda que o permissivo constitucional para opção por esse instrumento específico contemple conceito jurídico indeterminado. Fala-se, assim, em dever qualificado de motivação, é dizer, cabe ao gestor público bem planejar e identificar, na realidade, não apenas a existência de falhas de mercado que justifiquem a atuação estatal no modelo proposto, como também subsidiar-se de estudos robustos que sustentem ser a opção pela criação da estatal, na forma proposta, a melhor escolha para pavimentar a trilha destinada ao alcance do interesse público específico que justificou as decisões.

Cabe reparar que embora se trate de decisão política, discricionária, submete-se ela ao controle de juridicidade - legalidade e constitucionalidade, como toda decisão do Poder Público.

O modelo de intervenção no domínio econômico por meio de estatais, ademais, deve considerar não apenas as razões que justificaram a decisão pela criação da companhia, como também a decisão por mantê-la subsistente já que, em tese, alcançada a finalidade de interesse público específica que justificou a criação - se transitória for a razão, evidentemente - seria o caso de liquidar a estatal. Da mesma forma, constatada a ineficiência da companhia, novo juízo de avaliação deve ser realizado pelo gestor público responsável, a fim de decidir pela sua manutenção, reorientação das atividades da companhia ou outras medidas hábeis a retomar a atuação eficiente, conveniente e oportuna.

Há quem aponte a existência de incentivos à ineficiência das estatais, citando desde os possíveis fins políticos (inclusive quanto à visão de curto prazo coincidente com mandatos de cargos eletivos majoritários) até à distinção entre a atuação e perfil dos dirigentes de estatais e dirigentes de empresas privadas, passando pelo sistema burocrático de controle e questões relacionadas à responsabilidade fiduciária que originou, há décadas, a teoria do conflito entre agente e principal na seara da ciência da administração de empresas.

A nova Lei de Responsabilidade das Estatais buscou minimizar esses incentivos indesejados, não tendo efetivamente negado sua existência.

De acordo com a novel legislação, as estatais devem publicar carta anual, em cumprimento ao dever de transparência (artigo 8º, inciso I, da Lei nº 13.303/2016), mas também para dar publicidade ao interesse público específico e legítimo que norteia e orienta as decisões da companhia. É o que consta do §1º do artigo 8º da LRE[321].

Na mesma linha, em prol da profissionalização e despolitização das estatais, a Lei federal nº 13.303/2016, prevê, no artigo 10, o Comitê Estatutário de Indicação, com competência para "verificar a conformidade do processo de indicação e de avaliação de membros para o Conselho de Administração e para o Conselho Fiscal, com competência para auxiliar o acionista controlador na indicação desses membros." Além disso, o Conselho de Administração deve ter um número mínimo de membros independentes. vale dizer, um quarto de seus integrantes não deve ter vínculo com a sociedade ou o controlador da companhia.

5.3.1. Por que desinvestir?

A decisão pela utilização do instrumento "estatais" para intervenção do estado no domínio econômico é seguida, em tese, da necessidade de avaliação da escolha desse instrumento que se associa, em gestão pública, a uma decisão de política pública.

Nesse contexto, a pauta das desestatizações (alienação de estatais) ou de extinção de estatais, aqui denominada genericamente decisão de desinvestimento, vai além, *smj*, de questões ideológicas.

A criação de entidades com personalidade jurídica própria, porém diversa do Estado, com a manutenção do poder de controle acionário com o Poder Público perpassa pelo modelo de gestão pública aplicado considerando a intensidade da intervenção nos mercados, sem olvidar da análise da eficiência e eficácia do instrumento escolhido.

Cuida-se, assim, de decisão estratégica que deve sopesar custo e benefício da manutenção ou da alienação do controle acionário ou, ainda, extinção da estatal. Nesse juízo de ponderação, à evidência, deverá ser ainda considerado o interesse público ou coletivo específico que justificou a criação da estatal no momento anterior.

Nesse contexto, em nível federal, vige a Lei n° 9.491, de 9 de setembro de 1997, que traz os objetivos fundamentais do Programa Nacional de Desestatização – PND e dispõe sobre o procedimento a ser adotado para desinvestimento.

Interessante destacar que o elenco dos objetivos do programa traz os parâmetros que devem ser considerados na decisão para desestatização[322], referindo-se expressamente à reavaliação da posição estratégica do Estado não apenas em prol da reestruturação econômica do setor público, como também considerando a necessidade de centrar esforços nas atividades "em que a presença do Estado seja fundamental para a consecução das prioridades nacionais" (artigo 1° da lei).

Veja-se que, embora seja discricionária - com todos os parâmetros de legalidade que as decisões decorrentes do exercício de competência discricionária possuem – a questão da alienação do controle acionário de estatal é comumente confundida com questões ideológicas, cabendo ao gestor e autoridade competente para decidir atuar com a máxima transparência possível na exposição das razões de fato e de direito que justificam sua decisão, seja ela qual for (pela desestatização ou pela manutenção da estatal).

A título de curiosidade, registre-se que reportagem do jornal "O Estado de São Paulo" divulgou pesquisa segundo a qual a destinação das receitas decorrentes da alienação do controle acionário de estatais impacta a legitimidade da decisão para a sociedade

> Ele destaca que, em pesquisa feita com 1,2 mil pessoas em meados deste ano [2018] sobre privatização, 17,3% disseram ser favoráveis ao processo. Mas quando revelado que o dinheiro arrecadado seria usado para reduzir dívida, esse porcentual caiu para 14,9%. O contrário ocorreu quando o argumento para a privatização foi melhorar a qualidade dos serviços e evitar preços excessivos. Nesse caso, 27,6% aprovaram a venda[323].

Cabe aqui anotar a vigência[324] do artigo 81, do Ato das Disposições Constitucionais Transitórias, segundo o qual os recursos recebidos pela União em decorrência da desestatização de sociedades de economia mista ou empresas públicas por ela controladas, direta ou indiretamente, quando a operação envolver a alienação do respectivo controle acionário a pessoa ou entidade não integrante da Administração Pública, reverterão ao Fundo de Combate e Erradicação de Pobreza.

5.2. Conflito de interesses

A atuação do Estado acionista controlador pressupõe a coordenação das atividades de gestão e execução do objeto social da estatal. Nesse contexto, interesses diferentes convivem, a saber, o interesse público primário e específico (que justificou a criação da estatal e deve constar expressamente do objeto social da companhia) titularizado pelo Estado na qualidade de acionista controlador, e o interesse público secundário ou o lucro dos acionistas minoritários, nos casos das sociedades de economia mista abertas. Tal conflito aproxima-se daquelas situações em que o Estado é, ao mesmo tempo, regulador e regulado.

A priori, não há conflito propriamente dito, eis que o lucro é componente do interesse social empresarial e, via de consequência, integra o próprio interesse público, coletivo e específico que justifica e motiva a intervenção do estado no domínio econômico por meio de criação de companhia. Em tese, a eficiência e equidade que devem pautar a atuação estatal convivem - ou deveriam conviver - em harmonia com a lucratividade do regime empresarial. Não haveria que falar, assim, em supremacia de um interesse (público primário) sobre outro (lucro), já que o estado acionista controlador de empresa atua como regulado, com os mesmos deveres e direitos dos acionistas controladores de qualquer companhia.

Afora isso, a estrutura ordinária de sociedades anônimas é compatível com interesses contrapostos, o que permitiria o desempenho das funções de controlador pelo Poder Público. Releva anotar, outrossim, que a decisão por criar uma estatal com a finalidade de intervir no domínio econômico de acordo com os pressupostos constitucionais autorizadores é tomada pelo

Poder Executivo em conjunto com o Poder Legislativo, ou seja, não se trata de decisão arbitrária ou açodada, mas pressupõe adequado planejamento, com prévia identificação da existência de falha de mercado que justifique a atuação estatal em seara que, ordinariamente, não lhe incumbiria. Essa situação de excepcionalidade, ademais, confere respaldo jurídico à faculdade de orientação que o Poder Público - enquanto acionista controlador - deve exercer sobre a estatal: decisões do acionista controlador na busca pela realização do interesse público não caracterizam, de antemão, abuso ou desvio de poder, se orientadas dentro da juridicidade.

A natureza lucrativa das sociedades anônimas consta expressamente da Lei das S/As (artigo 2º), de sorte que essa nota essencial do regime de direito específico deve ser considerada na decisão do Poder Público pela criação de uma estatal como instrumento de intervenção no domínio econômico, zelando, ademais, pelo atingimento da finalidade comum da companhia compartilhada entre acionista controlador e minoritários, qual seja, a realização do objeto social e a distribuição de lucros. Isso porque o lucro, entendido como a possibilidade de reinvestimento e alavancagem da companhia a baixos custos (autofinanciamento como garantia de independência e possibilidade de expansão dos objetos sociais) autoriza a busca pela eficiência na atuação estatal por meio do instrumento constitucional.

Anote-se que a função social da estatal, ademais, consta expressamente do artigo 27 da Lei federal nº 13.303/2016, qual seja, a "realização do interesse coletivo (...) para alcance do bem-estar econômico e para alocação socialmente eficiente dos recursos geridos". Este conceito deve, portanto, ser considerado na solução de eventuais ou aparentes conflitos de interesses no bojo da companhia controlada pelo Poder Público.

5.3. Controle pela comissão de valores mobiliários

A Comissão de Valores Mobiliários é "entidade autárquica em regime especial, vinculada ao Ministério da Fazenda, com personalidade jurídica e patrimônio próprios, dotada de autoridade administrativa independente, ausência de subordinação hierárquica, mandato fixo e estabilidade de seus dirigentes, e autonomia financeira e orçamentária" (artigo 5º da Lei federal nº 6.385/1976).

Conquanto não haja dúvidas no que se refere à competência da CVM para exercer o controle externo de estatais listadas em Bolsa de Valores ou que emitem títulos mobiliários dessas companhias - ao lado dos demais órgãos e entidades responsáveis pelo controle da atuação do Poder Público - há uma área limítrofe que pode ensejar dúvida quanto à atuação da autarquia em regime especial como, por exemplo, no controle do *moral hazard* atinente às decisões de investimento, ou mesmo na proteção dos acionistas minoritários contra o *management override*, dada a faculdade de orientação da companhia, pelo acionista controlador, com fundamento no interesse público e sua supremacia sobre o interesse privado da companhia.

A esse respeito, vale mencionar a existência de decisões da CVM que abordaram especificamente a questão do abuso de poder pelo Poder Público enquanto acionista controlador, no bojo de representações de minoritários que se sentiram prejudicados na orientação da companhia. No voto da Relatora Diretora Luciana Dias, nos autos do Processo Administrativo Sancionador CVM n° RJ2012/1131, que tinha por objeto a apuração de infrações por parte do acionista controlador da Empresa Metropolitana de Águas e Energia S.A. (Estado de São Paulo), consignou-se que

> "o parágrafo único do art. 116 da lei societária impõe um dever ativo ao controlador (...) há uma obrigação de meio inerente à posição de controlador relativa à perseguição do objeto social e dos interesses de todos os que estão em torno da companhia. (...) Essa atuação de forma mais ampla passa a ser esperada do controlador, incorporando o dever ativo de fazer com que a companhia realize o seu objeto social, enquanto atende aos interesses das pessoas e grupos indicados em lei, dentre os quais o dos acionistas minoritários. (...) No entanto, o Estado não pode ignorar os interesses privados dos acionistas das companhas que dependem desses recursos quando escolheu explorá-los por meio sociedades de economia mista. Por isso, embora seja legítima a orientação sobre a distribuição dos recursos de acordo com o interesse público, nada na lei permite que o Estado lide com os reservatórios cujos direitos de uso são da EMAE e, portanto, indiretamente de todos os seus acionistas, como se fossem ativos exclusivamente públicos. Há regras específicas para reversão ao Estado de bens e direitos que são

assegurados a entes privados e elas envolvem necessariamente uma indenização dos titulares desses bens ou direitos. (...) Tendo em vista os já discutidos deveres fiduciários do controlador de usar o seu poder com o fim de fazer a companhia realizar o seu objeto e cumprir sua função social e os deveres e responsabilidades que o controlador tem para com os demais acionistas da empresa, a omissão do Estado em orientar as Companhias, em especial, a EMAE, no sentido de resolverem as questões compensatórias pendentes entre elas é irregular. (...) Nesse sentido, é possível e até corriqueiro que entes públicos incentivem as companhias que controlam a realizar investimentos com baixo retorno financeiro, ou a prover serviços cuja rentabilidade não é atrativa, sob a justificativa de que esses investimentos e serviços atendem ao interesse público. Nesses casos, o principal prejudicado financeiramente costuma ser o próprio ente público, porque, em geral, detém a maior parcela do capital da companhia – mas suas motivações são de outra natureza. (...) O ente público tem exatamente as mesmas prerrogativas que um particular quando controla uma companhia. (...) A Lei dá ao ente estatal controlador a faculdade de orientar as companhias que controla de acordo com o interesse público que justificou a criação da respectiva companhia. Não há nessa faculdade qualquer autorização legislativa para desrespeitar os direitos e interesses dos demais acionistas, tampouco uma isenção para que o ente público controlador ou as companhias por ele controladas deixem de cumprir qualquer parte da regulamentação típica de uma sociedade anônima de capital aberto." (j. 26.05.2015)

Aludida decisão revela os limites da atuação do Poder Público como controlador de companhia de capital aberto, preservando a natureza das sociedades anônimas, com interesses que podem colidir, reconhecendo a finalidade que justifica a existência das sociedades empresariais, bem como a finalidade de interesse público que justifica a criação de estatal nesse formato, como instrumento de intervenção do Estado no domínio econômico.

5.4. O dever de licitar

De acordo com a Constituição Federal, as empresas públicas e sociedades de economia mista sujeitam-se ao dever de licitar, para contratação ou aquisição de bens e serviços (art. 173, §1°, III). Nada obstante, esse dever é flexibilizado nalguma medida, considerando as especificidades das estatais que, inclusive justificam a sua criação pelo Poder Público. A jurisprudência pátria já aceitava a diferenciação, para aferir o cumprimento do dever de licitar, entre atividade fim e atividade meio da entidade, em especial para aquelas inseridas em mercados competitivos as quais, se afastadas das regras de mercado e modelos privados em vigor, poderiam ter prejudicada a realização de sua finalidade social[325].

Esse entendimento, ainda anterior à Lei de Responsabilidade das Estatais, constou expressamente da novel legislação, segundo a qual as estatais são dispensadas do dever de licitar na "comercialização, prestação ou execução, de forma direta, por empresas públicas e sociedades de economia mista, de produtos, serviços ou obras especificamente relacionados com seus respectivos objetivos sociais" e "nos casos em que a escolha do parceiro seja associada a suas características particulares, vinculada a oportunidades de negócios definidas e específicas, justificada a inviabilidade de procedimento competitivo" (artigo 28, §3°).

Oportunidades de negócios são definidas na legislação como

"formação e a extinção de parcerias e outras formas associativas, societárias ou contratuais, a aquisição e a alienação de participação em sociedades e outras formas associativas, societárias ou contratuais e as operações realizadas no âmbito do mercado de capitais, respeitada a regulação pelo respectivo órgão competente". (art. 28, §4° da Lei de Responsabilidade das Estatais)

Nesse cenário, possível afirmar que fusões e aquisições (*mergers and acquisitions* – *M&A*) envolvendo estatais reclamam aplicação das regras de mercado em que inseridas, com maior flexibilidade negocial para maximização das vantagens em prol do interesse público.

Ainda antes da vigência da legislação própria, o Tribunal de Contas da União já havia decidido pela impossibilidade de aquisição de participações minoritárias por estatais de outras empresas, considerando a intenção de contratá-las na sequência mediante dispensa de licitação[326] (nos moldes do inciso XXIII do artigo 24, da Lei federal n° 8.666/93, então aplicável às estatais)[327].

Sob outro prisma, a Lei de Responsabilidade das Estatais estabelece ser dispensável a licitação por empresas públicas e sociedades de economia mista para compra e venda de ações, de títulos de crédito e de dívida e de bens que produzam ou comercializem (artigo 29, XVIII, Lei federal n° 13.303/2016).

Interpretando este dispositivo, recentemente, o Supremo Tribunal Federal decidiu em sede liminar e monocraticamente que "a venda de ações de empresas públicas, sociedades de economia mista ou de suas subsidiárias ou controladas exige prévia autorização legislativa, sempre que se cuide de alienar o controle acionário, bem como que a dispensa de licitação só pode ser aplicada à venda de ações que não importem a perda de controle acionário de empresas públicas, sociedades de economia mista ou de suas subsidiárias ou controladas" (STF, ADI 5624, Rel. Min. Ricardo Lewandowski, 27.06.2018)

Resta, por ora, decidido que a dispensa de submissão ao dever de licitar para alienação de ações de estatais não alcança a alienação do controle acionário pelo Poder Público, noutras palavras, a decisão de desinvestimento a que se referiu alhures não é exclusiva do Poder Executivo, de acordo com a mais recente decisão do Supremo Tribunal Federal sobre o tema.

Considerações finais

À guisa de conclusão, a breve análise do histórico da organização do Estado brasileiro e de sua atuação como empresário revela que o tema permanece atual, suscitando diversas questões ainda em aberto.

O modelo das estatais como instrumento de intervenção do Estado no domínio econômico embora utilizado há décadas pelo Poder Público revela sua atualidade e evidencia a relevância de serem realizados estudos teóricos que atentem para os fatos e estejam embasados em pesquisa empírica robusta. É que a análise da figura do Estado empresário ou do Poder Público como acionista controlador de companhias não prescinde da avaliação do contexto pretérito, tampouco do atual, evidenciando tratar-se de tarefa complexa, em especial considerado o cenário contemporâneo em que a multiplicidade de atores, a dificuldade de identificar problemas públicos segundo critérios de causalidade, e a necessidade de rápida e eficiente resposta recomendam constante avaliação e reavaliação do papel do Estado.

Com efeito, embora a atuação do Estado no domínio econômico deva ser extraordinária, em casos determinados pode ser impositiva para alcançar o equilíbrio e retomar a concretização do interesse público. Espera-se, com essas breves reflexões, evidenciar a relevância do equilíbrio que a atuação do Poder Público deve manter e, ao mesmo tempo, buscar, acaso ausente.

Em recente entrevista concedida ao jornal "O Estado de São Paulo", o Diretor do Departamento de Economia da Universidade de Chicago, Robert Shimer, bem sintetizou:

> "Não acho que as pessoas acreditem que mercados são sempre, e em qualquer lugar, perfeitos e que não há necessidade de nenhuma interferência do Governo em nenhum lugar. Essa é uma visão da Escola de Chicago que não se vê aqui, ao menos em muitas pessoas desse departamento atualmente. Mas por outro lado, há a visão de que economias de mercado geralmente performam muito bem em várias dimensões e há limitações no que os governos podem fazer. Isso seria a corrente principal, (...).
>
> Há muitas coisas que o mercado consegue fazer extremamente bem e que os governos conseguem fazer. Há uma série de experimentos - e essa talvez seja uma palavra leve - de governos tentando comandar a economia, forçar as pessoas a fazerem coisas que elas não desejam. Isso não parece funcionar ao longo prazo. A União Soviética e o Leste Europeu são exemplos extremos disso. Não significa, de outro lado, que os mercados

estão sempre corretos, há limitações, como externalidades. É preciso ter cuidado sobre o papel do governo de intervenção nos mercados, porque também não é verdade que os governos sempre se saem bem. Governos são compostos por indivíduos, que têm seus próprios interesses. Governos nem sempre alcançam resultados perfeitos". (Caderno Economia, Domingo, 16 de dezembro de 2018, p. B8/9)

A avaliação da atuação dos mercados e do Poder Público, portanto, deve ser constante, integral, relativamente imparcial e sempre conectada à realidade, tendo-se o cuidado de analisar, simultaneamente, teoria e dados empíricos, a fim de assegurar efetividade e eficiência na atuação dos envolvidos e sua interação cada vez mais rápida, constante e volátil na sociedade presente.

O tema proposto nesta breve reflexão, assim, permanece atual e merece, *smj*, ser constantemente revisitado científica e empiricamente.

BIBLIOGRAFIA

ABRAHAM, Marcus. Avanços e retrocessos nos 16 Anos da Lei de Responsabilidade Fiscal. Disponível em: < https://www.jota.info/opiniao-e-analise/colunas/coluna-fiscal/coluna-fiscal-avancos-e-retrocessos-nos-16-anos-da-lei-de-responsabilidade-fiscal-05052016>. Acesso em: 08/02/2019.

ABRAHAM, Marcus. Curso de direito financeiro brasileiro. 4. ed. Rio de Janeiro: Forense, 2017.

ABREU, Welles Matias; GOMES, Ricardo Corrêa. Orçamento Público: análise da formulação de estratégias sob a perspectiva do planejamento emancipatório e desenvolvimentista. Brasília: Revista do Serviço Público, 2010.

AGUIAR, Afonso Gomes. Direito financeiro: a lei 4.320 comentada ao alcance de todos. 3. ed., Belo Horizonte: Fórum, 2008.

ARAGÃO, Alexandre Santos de (coord). Empresas públicas e sociedades de economia mista. Belo Horizonte: Fórum, 2015.

ARAÚJO, Edmir Netto de. Curso de direito administrativo. 8ª ed. São Paulo: Saraiva, 2018.

ARAÚJO, Inaldo da Paixão Santos; ARRUDA, Daniel Gomes. Contabilidade Pública: Da Teoria à Prática. 2. ed. São Paulo: Saraiva, 2009.

307

ARAÚJO, Inaldo da Paixão Santos; ARRUDA, Daniel Gomes; BARRETTTO, Pedro Humberto Teixeira. O Essencial da Contabilidade Pública. São Paulo: Saraiva, 2009.

ARGUELHES, Diego Werneck; FALCÃO, Joaquim; SCHUARTZ, Luis Fernando. Jurisdição, Incerteza e Estado de Direito. Revista de Direito Administrativo, Rio de Janeiro, v. 243, p. 79-112, jan. 2006. Disponível em: <HTTP://BIBLIOTECADIGITAL.FGV.BR/OJS/INDEX.PHP/RDA/ARTICLE/VIEW/42550>. Acesso em: 21 Dez. 2018.

ARIDA, Persio; BACHA, Edmar Lisboa; LARA-RESENDE, André. Credit, interest and jurisdictional uncertainty: conjectures on the case of Brazil. In: GIAVAZZI, Francesco; GOLDFAJN, Ilan; HERRERA, Santiago (Orgs.). Inflation targeting, debt, and the Brazilian experience: 1999 to 2003. Cambridge, MA: MIT Press, 2005.

ATALIBA, Geraldo. Autonomia do Poder Judiciário no plano estadual. Associação dos Magistrados Mineiros, ano I, v. I, 1983, p. 88-89.

ÁVILA, Humberto. Teoria dos princípios. 15. Ed. São Paulo: Malheiros, 2014.

BALEEIRO, Aliomar. Uma introdução à ciência das finanças. 15. ed., Rio de Janeiro: Forense, 1997.

BARROSO, Luís Roberto. MENDONÇA, Eduardo. O sistema constitucional orçamentário. In: MARTINS, Ives Gandra et al. (coord.) Tratado de direito financeiro. vol. I. São Paulo: Saraiva, 2013.

BAYONA DE PEROGORDO, Juan José; SOLER ROCH, María Teresa. Compendio de derecho financiero. Alicante: Librería Compás, 1991.

BERTOLOZZI, Maria Rita. GRECO, Maria Greco. *AS POLÍTICAS DE SAÚDE NO BRASIL: RECONSTRUÇÃO HISTÓRICA E PERSPECTIVAS ATUAIS*, Rev. Esc. Enf. USP, Vol. 30, n.3.

BOUVIER, Michel; ESCLASSAN, Marie-Christine; LASSALE,Jean Pierre. finances publiques. 9. ed. Paris: LGDJ – Lextenso éditions, 2008.

BRASIL. Tribunal de Contas da União. AC-948-13/16-P. Disponível em: http://portal.tcu.gov.br/inicio/index.htm. Acesso em 07/12/2018.

CARVALHO, André Castro. Pele em jogo: a LINDB e as assimetrias ocultas no cotidiano do administrador público brasileiro. In: CUNHA FILHO, Alexandre Jorge Carneiro da; ISSA, Rafael Hamze; SCHWIND, Rafael Wallbach (Coords.). Lei de introdução às normas do direito brasileiro – anotada: Decreto-Lei nº 4.657, de 4 de setembro de 1942. São Paulo: Quartier Latin, 2019.

CARVALHO, Paulo de Barros. Curso de Direito Tributário. 30ª edição. São Paulo: Saraiva, 2019

CONTI, José Mauricio (coord.) Orçamentos públicos. A Lei 4320/1964 comentada. 4ª edição. São Paulo: Revista dos Tribunais, 2019.

CONTI, José Mauricio. A autonomia financeira do Poder Judiciário. São Paulo: MP Editora, 2006.

CONTI, José Maurício. Aprovação do orçamento impositivo não dá credibilidade à lei orçamentária. Disponível em: http://www.conjur.com.br/2015-mar-10/paradoxo-corte-aprovacao-orcamento-impositivo-nao-credibilidade-lei-orcamentaria. Acesso em 08/12/2018.

CONTI, José Maurício. Aspectos jurídicos do planejamento pelo setor público. In COSTA, José Augusto F.; ANDRADE, José Maria A.; MATSUO, Alexandra M. H. (orgs.). Direito: Teoria e Experiência. Estudos em homenagem a Eros Roberto Grau. São Paulo: Malheiros, p. 494-511, 2013.

CONTI, José Maurício. Comentários ao Título III, Da elaboração de orçamento. In CONTI, José Maurício (coordenador). Orçamentos Públicos. A Lei 4.320/1964 Comentada. 4ª edição. São Paulo: RT, 2019.

CONTI, José Mauricio. Direito Financeiro na Constituição de 1988. São Paulo: Juarez de Oliveira, 1998.

CONTI, José Mauricio. Federalismo fiscal e fundos de participação. São Paulo: Juarez de Oliveira, 2001.

CONTI, José Mauricio. Iniciativa legislativa em matéria financeira. In CONTI, José Mauricio; SCAFF, Fernando F.

Orçamentos Públicos e Direito Financeiro. São Paulo: Revista dos Tribunais, 2011., pp. 283-307.

CONTI, José Maurício. LDO é instrumento eficiente para a administração pública. Contas à vista. Consultor Jurídico, São Paulo. 9 abr. 2013. Disponível em: https://www.conjur.com.br/2013-abr-09/contas-vista-ldo-instrumento-util-gestao-administracao-publica. Acesso em: 13 fev. 2019.

CONTI, José Mauricio. Levando o Direito Financeiro a sério - a luta continua. São Paulo: Blucher-Conjur, 2018.

CONTI, José Maurício. O Plano Plurianual – PPA. In: MARTINS, Ives Gandra et al. (coord.) Tratado de direito financeiro. vol. I. São Paulo: Saraiva, 2013. p. 328.

CONTI, José Maurício. Orçamento impositivo é avanço para administração. Revista Eletrônica Conjur de 07 maio 2013. Disponível em: <http:// www.conjur.com.br/2013-mai-07/contas-vista-orcamento-impositivo-avanco-administracao>. Acesso em: 31 out. 2013.

CONTI, José Maurício. Orçamento não pode mais ser uma peça de ficção. In: Revista Consultor Jurídico. Disponível em: < https://www.conjur.com.br/2015-jun-02/contas-vista-orcamento-nao-peca-ficcao#_ftn1>. Acesso em: 09/02/2019.

CONTI, José Mauricio. Planejamento e responsabilidade fiscal. In SCAFF, Fernando F.; CONTI, José Mauricio (coords.). Lei de Responsabilidade Fiscal. 10 anos de vigência – questões atuais. Florianópolis: Conceito Editorial - IBDF, pp. 39-56, 2010.

CONTI, José Maurício. Planejamento municipal precisa ser levado a sério. revista eletrônica Conjur, de 24 set. 2013. Disponível em: <http://www.conjur.com.br/2013-set-24/contas-vista-planejamento-municipal-levado-serio>. Acesso em: 27 out. 2013.

CONTI, José Mauricio. "A Lei de Diretrizes Orçamentárias e a autonomia financeira do Poder Judiciário. Site da Escola Paulista da Magistratura (www.epm.sp.gov.br), disponível desde agosto de 2010 (Publicado também em: CONTI, José Mauricio. A Lei de Diretrizes Orçamentárias e a autonomia financeira do Poder Judiciário. Revista Fórum de Direito Financeiro e Econômico – RFDFE, Belo Horizonte, ano 1, n. 1, p. 27-37, mar/ago. 2012; CONTI, José Mauricio. A Lei de Diretrizes Orçamentárias e a autonomia financeira do Poder Judiciário. Cadernos Jurídicos da Escola Paulista da Magistratura. São Paulo, ano 13, número 34, p. 91-99, jan/abr. 2012). CONTI, José Mauricio. Planejamento estratégico do Poder Judiciário. In CONTI, José Mauricio (Org.). Poder Judiciário: orçamento, gestão e políticas públicas. Vol. I. São Paulo: Almedina, 2017, pp. 67-93.

COSTA, Paulo. Orçamento público. Disponível em: <http://www.estacio.br/graduacao/cienciascontabeis/artigos/paulo_consideracoes.asp>. Acesso em: 08/02/2019.

COSTIN, Claudia. Administração Pública. Rio de Janeiro: Elsevier, 2010.

DALLARI, Adilson de Abreu. Orçamento Impositivo. In CONTI, José Maurício e SCAFF, Fernando Facury. Orçamentos Públicos e Direito Financeiro. São Paulo: RT, 2011.

DARÓS, Vilson. Dificuldades da Justiça Federal brasileira. Orçamento. O relacionamento com a Justiça dos Estados. Revista do Tribunal Regional Federal da 4ª Região, Porto Alegre, ano 12, n. 41, p. 55-71, 2001.

DI PIETRO, Maria Sylvia Zanella. Direito administrativo, 29. ed., Rio de Janeiro: Forense, 2016.

DIAS, J. de Nazaré T. A reforma administrativa de 1967. 2ª ed., Rio de Janeiro: FGV, 1969.

DOBROWOLSKI, Sílvio. Poder Judiciário: independência, democratização e controle social. Revista de Informação Legislativa, Brasília, n. 129, ano 33, p. 169-177, jan./mar. 1996.

DOMINGUES, José Marcos. A Receita da Despesa. Democracia Financeira e Bem-Estar. HORVATH, Estevão; CONTI, José Maurício; SCAFF, Fernando Facury (Org.). In: Direito financeiro, econômico e tributário: estudos em homenagem a Regis Fernandes de Oliveira. São Paulo: Quartier Latin, 2014.

FAIM Fº, Eurípedes G.. Da Receita. In: CONTI, José Maurício (coordenador). Orçamentos Públicos. A Lei 4.320/1964 Comentada. 4ª edição. São Paulo: RT, 2019

FAIM Fº, Eurípedes G.. Precatórios e Requisições de Pequeno Valor no Direito Constitucional e no Direito Financeiro. São Paulo: IPAM, 2018.

FIGUEIREDO, Carlos Maurício. Comentários à Lei de Responsabilidade Fiscal. 2ª Edição São Paulo: RT

FRANÇA NETO, Alfredo. O exercício político da autonomia do Poder Judiciário. In: TEIXEIRA, Sálvio F. (Org.). O Judiciário e a Constituição. São Paulo: Saraiva, 1994. p. 117-123.

GIACOMONI, James. Orçamento público. 15. ed. ampl, rev. e atual. São Paulo: Atlas, 2010.

GLÓRIA, Moraes. Plano Plurianual de Investimento. Disponível em: http://www.fgv.br/Cpdoc/Acervo/dicionarios/verbete-tematico/plano-plurianual-de-investimentos. Acesso em 10 jan. 2019.

HARADA, Kiyoshi Direito Financeiro e Tributário. 26ª edição. São Paulo: Atlas, 2017

HARADA, Kiyoshi. Alteração das metas do superávit primário. 19 jan. 2016. Disponível em: http://www.haradaadvogados.com.br/alteracao-das-metas-do-superavit-primario/. Acesso em: 13 fev. 2019.

HARADA, Kiyoshi. Orçamento impositivo. Exame da PEC n. 565/06. Disponível em: <http://www.haradaadvogados.com.br/publicacoes/ Artigos/982.pdf>. Acesso em: 30 out. 2013.

HOVARTH, Estevão. Manual de direito financeiro. 3 ed. São Paulo: revista dos tribunais, 1999.

JARDIM, Eduardo Marcial Ferreira. Manual de direito financeiro e tributário. 4. ed. São Paulo: Saraiva, 1999.

KARPINSKI, Josiani Aparecida. RESMINI, Giliard. RAIFUR, Leo. A efetividade da Lei Orçamentária Anual – LOA: um estudo do crescente número de alterações Orçamentárias em um Município de Pequeno Porte na Região Centro Sul do Estado do Paraná. Revista Capital Científico – Eletrônica (RCCe) – ISSN 2177-4153 – Vol. 14 n.2 – Abril/Junho 2016.

KOHAMA, Heilio. Contabilidade Pública: teoria e prática. 10ª edição. São Paulo: Atlas, 2006.

LOCHAGIN, Gabriel Loretto. A execução do orçamento público, flexibilidade e orçamento impositivo. São Paulo: Blucher, 2016

MACEDO, Fausto. Os sertões da Lei Fiscal. O Estadão. São Paulo, 28 abr. 2018. Blogs Fausto Macedo. Disponível em: https://politica.estadao.com.br/blogs/fausto-macedo/os-sertoes-da-lei-fiscal/. Acesso em: 13/02/2019.

MAIA, José Clemenceau P. Independência e autonomia do Poder Judiciário: sugestões para o seu fortalecimento. Julgados da Justiça de Rondônia, v. 2, n. 3, p. 17-21, fev. 1987.

MARTINEZ, Milton Cairoli. Independencia financeira y administrativa del Poder Judicial em Uruguay. Revista da Emerj (Escola da Magistratura do Estado do Rio de Janeiro), v. 1, n. 4, edição especial, p. 205-215, 1998.

MARTINS, Cláudio. Compêndio de finanças públicas. 3ª edição. Rio de Janeiro: Forense, 1988.

MARTINS, Humberto Falcão; MARINI, Caio. Governança pública contemporânea: uma tentativa de dissecação conceitual. Revista do TCU n. 130, maio/ago. 2014, pp. 42/53. Disponível em https://revista.tcu.gov.br/ojs/index.php/RTCU/article/view/40/35. Acesso em 07 de dezembro de 2018.

MEIRELLES, Hely Lopes. Direito municipal brasileiro. 10. ed. São Paulo: Malheiros, 1988.

MEIRELLES, Hely Lopes. Finanças municipais. São Paulo: Revista dos Tribunais, 1979.

MELLO, Celso Antônio Bandeira de. Curso de direito administrativo. 33. ed., São Paulo: Malheiros, 2016.

MORAES, Alexandre de. Direito Constitucional. 21ª Edição. São Paulo: Atlas. 2007.

NASCIMENTO, Carlos Vagner do. Planejamento e orçamento-programa. In: MARTINS, Ives Gandra et al. (coord.)

Tratado de direito financeiro. vol. I. São Paulo: Saraiva, 2013. p. 291.

NÓBREGA, Marcos. Orçamento, eficiência e performance Budget, in Revista de Direito Público da economia – rDpe, Belo Horizonte: fórum, n. 40, p. 175-211, out. Dez. 2012.

NUNES JR, Vidal Serrano. *Direito Sanitário*, São Paulo: Editora Verbatim, 2010

OLIVEIRA, Regis Fernandes de Curso de Direito Financeiro. 6ª edição. São Paulo: Revista dos Tribunais, 2014

OLIVEIRA, Weder de. Curso de responsabilidade fiscal: direito, orçamento e finanças públicas. Belo Horizonte: fórum, 2013. v. 1.

OSÓRIO, Fábio Medina. Direito administrativo sancionador. 5. ed. São Paulo: RT, 2016.

PACIULLI, José. Direito financeiro. 2. ed., São Paulo: Saraiva, 1973.

PASCOAL, Valdecir Fernandes. Direito financeiro e controle externo. 9 ed. São Paulo: Método, 2015.

PEREIRA, José Maria Dias. Uma breve história do desenvolvimentismo no Brasil. Cadernos do Desenvolvimentismo, Rio de Janeiro, v. 6, n. 9, p. 121-141, jul-dez, 2011. Disponível em http://www.centrocelsofurtado.org.br/arquivos/image/201111011216170.CD9_artigo_5.pdf. Acesso em 07 de dezembro de 2018.

PIETRO. Maria Sylvia Zanella Direito Administrativo. 26ª Edição. São Paulo: Atlas. 2013

PINHEIRO, ARMANDO CASTELAR. SEGURANÇA JURÍDICA, CRESCIMENTO E EXPORTAÇÕES. RIO DE JANEIRO: IPEA, 2005. (TEXTO PARA DISCUSSÃO, N. 1125). DISPONÍVEL EM: <HTTP://WWW.IPEA.GOV.BR/PORTAL/IMAGES/STORIES/PDFS/TDS/TD_1125.PDF>. ACESSO EM 17 DEZ. 2018.

PINTO JUNIOR, Mario Engler. Empresa estatal. São Paulo: Atlas, 2010.

PINTO, Élida Graziane. Financiamento dos direitos à saúde e à educação – uma perspectiva constitucional. Belo Horizonte: Fórum, 2015.

PINTO, Élida Graziane. Maioridade da LRF se vê no "Novo Regime Fiscal" da EC 95 como repartição farsesca. Contas à vista. Consultor Jurídico, São Paulo. 22 maio 2018. Disponível em https://www.conjur.com.br/2017-ago-15/contas-vista-entre-extremos-vinculacao-discricionariedade-sus-descaminha#_ftn2. Acesso em: 06 mar. 2018.

PINTO, Victor Carvalho. NASCIMENTO, Leandro Maciel do. Controle das políticas governamentais e qualidade dos gastos públicos: a centralidade do ciclo orçamentário. Ensaio Revista TCE/MG. Jan. Fev. Mar./ 2015.

PINTO, Victor Carvalho. NASCIMENTO, Leandro Maciel do. LDO deve estimar riscos fiscais da relação entre Tesouro e Banco Central. Opinião. Consultor Jurídico, São

Paulo. 16 jun. 2017. Disponível em: https://www.conjur.com.br/2017-jun-16/opiniao-ldo-estimar-riscos-fiscais-relacao-entre-tesouro-bc. Acesso em: 13 fev. 2019.

RAMOS FILHO, Carlos Alberto de Moraes. Direito financeiro. Coordenador Pedro Lenza. 2. ed., São Paulo: Saraiva, 2017.

REZENDE, Christiane Leles; ZYLBERSZTAJN, Decio. Quebras contratuais e dispersão de sentenças. Revista Direito GV, São Paulo, v. 7, n.1, p. 155-176, jan. – jun. 2011.

ROCHA, Lincoln. A autonomia do Poder Judiciário. Revista da Universidade Federal de Juiz de Fora, p. 117-132, dez. 1984.

SABBAG, César de Moraes. Breves considerações sobre deficiências estruturais do sistema orçamentário brasileiro. Propostas para incrementar a legitimidade e a eficiência do modelo. In: CONTI, José MAURÍCIO; SCAFF, Fernando Facury (Coord.). Orçamentos públicos e direito financeiro. São Paulo: RT, 2011. p. 453-460.

SALOMÃO, Luís Felipe. Magistratura: sua participação na elaboração da proposta orçamentária do Poder Judiciário e a transparência administrativa. Revista Jurídica Consulex, ano VII, n. 160, p. 41-47, 15 set. 2003.

SANT'ANNA, Lucas de Moraes Cassiano. Aspectos Orçamentários das Parcerias Público-Privadas. São Paulo: Almedina, 2018.

SANTOS, Homero. Fundos federais. Revista do Tribunal de Contas da União, Brasília, n. 51, p. 21-29.

SANTOS, J. Albano. Finanças Públicas. Oeiras: INA, 2010.

SCAFF. Fernando Facury. Surge o orçamento impositivo à brasileira pela Emenda Constitucional 86. Disponível em http://www.conjur.com.br/2015-mar-24/contas-vista-surge-orcamento-impositivo-brasileira-ec-86. Acesso em 19/11/2018.

SERRANO, Mônica de Almeida Magalhães. *O Sistema Único de Saúde e Suas Diretrizes Constitucionais*. São Paulo: Editora Verbatim, 2ª ed.

SILVA, Ana Paula Borges da. A lei de responsabilidade fiscal como instrumento de controle do orçamento público. Disponível em: < http://www.administradores.com.br/artigos/economia-e-financas/a-lei-de-responsabilidade-fiscal-como-instrumento-de-controle-do-orcamento-publico/56208/>. Acesso em: 08/02/2019.

SILVA, José Afonso. Curso de Direito Constitucional Positivo. São Paulo: Malheiros, 1997.

SILVA, José Afonso. Orçamento-programa no Brasil. São Paulo: Revista dos Tribunais, 1973.

SILVA, Lino Martins da. Contabilidade governamental: um enfoque administrativo. São Paulo: Atlas, 1988.

SILVA, Rafael Silveira; JÚNIOR, Álvaro P.S. Costa. Judiciário e política regulatória: instituições e preferências sob a ótica dos custos de transação. Revista de Economia Política, vol. 31, nº 4 (124), p. 659-679, out./dez. 2011.

SIMÃO, Valdir. Qual é o dano? Folha de São Paulo. Tendências/Debates. 4 jul. 2018.

TOLEDO Jr., Flávio Corrêa de. Rejeição do Projeto de Plano Plurianual – Considerações. In Boletim de Direito Municipal, Ano XI, número 01, janeiro de 1995, pág. 43.

TORRES, Ricardo Lobo. Curso de Direito Financeiro e Tributário. 18 ed. Rio de Janeiro: Renovar, 2011.

TORRES, Ricardo Lobo. Tratado de Direito Constitucional, Financeiro e Tributário. Volume V: O Orçamento na Constituição. 3ª edição. Rio de Janeiro: Renovar, 2008.

VAINFAS, Ronaldo. FARIA, Sheila de Castro. FERREIRA, Jorge. SANTOS, Georgina. *História, Volume Único*, São Paulo: Editora Saraiva, 2014.

VIDIGAL, Geraldo de Camargo. Fundamentos do direito financeiro, São Paulo: Revista dos Tribunais, 1973.

VIEIRA, Evaldo. A República Brasileira: 1951-2010, São Paulo: Cortes Editora, 2015.

VILLEGAS, Héctor Belisario. Curso de finanzas, derecho financiero y tributario. 9. ed. Buenos Aires: Astrea, 2009.

WALD, Arnoldo. Da natureza jurídica do fundo imobiliário. Revista de Direito Mercantil, São Paulo, n. 80, p. 15-23, out./dez. 1990.

ZAFFARONI, Eugenio Raúl. Poder Judiciário, Trad. De Juarez Tavares, São Paulo: Revista dos Tribunais, 1995.

ZANCHIM, KLEBER LUIZ. AGIR ESTRATÉGICO E DESCONFIANÇA NOS CONTRATOS COM A ADMINISTRAÇÃO PÚBLICA: O CASO DO ANEL DE INTEGRAÇÃO DO PARANÁ. IN: ZANCHIM, KLEBER LUIZ. CONCESSÃO DE RODOVIAS: ASPECTOS JURÍDICOS, ECONÔMICOS E INSTITUCIONAIS. SÃO PAULO: QUARTIER LATIN, 2013. P. 19-109.

ZANCHIM, KLEBER LUIZ. CAPÍTULO III – DA DESPESA: ARTS. 12 A 21. IN: CONTI, JOSÉ MAURÍCIO (COORD.). ORÇAMENTOS PÚBLICOS: A LEI N. 4.320/1964 COMENTADA. 2ª ED., SÃO PAULO: EDITORA REVISTA DOS TRIBUNAIS, 2010. P. 70-92.

ZANCHIM, KLEBER LUIZ. CONTRATOS DE PARCERIA PÚBLICO-PRIVADA (PPP): RISCO E INCERTEZA. SÃO PAULO: QUARTIER LATIN, 2012.

ZANCHIM, KLEBER LUIZ. PPP E ORÇAMENTO PÚBLICO: UMA ANÁLISE DA PORTARIA N. 614/06, DA STN, À LUZ DA LEI N. 4.320/64 E DA LEI DE RESPONSABILIDADE FISCAL. FÓRUM DE

CONTRATAÇÃO E GESTÃO PÚBLICA – FCGP, BELO HORIZONTE, ANO 6, N. 68, P. 57-70, AGO. 2007.

SOBRE OS AUTORES

Alessandra Obara Soares da Silva é Procuradora do Estado de São Paulo, Mestre em Direito do Estado pela PUC/SP e Doutoranda em Administração Pública e Governo pela FGV/SP.

André Castro Carvalho é Pós-doutor no Massachusetts Institute of Technology (2016). É Bacharel, Mestre, Doutor e Pós-Doutor (2018) em Direito pela Universidade de São Paulo, tendo sua tese de doutorado recebido o Prêmio CAPES de Tese 2014 como a melhor tese de doutorado em Direito de 2013 no país. Professor de compliance no Ibmec-SP e Insper, palestrante e treinador corporativo internacional nos idiomas português, inglês e espanhol. Como consultor, seu principal projeto internacional de compliance ocorreu em um banco global, em 12 países, e atualmente participa de projetos em empresas brasileiras e em órgãos estatutários de governança corporativa.

Bárbara Veltri Filgueiras Teixeira é Pós-graduanda em Contratos Empresariais pela FGV-SP. Graduada pela Faculdade de Direito da USP.

Caio Cesar Figueiroa é Mestrando em Direito Público e Especialista em Direito Administrativo pela Escola de Direito de São Paulo da Fundação Getúlio Vargas (EDSP-FGV). É Vice-Presidente da Comissão de Direito Administrativo e Infraestrutura da Ordem dos Advogados do Brasil, Subseção de

São Bernardo do Campo. Foi Secretário Geral do Grupo de Estudos de Arbitragem, Mediação e Administração Pública do Comitê Brasileiro de Arbitragem (CBAr) e Assessor da Comissão de Administração Pública do Centro de Mediação e Arbitragem da Câmara de Comércio Brasil-Canadá (CAM-CCBC).

Christianne Stroppa é Mestre e doutoranda pela PUC/SP; Professora de Direito Administrativo na PUC/SP; Assessora de Gabinete na Assessoria Jurídica de Controle Externo do Tribunal de Contas do Município de São Paulo.

Claudia Polto da Cunha é graduada pela Universidade de São Paulo, mestre em Direito Administrativo pela USP e especialista em Direito Econômico pela FGV. Procuradora do Estado e Secretaria Executiva do Conselho de Defesa dos Capitais do Estado.

Estevão Horvath é professor de Direito Financeiro da USP e de Direito Tributário da PUC/SP, doutor pela Universidade Autônoma de Madri, livre-docente pela USP, Procurador do Estado aposentado.

Eurípedes Gomes Faim Filho é Doutor e Mestre em Direito pelo Departamento de Direito Econômico, Financeiro e Tributário da Faculdade de Direito do Largo de São Francisco da Universidade de São Paulo. Desembargador nos termos do Provimento 2376/2016 do Conselho Superior da Magistratura do Tribunal de Justiça do Estado de São Paulo. Juiz de Direito S. em

Segundo Grau e magistrado desde 1989. Atuando hoje na 15ª Câmara da Seção de Direito Público. Professor e coordenador de Cursos de Pós-graduação da Escola Paulista da Magistratura. Professor eventual da Escola Superior do Ministério Público do Estado de São Paulo, da Advocacia Geral da União e da Procuradoria Geral do Estado de São Paulo. Ex-membro do Núcleo de Planejamento e Gestão do Tribunal de Justiça do Estado de São Paulo por duas gestões. Duas vezes titular de Vara de Fazenda Pública. Ex-professor da Faculdade de Direito da UNESP onde iniciou em 1988 e em outras faculdades. Autor de livros e artigos publicados.

José Mauricio Conti é Juiz de Direito em SP. Professor de Direito Financeiro da USP. Mestre, Doutor e Livre-docente pela USP.

Kleber Luiz Zanchim é Doutor pela Faculdade de Direito da USP. Professor do Insper Direito. Sócio de SABZ Advogados.

Leticia Formoso D M Feres é Procuradora do Ministério Público de Contas do Estado de São Paulo. Graduada pela Pontifícia Universidade Católica de São Paula e especialista em Direito da Infraestrutura pela Faculdade de Direito da Fundação Getúlio Vargas.

Mônica De Almeida Magalhães Serrano Desembargadora do Tribunal de Justiça de São Paulo. Coordenadora do Núcleo de Direito Tributário e vários cursos na

Escola Paulista da Magistratura do Tribunal de Justiça de São Paulo. Ex-Procuradora do Estado. Mestre e doutoranda pela PUC/SP.

Renata Constante Cestari é Procuradora do Ministério Público de Contas do Estado de São Paulo. Mestre em D. Financeiro pela USP. Especialista em D. processual civil pela UFG.

---

[1] Texto baseado em outros escritos já publicados pelo autor, conforme consta da bibliografia; nem sempre foram usadas aspas e referências para trechos reproduzidos de meus textos, em face dos ajustes efetuados na redação.

[2] Juiz de Direito em São Paulo. Professor de Direito Financeiro na USP. Mestre, Doutor e Livre-docente em Direito Financeiro pela USP.

[3] *Dicionário Aurélio básico da língua portuguesa*. Rio de Janeiro: Nova Fronteira, 1994. p. 357. Bastante semelhantes são as outras definições: "estado, condição, caráter daquele que goza de autonomia, de liberdade em relação a alguém ou alguma coisa" (*Dicionário Houaiss da língua portuguesa*. Rio de Janeiro: Objetiva, 2001).

[4] *Vocabulário...*, p. 454.

[5] *Idem*, p. 454.

[6] *Curso...*, p. 111.

[7] *Vocabulário jurídico*, p. 251. Mais adiante, o autor, discorrendo sobre os vários aspectos em que se desdobra a autonomia, faz expressa referência à autonomia dos poderes, nos termos que seguem: "AUTONOMIA DOS PODERES. Expressão usada para designar a independência que se dá aos órgãos do poder público, a que se atribui uma soma de funções, geralmente chamada de poder (Poder Legislativo, Poder Judiciário e Poder Executivo), no desempenho destas mesmas funções que delimitam sua esfera de ação, que não pode ser invadida por outro poder. A autonomia dos poderes públicos, que também se dizem poderes constitucionais, é determinada pela própria Constituição, onde, assegurando-se sua independência relativa ao cumprimento de sua missão, se traçam as atribuições que lhes são inerentes e que constituem seu próprio poder. Todos eles, dentro de sua autonomia, exercitam atos que manifestam a própria soberania do Estado, cuja vontade soberana se objetiva por suas ações e determinações. Há independência de órgãos, mas, entre eles, existe uma harmonia de funções, que, segundo assentam os doutrinadores, decorre dessa mesma autonomia ou independência. Harmonia, aí, não significa mais que a própria colaboração ou cooperação dos três poderes autônomos na execução dos fins do Estado" (*Vocabulário...*, p. 252).

---

[8] *Dicionário Aurélio básico da língua portuguesa*, p. 74; Silveira Bueno, *Grande dicionário etimológico prosódico da língua portuguesa*. São Paulo: Saraiva, 1963. p. 444; é a "capacidade de se autogovernar" (*Dicionário Houaiss da Língua Portuguesa,* Rio de Janeiro, Objetiva, 2001).

[9] SILVA, José Afonso, *Orçamento-programa...*, p. 41.

[10] O *ciclo orçamentário*, que corresponde ao período em que se processam atividades peculiares ao processo orçamentário, como a preparação, a votação e a execução, compreende um processo de elaboração da lei orçamentária no sentido "de baixo para cima", ou seja, das unidades orçamentárias, que gerenciam os programas e as respectivas despesas, para os órgãos setoriais, e desses para o órgão central, que vai consolidar as propostas apresentadas e definir o projeto de lei orçamentária a ser enviado ao Poder Legislativo. Paralelamente, há um processo de elaboração da lei orçamentária no sentido "de cima para baixo", que se inicia com a fase da definição de "macrodiretrizes", em que são analisados e estabelecidos os parâmetros, as metas e os riscos fiscais, bem como os objetivos das políticas governamentais nas áreas de moeda, crédito e câmbio, tendo-se em vista o disposto na lei de diretrizes orçamentárias.(CONTI, *Autonomia financeira do Poder Judiciário*, p. 76).

[11] Ac. un. do STF-Pleno, deferindo pedido de medida cautelar, para suspender, com eficácia *ex tunc*, até a decisão final da ação direta, no art. 8º da Lei nº 12.214, de 10.7.1998, do Estado do Paraná, a expressão "Poder Judiciário – 7%" – ADIn 1.911-7/PR, rel. Min. Ilmar Galvão, j. 19.11.1998. Reqte.: Procurador-Geral da República; Rcdos.: Governador do Estado do Paraná e outra – *DJU* 12.3.1999, p. 2 – Ementa oficial. *RJIOB* 1/13447.

[12] Essa posição é demonstrada com clareza nas razões de veto total ao projeto de Lei nº 108, de 2006, do Estado de São Paulo, expostas na mensagem nº 84, de 4 de maio de 2006, encaminhadas pelo Governador de Estado (Cláudio Lembo) à Assembleia Legislativa (publicado no Diário Oficial do Estado de São Paulo - Poder Legislativo, em 5 de maio de 2006, p. 12).

[13] Partido Comunista do Brasil (PC do B), Partido Socialista Brasileiro (PSB) e Partido dos Trabalhadores (PT).

[14] Petição inicial da ADIn 2.238-5, item VIII, § 3º, p. 24.

[15] *Direito financeiro...*, p. 103.

[16] Constituição da Costa Rica, art. 177, segundo parágrafo: "*En el proyecto se le asignará al Poder Judicial una suma no menor del seis por ciento de los ingresos ordinarios calculados para el año económico. Sin embargo, cuando esta suma resultare superior a la requerida para cubrir las necesidades fundamentales presupuestas por ese Poder, el Departamento mencionado incluirá la diferencia como exceso, con un plan de inversión adicional, para que la Asamblea Legislativa determine lo que corresponda*".

[17] De 1967, com as alterações da Emenda 1, de 1969.

[18] *Autonomia do poder...*, p. 88.

[19] *Magistratura...*, p. 45.

[20] *A autonomia...*, p. 130.
[21] *Poder Judiciário...*, p. 171.
[22] *O exercício...*, p. 119.
[23] *Independência...*, p. 18.
[24] *Idem*, p. 21.
[25] Alguns Estados no Brasil têm utilizado o porcentual em cumprimento do disposto no § 1º do art. 99 da CF, ou seja, como limite para as despesas que o Poder Judiciário deverá observar quando da elaboração da proposta orçamentária, o que não tem relação com o assunto ora discutido. A hipótese ora analisada prevê o estabelecimento de um valor (que pode ser em porcentual da receita tributária ou da receita orçamentária) fixo para o Poder Judiciário, a ser respeitado todas as vezes que se elaborar o orçamento.
[26] *Dificuldades...*, p. 62.
[27] *Federalismo fiscal e fundos de participação*, p. 75-7.
[28] "Art. 167. São vedados: (...) IX – a instituição de fundos de qualquer natureza, sem prévia autorização legislativa."
[29] A população agradece. Governo do Rio dá autonomia financeira e revoluciona atendimento do Judiciário. *Revista Isto É*, São Paulo, Editora Três, n. 1779, de 5.11.2003, p. 30.
[30] Procuradora do Ministério Público de Contas do Estado de São Paulo. Mestranda em Direito Financeiro pela Universidade de São Paulo.
[31] OLIVEIRA, Regis Fernandes. HOVARTH, Estevão. *Manual de direito financeiro*. 3 ed. São Paulo: revista dos tribunais, 1999. p 70.
[32] NASCIMENTO, Carlos Vagner do. Planejamento e orçamento-programa. *In:* MARTINS, Ives Gandra et al. (coord.) *Tratado de direito financeiro*. vol I. São Paulo: Saraiva, 2013. p. 291.
[33] PASCOAL, Valdecir Fernandes. *Direito financeiro e controle externo*. 9 ed. São Paulo: Método, 2015. p 22.
[34] NASCIMENTO, Carlos Vagner do. Planejamento e orçamento-programa. *In:* MARTINS, Ives Gandra et al. (coord.) *Tratado de direito financeiro*. vol I. São Paulo: Saraiva, 2013. p. 299.
[35] PINTO, Élida Graziane. Maioridade da LRF se vê no "Novo Regime Fiscal" da EC 95 como repartição farsesca. Contas à vista. *Consultor Jurídico*, São Paulo. 22 maio 2018. Disponível em https://www.conjur.com.br/2017-ago-15/contas-vista-entre-extremos-vinculacao-discricionariedade-sus-descaminha#_ftn2. Acesso em: 06 nov. 2018.
[36] PASCOAL, Valdecir Fernandes. Os sertões da Lei Fiscal. *O Estadão*. São Paulo, 28 abr. 2018. Blogs Fausto Macedo. Disponível em: https://politica.estadao.com.br/blogs/fausto-macedo/os-sertoes-da-lei-fiscal/. Acesso em: 13/02/2019.
[37] GLÓRIA, Moraes. Plano Plurianual de Investimento. Disponível em: http://www.fgv.br/Cpdoc/Acervo/dicionarios/verbete-tematico/plano-plurianual-de-investimentos. Acesso em: 10 jan. 2019.
[38] CONTI, José Maurício. O Plano Plurianual – PPA. *In:* MARTINS, Ives

Gandra et al. (coord.) *Tratado de direito financeiro*. vol I. São Paulo: Saraiva, 2013. p. 328.

[39] BARROSO, Luís Roberto. MENDONÇA, Eduardo. O sistema constitucional orçamentário. *In:* MARTINS, Ives Gandra et al. (coord.) *Tratado de direito financeiro*. vol I. São Paulo: Saraiva, 2013. p. 239.

[40] CONTI, José Maurício. LDO é instrumento eficiente para a administração pública. Contas à vista. *Consultor Jurídico*, São Paulo. 9 abr. 2013. Disponível em: https://www.conjur.com.br/2013-abr-09/contas-vista-ldo-instrumento-util-gestao-administracao-publica. Acesso em: 13 fev. 2019.

[41] Ibidem.

[42] PINTO, ÉLIDA GRAZIANE. PINTO, VICTOR CARVALHO. NASCIMENTO, LEANDRO MACIEL DO. LDO DEVE ESTIMAR RISCOS FISCAIS DA RELAÇÃO ENTRE TESOURO E BANCO CENTRAL. OPINIÃO. *CONSULTOR JURÍDICO*, SÃO PAULO. 16 JUN. 2017. DISPONÍVEL EM: HTTPS://WWW.CONJUR.COM.BR/2017-JUN-16/OPINIAO-LDO-ESTIMAR-RISCOS-FISCAIS-RELACAO-ENTRE-TESOURO-BC. ACESSO EM: 13 FEV. 2019.

[43] KARPINSKI, Josiani Aparecida. RESMINI, Giliard. RAIFUR, Leo. A efetividade da Lei Orçamentária Anual – LOA: um estudo do crescente número de alterações Orçamentárias em um Município de Pequeno Porte na Região Centro Sul do Estado do Paraná. *Revista Capital Científico – Eletrônica (RCCe)* – ISSN 2177-4153 – Vol. 14 n.2 – Abril/Junho 2016.

[44] PINTO, Élida Graziane. Controle das políticas governamentais e qualidade dos gastos públicos: a centralidade do ciclo orçamentário. *Ensaio Revista TCE/MG*. Jan. Fev. Mar./ 2015.

[45] Tribunal de Contas da União. AC-948-13/16-P. Disponível em: http://portal.tcu.gov.br/inicio/index.htm. Acesso em 07/12/2018.

[46] HARADA, Kiyoshi. Alteração das metas do superávit primário. 19 jan. 2016. Disponível em: http://www.haradaadvogados.com.br/alteracao-das-metas-do-superavit-primario/. Acesso em: 13 fev. 2019.

[47] MICHEL TEMER SANCIONA MUDANÇA NA META FISCAL, COM DÉFICIT DE R$ 170,5 BI. *REVISTA CONSULTOR JURÍDICO. SÃO PAULO*, 27 DE MAIO DE 2016. DISPONÍVEL EM: HTTPS://WWW.CONJUR.COM.BR/2016-MAI-27/TEMER-SANCIONA-MUDANCA-META-FISCAL-DEFICIT-1705-BI. ACESSO EM: 13 FEV. 2019.

[48] Tribunal de Contas da União. AC-948-13/16-P. Disponível em: http://portal.tcu.gov.br/inicio/index.htm. Acesso em 07/12/2018.

[49] O processo em questão é fruto de estudos conjuntos. Confira do teor da decisão: "*a OCDE, em parceria com o TCU e outras entidades de fiscalização superiores (EFS), vem desenvolvendo trabalho intitulado Partnes for Good Governance: Mapping the Role of Supreme Audit Institutions (Parceiros para Boa Governança: Mapeando o Papel das Entidades*

Fiscalizadoras Superiores). Em sua primeira fase, denominada Estrutura Analítica, publicada em 2014, o estudo explora como as EFS podem apoiar e promover a boa governança, de forma a contribuir para melhorar funções fundamentais do governo, por meio de opções em relação: à governança orçamentária; à política regulatória; ao centro de governo; e ao controle interno".

[50] SCAFF, Fernando Facury. Surge o orçamento impositivo à brasileira pela Emenda Constitucional 86. *Consultor Jurídico.* 24 mar. 2015. Disponível em: http://www.conjur.com.br/2015-mar-24/contas-vista-surge-orcamento-impositivo-brasileira-ec-86. Acesso em 19/11/2018.

[51] Ricardo Lobo Torres assevera que "a teoria de que o orçamento é lei formal, que apenas prevê as receitas públicas e autoriza os gastos, sem criar direito subjetivos e sem modificar as leis tributárias e financeiras, é, a nosso ver, a que melhor se adapta ao direito constitucional brasileiro; e tem sido defendida, principalmente sob a influência da obra de Jèze, por inúmeros autores de prestígio, ao longo de muitos anos e sob várias escrituras constitucionais". (Curso de Direito Financeiro e Tributário. 18 ed. Rio de Janeiro: Renovar, 2011).

[52] BARROSO, Luís Roberto. MENDONÇA, Eduardo. O sistema constitucional orçamentário. *In:* MARTINS, Ives Gandra et al. (coord.) *Tratado de direito financeiro.* vol I. São Paulo: Saraiva, 2013. p. 268.

[53] 'Como tenho defendido, não é coerente com o ordenamento jurídico vigente, que tem a lei orçamentária contextualizada em um sistema de planejamento governamental, na qual tem um papel fundamental, considerar serem as disposições da lei orçamentária meras "autorizações" para as despesas públicas. Acolher tal interpretação é fazer pouco desta lei tão relevante. Ainda que sejam necessários instrumentos de flexibilidade que permitam adequar as disposições da lei orçamentária às inevitáveis intercorrências que surgem no decorrer do exercício financeiro, há que se reconhecer o caráter mandatório — ou "impositivo" — da lei orçamentária'. (CONTI, José Maurício. Aprovação do orçamento impositivo não dá credibilidade à lei orçamentária. Disponível em: http://www.conjur.com.br/2015-mar-10/paradoxo-corte-aprovacao-orcamento-impositivo-nao-credibilidade-lei-orcamentaria. Acesso em 08/12/2018).

[54] "Uma vez assim formulado, devemos assumir tal planejamento como vinculante para o gestor, na medida em que sua execução parcial ou inexecução requerem motivação consistente, porquanto consentânea com os fatos que intervieram em sua rota." (PINTO. Élida Graziane. Financiamento dos direitos à saúde e à educação – uma perspectiva constitucional. Belo Horizonte: Fórum, 2015.)

[55] Regis Fernandes de Oliveira preceitua que "Já não se pode admitir um orçamento sem compromissos, apenas para cumprir determinação legal. Já não se aceita o governante irresponsável. Já longe vai o tempo em que se

cuidava de mera peça financeira, descompromissada com os interesses públicos. Já é passado o momento político em que as previsões frustravam a esperança da sociedade. A introdução do orçamento participativo foi o primeiro passo. Para que serve? Está o governante obrigado a acolher as propostas que lhe forem apresentadas? Para que ouvir a sociedade? Trata-se de mero jogo lúdico? É mera diversão, tal como os jogos com os cristãos da Antiga Roma, que eram devorados pelos leões para gáudio de uma platéia destituída de sentido ético? Serviria de mera burilação de ocupante desocupado do governo? Mera elucubração mental para brincadeira com os interesses públicos? A evidência das respostas às questões formuladas leva-nos à conclusão de que o orçamento não pode ser mera peça financeira, nem apenas simples plano de governo, mas representa o compromisso político de cumprimento de promessas sérias levadas ao povo. A previsão desperta esperança, expectativa de satisfação dos compromissos, certeza de que os desejos serão atendidos". (Curso de Direito Financeiro. 3 ed. São Paulo: Revista dos Tribunais, 2010. p. 350).

[56] BARROSO, Luís Roberto. MENDONÇA, Eduardo. O sistema constitucional orçamentário. *In:* MARTINS, Ives Gandra et al. (coord.) *Tratado de direito financeiro.* vol I. São Paulo: Saraiva, 2013. p. 278.

[57] Procuradora do Ministério Público de Contas do Estado de São Paulo. Especialista pela Faculdade de Direito da Fundação Getúlio Vargas. Graduada pela Pontifícia Universidade Católica de São Paulo.

[58] Art. 3ºconstituem objetivos fundamentais da República Federativa do Brasil:
I - construir uma sociedade livre, justa e solidária;
II - garantir o desenvolvimento nacional;
III - erradicar a pobreza e a marginalização e reduzir as desigualdades sociais e regionais;
IV - promover o bem de todos, sem preconceitos de origem, raça, sexo, cor, idade e quaisquer outras formas de discriminação.

[59] Art. 99. Ao Poder Judiciário é assegurada autonomia administrativa e financeira.

[60] Eugenio Raul Zaffaroni, Poder Judiciário, Trad. De Juarez Tavares, São Paulo: Revista dos Tribunais, 1995, p. 87

[62] Alberto Deodato, Manual de Ciência das Finanças, 3ª Edição, São Paulo: Revista dos Tribunais, 1999, p. 1

[63] Regis Fernandes de Oliveira e Estevão Horvath, Manual de Direito Financeiro, 3ª Edição, São Paulo: Revista dos Tribunais, 1999, p. 15

[64] Aliomar Baleerio, Uma Introdução à Ciência das Finanças, 15ª Edição, Rio de Janeiro: Editora Forense, 1998, p. 4

[65] Art. 2º São Poderes da União, independentes e harmônicos entre si, o Legislativo, o Executivo e o Judiciário.

[66] Art. 1º . (...) § 1º A responsabilidade na gestão fiscal pressupõe a ação

planejada e transparente, em que se previnem riscos e corrigem desvios capazes de afetar o equilíbrio das contas públicas, mediante o cumprimento de metas de resultados entre receitas e despesas e a obediência a limites e condições no que tange a renúncia de receita, geração de despesas com pessoal, da seguridade social e outras, dívidas consolidada e mobiliária, operações de crédito, inclusive por antecipação de receita, concessão de garantia e inscrição em Restos a Pagar.

[67] Entende-se por empresa estatal dependente, aquela controlada que receba do ente controlador recursos financeiros para pagamento de despesas com pessoal ou de custeio em geral ou de capital, excluídos, no último caso, aqueles provenientes de aumento de participação acionária (art. 2º, inciso III, da Lei Complementar nº101/00)

[68] José Afonso da Silva, Orçamento-programa no Brasil, São Paulo: Revista dos Tribunais, 1973, p. 41

[69] José Maurício Conti, A Autonomia do Poder Judiciário, São Paulo: MP, 2006, p. 58.

[70] Art. 165. Leis de iniciativa do Poder Executivo estabelecerão:
I - o plano plurianual;
§ 1º A lei que instituir o plano plurianual estabelecerá, de forma regionalizada, as diretrizes, objetivos e metas da administração pública federal para as despesas de capital e outras delas decorrentes e para as relativas aos programas de duração continuada.

[71] Art. 165. Leis de iniciativa do Poder Executivo estabelecerão:
II - as diretrizes orçamentárias;
§ 2º A lei de diretrizes orçamentárias compreenderá as metas e prioridades da administração pública federal, incluindo as despesas de capital para o exercício financeiro subseqüente, orientará a elaboração da lei orçamentária anual, disporá sobre as alterações na legislação tributária e estabelecerá a política de aplicação das agências financeiras oficiais de fomento.

[72] Art. 2º. A Lei do Orçamento conterá a discriminação da receita e despesa de forma a evidenciar a política econômica financeira e o programa de trabalho do Governo, obedecidos os princípios de unidade universalidade e anualidade.

[73] Art. 2º A Lei do Orçamento conterá a discriminação da receita e despesa de forma a evidenciar a política econômica financeira e o programa de trabalho do Govêrno, obedecidos os princípios de unidade universalidade e anualidade.
§ 1º Integrarão a Lei de Orçamento:
I - Sumário geral da receita por fontes e da despesa por funções do Govêrno;
II - Quadro demonstrativo da Receita e Despesa segundo as Categorias Econômicas, na forma do Anexo nº 1;
III - Quadro discriminativo da receita por fontes e respectiva legislação;
IV - Quadro das dotações por órgãos do Governo e da Administração.

[74] Art. 5º O projeto de lei orçamentária anual, elaborado de forma compatível com o plano plurianual, com a lei de diretrizes orçamentárias e com as normas

desta Lei Complementar:

I - conterá, em anexo, demonstrativo da compatibilidade da programação dos orçamentos com os objetivos e metas constantes do documento de que trata o § 1º do art. 4º;

II - será acompanhado do documento a que se refere o § 6º do art. 165 da Constituição, bem como das medidas de compensação a renúncias de receita e ao aumento de despesas obrigatórias de caráter continuado;

[75] Art. 165.

§5º (...)

I - o orçamento fiscal referente aos Poderes da União, seus fundos, órgãos e entidades da administração direta e indireta, inclusive fundações instituídas e mantidas pelo Poder Público;

[76] José Maurício Conti, A Autonomia do Poder Judiciário, São Paulo: MP, 2006, p. 68 e 69.

[77] Art. 99. Ao Poder Judiciário é assegurada autonomia administrativa e financeira.

§ 1º Os tribunais elaborarão suas propostas orçamentárias dentro dos limites estipulados conjuntamente com os demais Poderes na lei de diretrizes orçamentárias.

[78] Órgão criado pela Constituição Federal, em seu artigo 105, parágrafo único, para atuar junto ao Superior Tribunal de Justiça, no exercício da supervisão administrativa e orçamentária da Justiça Federal de primeiro e segundo graus.

[79] Art. 84. Compete privativamente ao Presidente da República:

XXIII - enviar ao Congresso Nacional o plano plurianual, o projeto de lei de diretrizes orçamentárias e as propostas de orçamento previstos nesta Constituição.

[80] Art. 99. Ao Poder Judiciário é assegurada autonomia administrativa e financeira.

§ 4º Se as propostas orçamentárias de que trata este artigo forem encaminhadas em desacordo com os limites estipulados na forma do § 1º, o Poder Executivo procederá aos ajustes necessários para fins de consolidação da proposta orçamentária anual.

[81] Art. 166. Os projetos de lei relativos ao plano plurianual, às diretrizes orçamentárias, ao orçamento anual e aos créditos adicionais serão apreciados pelas duas Casas do Congresso Nacional, na forma do regimento comum.

§ 1º Caberá a uma Comissão mista permanente de Senadores e Deputados

[82] Art. 8º Até trinta dias após a publicação dos orçamentos, nos termos em que dispuser a lei de diretrizes orçamentárias e observado o disposto na alínea c do inciso I do art. 4º, o Poder Executivo estabelecerá a programação financeira e o cronograma de execução mensal de desembolso.

[83] Art. 7º A ação governamental obedecerá a planejamento que vise a promover o desenvolvimento econômico-social do País e a segurança nacional, norteando-se segundo planos e programas elaborados, na forma do Título III, e compreenderá a elaboração e atualização dos seguintes

instrumentos básicos:

a) plano geral de govêrno;

b) programas gerais, setoriais e regionais, de duração plurianual;

c) orçamento-programa anual;

d) programação financeira de desembôlso.

Art. 17. Para ajustar o ritmo de execução do orçamento-programa ao fluxo provável de recursos, o Ministério do Planejamento e Coordenação Geral e o Ministério da Fazenda elaborarão, em conjunto, a programação financeira de desembôlso, de modo a assegurar a liberação automática e oportuna dos recursos necessários à execução dos programas anuais de trabalho.

[84] Art. 168. Os recursos correspondentes às dotações orçamentárias, compreendidos os créditos suplementares e especiais, destinados aos órgãos dos Poderes Legislativo e Judiciário, do Ministério Público e da Defensoria Pública, ser-lhes-ão entregues até o dia 20 de cada mês, em duodécimos, na forma da lei complementar a que se refere o art. 165, § 9º.

[85] Art. 9º Se verificado, ao final de um bimestre, que a realização da receita poderá não comportar o cumprimento das metas de resultado primário ou nominal estabelecidas no Anexo de Metas Fiscais, os Poderes e o Ministério Público promoverão, por ato próprio e nos montantes necessários, nos trinta dias subseqüentes, limitação de empenho e movimentação financeira, segundo os critérios fixados pela lei de diretrizes orçamentárias.

[86] Art. 58. O empenho de despesa é o ato emanado de autoridade competente que cria para o Estado obrigação de pagamento pendente ou não de implemento de condição.

[87] Art. 61. Para cada empenho será extraído um documento denominado "nota de empenho" que indicará o nome do credor, a representação e a importância da despesa bem como a dedução desta do saldo da dotação própria.

[88] Art. 63. A liquidação da despesa consiste na verificação do direito adquirido pelo credor tendo por base os títulos e documentos comprobatórios do respectivo crédito.

§ 1º Essa verificação tem por fim apurar:

I - a origem e o objeto do que se deve pagar;

II - a importância exata a pagar;

III - a quem se deve pagar a importância, para extinguir a obrigação.

[89] Art. 64. A ordem de pagamento é o despacho exarado por autoridade competente, determinando que a   despesa seja paga.

[90] Art. 65. O pagamento da despesa será efetuado por tesouraria ou pagadoria regularmente instituídos   por estabelecimentos bancários credenciados e, em casos excepcionais, por meio de adiantamento.

[91] Art. 68. O regime de adiantamento é aplicável aos casos de despesas expressamente definidos em lei e consiste na entrega de numerário a servidor, sempre precedida de empenho na dotação própria para o fim de realizar despesas, que não possam subordinar-se ao processo normal de aplicação.

[92] Art. 41. Os créditos adicionais classificam-se em:

I - suplementares, os destinados a refôrço de dotação orçamentária;
II - especiais, os destinados a despesas para as quais não haja dotação orçamentária específica;
III - extraordinários, os destinados a despesas urgentes e imprevistas, em caso de guerra, comoção intestina ou calamidade pública.
[93] Art. 7° A Lei de Orçamento poderá conter autorização ao Executivo para:
I - Abrir créditos suplementares até determinada importância obedecidas as disposições do artigo 43;
[94] Doutor e Mestre em Direito pelo Departamento de Direito Econômico, Financeiro e Tributário da Faculdade de Direito do Largo de São Francisco da Universidade de São Paulo. Desembargador nos termos do Provimento 2376/2016 do Conselho Superior da Magistratura do Tribunal de Justiça do Estado de São Paulo. Juiz de Direito S. em Segundo Grau e magistrado desde 1989. Atuando hoje na 15ª Câmara da Seção de Direito Público. Professor e coordenador de Cursos de Pós-graduação da Escola Paulista da Magistratura. Professor eventual da Escola Superior do Ministério Público do Estado de São Paulo, da Advocacia Geral da União e da Procuradoria Geral do Estado de São Paulo. Ex-membro do Núcleo de Planejamento e Gestão do Tribunal de Justiça do Estado de São Paulo por duas gestões. Duas vezes titular de Vara de Fazenda Pública. Ex-professor da Faculdade de Direito da UNESP onde iniciou em 1988 e em outras faculdades. Autor de livros e artigos publicados.
[95] Conforme SANTOS, J. Albano. Finanças Públicas. Oeiras: INA, 2010, pág. 128.
[96] Uma Introdução à Ciência das Finanças. 14ª edição revista e atualizada por Flávio Bauer Noveli. Rio de Janeiro: Forense, 1990, 389/390
[97] Sobre isso veja também DALLARI, Adilson de Abreu. Orçamento Impositivo. In CONTI, José Maurício e SCAFF, Fernando Facury. Orçamentos Públicos e Direito Financeiro. São Paulo: RT, 2011, pág. 310.
[98] Obra citada, pág. 128.
[99] 15ª Câmara da Seção de Direito Público do Tribunal de Justiça do Estado de São Paulo. Apelação n° 1044282-54.2017.8.26.0053. Relator Eurípedes Faim. Votação unânime. Julgamento realizado no dia 28 de novembro de 2018.
No mesmo sentido na mesma câmara e do mesmo relator e todos com votação unânime: Apelação n° 1003286-48.2016.8.26.0053. 20 de abril de 2017; Apelação n° 1060632-20.2017.8.26.0053. 13 de setembro de 2018; Apelação n° 1001659-09.2016.8.26.0053. 20 de abril de 2017; Apelação n° 1044282-54.2017.8.26.0053. 28 de novembro de 2018; Apelação n° 1052808-78.2015.8.26.0053. 10 de agosto de 2017; Apelação / Reexame Necessário n° 1030612-80.2016.8.26.0053. 12 de abril de 2018; Apelação n° 1009067-51.2016.8.26.0053. 28 de setembro de 2017; e Apelação n° 1001334-34.2016.8.26.0053. 20 de abril de 2017.
A questão é pacífica na 15ª Câmara tem votado nesse sentido todos os seus desembargadores, ou seja: Erbetta Filho, Eutálio Porto, Raul De Felice,

Rodrigues De Aguiar e Silva Russo.

Outros casos no mesmo sentido, mas com outros relatores e todos com votação unânime: Apelação nº 1047340-36.2015.8.26.0053. 15ª Câmara de Direito Público do Tribunal de Justiça de São Paulo. Rezende Silveira – Relator; Apelação nº 1005952-22.2016.8.26.0053. 18ª Câmara de Direito Público do Tribunal de Justiça de São Paulo. Beatriz Braga – Relatora; Apelação nº 1013205-61.2016.8.26.0053. 15ª Câmara de Direito Público do Tribunal de Justiça de São Paulo. Erbetta Filho – Relator; Embargos de Declaração nº 1052000-73.2015.8.26.0053/50000. 15ª Câmara de Direito Público do Tribunal de Justiça de São Paulo. Raul De Felice – Relator; Apelação / Reexame Necessário nº 1051540-86.2015.8.26.0053. 15ª Câmara de Direito Público do Tribunal de Justiça de São Paulo. Silva Russo – Relator. Apelação nº 1022128-76.2016.8.26.0053. 15ª Câmara de Direito Público do Tribunal de Justiça de São Paulo. Fortes Muniz – Relator. Apelação nº 1005041-10.2016.8.26.0053. 14ª Câmara de Direito Público do Tribunal de Justiça de São Paulo. João Alberto Pezarini – RELATOR; Apelação nº 1032239-85.2017.8.26.0053. 15ª Câmara de Direito Público do Tribunal de Justiça de São Paulo. Rodrigues de Aguiar – Relator; Apelação nº 1039803-52.2016.8.26.0053. 14ª Câmara de Direito Público do Tribunal de Justiça de São Paulo. Mônica Serrano – Relatora.

Nesses casos participaram também como segundo ou terceiro juiz, além dos citados acima, os desembargadores Carlos Violante, Wanderley José Federighi, Octavio Machado De Barros, Henrique Harris Júnior, Geraldo Xavier e João Alberto Pezarini.

[100] Essa questão foi tratada com maior profundidade na seguinte obra: *Orçamentos Públicos: A Lei 4.320/1964 Comentada*. 4ª edição. São Paulo, RT, 2019, págs. 202 a 205, comentários sobre o art. 51 por Eurípedes G. Faim Fº. Coordenação da obra: José Maurício Conti.

[101] Sobre anomia orçamentária veja:

CONTI, José Maurício. Comentários ao Título III, Da elaboração de orçamento. In CONTI, José Maurício (coordenador). Orçamentos Públicos. A Lei 4.320/1964 Comentada. 4ª edição. São Paulo: RT, 2019, pág.125 e seguintes.

FAIM Fº, Eurípedes G.. Precatórios e Requisições de Pequeno Valor no Direito Constitucional e no Direito Financeiro. São Paulo: IPAM, 2018, pág.263 e seguintes.

[102] Redação praticamente idêntica tem sido prevista nas seguintes leis de diretrizes orçamentárias paulistas: 15.109/2013, art. 46; 15.549/2014, art. 41; 15.870/2015, art. 44; 16.291/2016, art. 51; 16.511/2017, art. 56; e 16.884/2018, art. 55.

[103] http://www.camarasumare.sp.gov.br/noticias/vereadores-da-base-governista-mantem-rejeicao-de-emendas-e-ppa-nao-e-aprovado,07-11-2013 e https://www.novomomento.com.br/Pol%C3%ADtica%20Cr%C3%ADtica/11930/sumare-cristina-lamenta-rejeicao-do-ppa-2014-2017-, ambos acessados

dia 22.04.2019.

[104] Rejeição do Projeto de Plano Plurianual – Considerações. In Boletim de Direito Municipal, Ano XI, número 01, janeiro de 1995, pág. 43.

[105] Vide Precatórios e Requisições de Pequeno Valor no Direito Constitucional e no Direito Financeiro. São Paulo, IPAM, 2018, pág. 248 e seguintes.
Ricardo Lobo Torres menciona que tais limites existem para coibir abusos que já ocorreram em grande quantidade tanto aqui no Brasil como em outros países. Vide: Tratado de Direito Constitucional, Financeiro e Tributário. Volume V: O Orçamento na Constituição. 3ª edição. Rio de Janeiro: Renovar, 2008, pág.439 e seguintes.

[106] TJSP Agravo Regimental 990.10.016908-4/5000. Órgão Especial. V. u.. Relator Cauduro Padin. Julgamento dia 28 de abril de 2010.

[107] TJSP ADIN 0016908-89.2010.8.26.0000. Órgão Especial. V. u.. Relator Cauduro Padin. Julgamento dia 14 de setembro de 2011.

[108] Essa regra tem sido repetida nas LDOs da União: Lei 12.919/2013, art. 53; Lei 13.080/2015, art. 53; Lei 13.242/2015, art. 56; Lei 13.408/2016, art. 60; e Lei 13.473/2017, art. 57.

[109] Professor de Direito Financeiro da USP e de Direito Tributário da PUC/SP. Livre-docente pela USP.

[110] Lembre-se das "caudas orçamentárias" (ou orçamento "rabilongo") de um passado não tão distante, onde os parlamentares se aproveitavam da discussão do orçamento para incluir na lei orçamentária matérias outras, que com ela não guardavam nenhuma relação de pertinência, como, por exemplo, concernente ao antigo "desquite". Hoje isso se encontra expressamente proibido, em virtude do art. 165, § 8º da C.R.

[111] O jornal *Folha de S. Paulo*, em matéria de capa da edição de 14.05.2013, traz a notícia de que a então Ministra das Relações Institucionais reconhece negociação para liberar a execução de emendas.

[112] Adilson Abreu Dallari, Orçamento impositivo, p. 315. Em outro ponto do estudo aqui citado, o mesmo autor reforça essa ideia, ligando-a ao orçamento-programa, e proclama: "[...] Os números que vão figurar nas dotações orçamentárias são simplesmente decorrentes das decisões tomadas sobre o que fazer, em decorrência das prioridades estabelecidas e das escolhas feitas, em face da sempre existente insuficiência dos recursos e da capacidade de gestão, diante da enormidade dos problemas que afetam a coletividade" (p. 321).

[113] Ricardo Lobo Torres, *Tratado de direito constitucional financeiro e tributário*: o orçamento na Constituição, v. 5, p. 61 (grifos nossos). O eminente autor assim conclui, porquanto entende que o orçamento "não visa precipuamente ao controle do Executivo e ao intervencionismo, senão que procede à regulação da economia e das relações sociais (em tema de educação, saúde, políticas públicas etc.) por intermédio da atividade administrativa, de caráter subsidiário" (idem, ibidem).

[114] BOUVIER, Michel; ESCLASSIAN, Marie-Christine; LASSALE, Jean-

Pierre. *Finances publiques,* 17. Ed., Paris, LGDJ, 2018. P. 417.
[115] Adilson Abreu Dallari, Orçamento impositivo, p. 235.
[116] Ricardo Lobo Torres, *Tratado de direito constitucional financeiro e tributário*: o orçamento na Constituição, v. 5, p. 61 (grifos no original).
[117] Ricardo Lobo Torres, *Tratado de direito constitucional financeiro e tributário*: o orçamento na Constituição, v. 5, p. 61 (grifou-se).
[118] Kiyoshi Harada, Orçamento impositivo. Exame da PEC n. 565/06, p. 8.
[119] Idem, ibidem, p. 8.
[120] Idem, p. 8.
[121] Héctor Belisario Villegas, *Curso de fnanzas, derecho fnanciero y tributario*, p. 128.
[122] Regis Fernandes de Oliveira, *Curso de direito fnanceiro*, 5. ed., p. 419.
[123] Hely Lopes Meirelles, *Direito municipal brasileiro*, p. 569, grifou-se.
[124] José Maurício Conti. *Orçamento impositivo é avanço para administração.* O autor prossegue na exposição do seu pensamento: "Para isso existem instrumentos como os créditos adicionais, por meio dos quais são aprovadas alterações na lei orçamentária, o contingenciamento, com o qual o Poder Executivo, gestor das finanças públicas e comandante do processo de execução orçamentária, adéqua e compatibiliza a entrada e saída de recursos, os remanejamentos e tantos outros.
São instrumentos úteis e necessários para o processo de execução orçamentária, que, no entanto, devem ser utilizados com parcimônia, pois o abuso e falta de critérios pode fazer deles instrumentos que desviam a execução da lei orçamentária de seu curso, levando o orçamento executado a diferir substancialmente do que foi aprovado – e tornando-o, portanto, uma lei com pouco ou nenhum conteúdo material, incapaz de produzir os efeitos que lhe são próprios, como o de dar segurança jurídica ao sistema de planejamento governamental e gestão pública".
[125] Marcos Nóbrega, *Lei de Responsabilidade Fiscal e leis orçamentárias*, p. 99.
[126] Héctor Villegas, *Curso de fnanzas, derecho fnanciero y tributario*, p. 127.
[127] César de Moraes Sabbag, *Breves considerações sobre deficiências estruturais do sistema orçamentário brasileiro. Propostas para incrementar a legitimidade e a eficiência do modelo*, p. 460.
[128] Idem, ibidem, p. 127. Segundo o autor, "não se trata de engessamento ou imposição pura e simples: o novo regime admitiria certa *fexibilidade*, com definição de margens de segurança ou e liberdade na execução dos créditos. Dez ou vinte por cento dos valores, para mais ou para menos, com prévia autorização legislativa, não seriam patamares ruins".
[129] É o que dizem Luis Aguiar de Luque e Gema Rosado Iglesias, La estabilidad presupuestaria y su eventual proyección en el estado de las autonomías, p. 20.
[130] Juan José Bayona de Perogordo e María Teresa Soler Roch, *Compendio de derecho fnanciero*, p. 174.

131 Weder de Oliveira, *Curso de responsabilidade fiscal*: direito, orçamento e finanças públicas, p. 406.

132 Weder de Oliveira, *Curso de responsabilidade fiscal*: direito, orçamento e finanças públicas, p. 406-407.

133 Idem, ibidem, p. 414.

134 Cf. Nota Técnica Câmara dos Deputados, Consultoria de Orçamento e Fiscalização Financeira, PEC 565/2006 – Orçamento impositivo, p. 7. Disponível em: <http://www1.folha.uol.com.br/poder/2013/05/1286340-go-verno-considera-orcamento-impositivo-inconstitucional-diz-ministra. shtml>.

135 Página "Educação Orçamentária", no *site* da Secretaria de Orçamento Federal, do Ministério do Planejamento, Orçamento e Gestão.

136 *Folha de S. Paulo* de 18 de dezembro de 2013, Seção "Poder", p. A7.

137 Ainda que isso seja mais visível quando se trata da Lei Orçamentária Anual, aplica-se, também, à Lei do Plano Plurianual e à lei de Diretrizes Orçamentárias.

138 Art. 166. [...} § 2.º As emendas serão apresentadas na Comissão mista, que sobre elas emitirá parecer, e apreciadas, na forma regimental, pelo Plenário das duas Casas do Congresso Nacional.

§ 3.º As emendas ao projeto de lei do orçamento anual ou aos projetos que o modifiquem somente podem ser aprovadas caso:

I– sejam compatíveis com o plano plurianual e com a lei de diretrizes orçamentárias;

II– indiquem os recursos necessários, admitidos apenas os provenientes de anulação de despesa, excluídas as que incidam sobre:

a) dotações para pessoal e seus encargos;

b) serviço da dívida;

c) transferências tributárias constitucionais para Estados, Municípios e Distrito Federal; ou

III– sejam relacionadas:

a) com a correção de erros ou omissões; ou

b) com os dispositivos do texto do projeto de lei.

§ 4.º As emendas ao projeto de lei de diretrizes orçamentárias não poderão ser aprovadas quando incompatíveis com o plano plurianual.

139 Altera os arts. 165, 166 e 198 da Constituição Federal, para tornar obrigatória a execução da programação orçamentária que especifica.

140 Câmara dos Deputados, Consultoria de Orçamento e Fiscalização Financeira, PEC 565/2006 – *Orçamento Impositivo*, Nota Técnica n. 10/2013, p. 5.

141 A Lei 10.524, de 25.07.2002, que "dispõe sobre as diretrizes para a elaboração da lei orçamentária de 2003", em seu art. 22 reza: A execução da lei orçamentária e seus créditos adicionais obedecerá os princípios constitucionais da impessoalidade e moralidade na Administração Pública, não podendo ser utilizada com o objetivo de influir, direta ou indiretamente, na apreciação de proposições legislativas em tramitação no Congresso

Nacional".
[142] Nota Técnica n. 10/2013, p. 5.
[143] Idem, ibidem, p. 5.
[144] Nota Técnica n. 10/2013, p. 5.
[145] Idem, ibidem, p. 6.
[146] Já com a nova redação dada pela EC em comento:
"Art. 165. [...]
§ 9 [...]
III - dispor sobre critérios para a execução equitativa, além de procedimentos que serão adotados quando houver impedimentos legais e técnicos, cumprimento de restos a pagar e limitação das programações de caráter obrigatório, para a realização do disposto no § 11 do art. 166."(NR)
"Art. 166. [...]
§ 9º As emendas individuais ao projeto de lei orçamentária serão aprovadas no limite de 1,2% (um inteiro e dois décimos por cento) da receita corrente líquida prevista no projeto encaminhado pelo Poder Executivo, sendo que a metade deste percentual será destinada a ações e serviços públicos de saúde.
§ 10. A execução do montante destinado a ações e serviços públicos de saúde previsto no § 9º, inclusive custeio, será computada para fins do cumprimento do inciso I do § 2º do art. 198, vedada a destinação para pagamento de pessoal ou encargos sociais.
§ 11. É obrigatória a execução orçamentária e financeira das programações a que se refere o § 9º deste artigo, em montante correspondente a 1,2% (um inteiro e dois décimos por cento) da receita corrente líquida realizada no exercício anterior, conforme os critérios para a execução equitativa da programação definidos na lei complementar prevista no § 9º do art. 165.
§ 12. As programações orçamentárias previstas no § 9º deste artigo não serão de execução obrigatória nos casos dos impedimentos de ordem técnica.
§ 13. Quando a transferência obrigatória da União, para a execução da programação prevista no §11 deste artigo, for destinada a Estados, ao Distrito Federal e a Municípios, independerá da adimplência do ente federativo destinatário e não integrará a base de cálculo da receita corrente líquida para fins de aplicação dos limites de despesa de pessoal de que trata o caput do art. 169.
§ 14. No caso de impedimento de ordem técnica, no empenho de despesa que integre a programação, na forma do § 11 deste artigo, serão adotadas as seguintes medidas:
I - até 120 (cento e vinte) dias após a publicação da lei orçamentária, o Poder Executivo, o Poder Legislativo, o Poder Judiciário, o Ministério Público e a Defensoria Pública enviarão ao Poder Legislativo as justificativas do impedimento;
II - até 30 (trinta) dias após o término do prazo previsto no inciso I, o Poder Legislativo indicará ao Poder Executivo o remanejamento da programação cujo impedimento seja insuperável;

III - até 30 de setembro ou até 30 (trinta) dias após o prazo previsto no inciso II, o Poder Executivo encaminhará projeto de lei sobre o remanejamento da programação cujo impedimento seja insuperável;

IV - se, até 20 de novembro ou até 30 (trinta) dias após o término do prazo previsto no inciso III, o Congresso Nacional não deliberar sobre o projeto, o remanejamento será implementado por ato do Poder Executivo, nos termos previstos na lei orçamentária.

§ 15. Após o prazo previsto no inciso IV do § 14, as programações orçamentárias previstas no § 11 não serão de execução obrigatória nos casos dos impedimentos justificados na notificação prevista no inciso I do § 14.

§ 16. Os restos a pagar poderão ser considerados para fins de cumprimento da execução financeira prevista no § 11 deste artigo, até o limite de 0,6% (seis décimos por cento) da receita corrente líquida realizada no exercício anterior.

§ 17. Se for verificado que a reestimativa da receita e da despesa poderá resultar no não cumprimento da meta de resultado fiscal estabelecida na lei de diretrizes orçamentárias, o montante previsto no § 11 deste artigo poderá ser reduzido em até a mesma proporção da limitação incidente sobre o conjunto das despesas discricionárias.

§ 18. Considera-se equitativa a execução das programações de caráter obrigatório que atenda de forma igualitária e impessoal às emendas apresentadas, independentemente da autoria."

[147] LOCHAGIN, Gabriel Loretto. *A execução do orçamento público, flexibilidade e orçamento impositivo.* São Paulo: Blucher, 2016, p. 139.

[148] Graduado e Doutor pela Faculdade de Direito da Universidade de São Paulo. Professor do Insper Direito. Especialista em projetos estruturados e *distressed deals.* Sócio de SABZ Advogados.

[149] Graduada pela Faculdade de Direito da Universidade de São Paulo. Advogada de SABZ Advogados.

[150] Cf. BRASIL. Comarca de Rio das Ostras. Processo n° 0001867-62.2013.8.19.0068. 1ª Vara da Comarca de Rio das Ostras. Autor: Foz de Rio das Ostras S.A. Réu: Município de Rio das Ostras e outros.

[151] Cf. BRASIL. Comarca de Rio das Ostras. Processo n° 0001867-62.2013.8.19.0068. 1ª Vara da Comarca de Rio das Ostras. Autor: Foz de Rio das Ostras S.A. Réu: Município de Rio das Ostras e outros. Juiz de Direito: Rodrigo Leal Manhães de Sá. J. 18 de março de 2013.

[152] Cf. BRASIL. Tribunal de Justiça do Estado do Rio de Janeiro. Agravo de Instrumento n° 0016405-58.2013.8.19.0000. Décima Sexta Câmara Cível. Agravante: Foz de Rio das Ostras S.A. Agravados: Município de Rio das Ostras e outros. Relator: Desembargador José Roberto Portugal Compasso. J. 03 de setembro de 2013.

[153] Cf. BRASIL. Comarca de Rio das Ostras. Processo n° 0002333-85.2015.8.19.0068. 1ª Vara da Comarca de Rio das Ostras. Autor: Odebrecht Ambiental Rio das Ostras S.A. Réu: Município de Rio das Ostras e outros.

[154] Cf. BRASIL. Comarca de Rio das Ostras. Processo n° 0001867-

62.2013.8.19.0068. 1ª Vara da Comarca de Rio das Ostras. Autor: Foz de Rio das Ostras S.A. Réu: Município de Rio das Ostras e outros. Juiz de Direito: Rodrigo Leal Manhães de Sá. J. 07 de maio de 2015.

[155] Cf. BRASIL. Tribunal de Justiça do Estado do Rio de Janeiro. Agravo de Instrumento nº 0029358-83.2015.8.19.0000. Décima Sexta Câmara Cível. Agravante: Odebrecht Ambiental – Rio das Ostras S.A.. Agravados: Município de Rio das Ostras e outros. Relator: Desembargador Marco Aurélio Bezerra de Melo. J. 06 de outubro de 2015

[156] Cf. BRASIL. Tribunal de Justiça do Estado do Rio de Janeiro. Apelação nº 0001867-62.2013.8.19.0068. Décima Sexta Câmara Cível. Apelante: BRK Ambiental – Rio das Ostras S.A.. Apelados: Município de Rio das Ostras e outros. Relator: Desembargador Marco Aurélio Bezerra de Melo. J. 06 de março de 2018

[157] Cf. BRASIL. Comarca de Rio das Ostras. Processo nº 0002333-85.2015.8.19.0068. 1ª Vara da Comarca de Rio das Ostras. Autor: Odebrecht Ambiental Rio das Ostras S.A. Réu: Município de Rio das Ostras e outros. Juiz de Direito: Rodrigo Leal Manhães de Sá. J. 10 de março de 2015.

[158] Cf. BRASIL. Comarca de Rio das Ostras. Processo nº 0002333-85.2015.8.19.0068. 1ª Vara da Comarca de Rio das Ostras. Autor: Odebrecht Ambiental Rio das Ostras S.A. Réu: Município de Rio das Ostras e outros. Juiz de Direito: Rodrigo Leal Manhães de Sá. J. 16 de março de 2015.

[159] Cf. BRASIL. Tribunal de Justiça do Estado do Rio de Janeiro. Agravo de Instrumento nº 0012328-35.2015.8.19.0000. Décima Quarta Câmara Cível. Agravante: Odebrecht Ambiental – Rio das Ostras S.A. Agravados: Município de Rio das Ostras e outros. Relator: Desembargador Plínio Pinto Coelho Filho. J. 30 de março de 2015

[160] Cf. BRASIL. Superior Tribunal de Justiça. Suspensão de Liminar nº 2.007/RJ. Requerente: Município de Rio das Ostras. Requerido: Des. Relator do AI n. 0012328-35.2015.8.19.0000 do TJRJ. Relator: Ministro Francisco Falcão. J. 18 de maio de 2015

[161] Cf. BRASIL. Tribunal de Justiça do Estado do Rio de Janeiro. Agravo de Instrumento nº 0012328-35.2015.8.19.0000. Décima Quarta Câmara Cível. Agravante: Odebrecht Ambiental – Rio das Ostras S.A.. Agravados: Município de Rio das Ostras e outros. Relator: Desembargador Plínio Pinto Coelho Filho. J. 27 de setembro de 2015

[162] Cf. SANT'ANNA, Lucas de Moraes Cassiano. **Aspectos Orçamentários das Parcerias Público-Privadas**. São Paulo: Almedina, 2018. p. 43.

[163] Cf. ZANCHIM, Kleber Luiz. PPP e Orçamento Público: Uma análise da Portaria n. 614/06, da STN, à luz da Lei n. 4.320/64 e da Lei de Responsabilidade Fiscal. **Fórum de Contratação e Gestão Pública – FCGP**, Belo Horizonte, Ano 6, N. 68, P. 57-70, ago. 2007. p. 60-61

[164] Cf. SANT'ANNA, Lucas de Moraes Cassiano. **Aspectos Orçamentários**... cit., p. 49.

[165] Cf. ZANCHIM, Kleber Luiz. Capítulo III – Da Despesa: Arts. 12 a 21. In:

Conti, José Maurício (Coord.). **Orçamentos Públicos**: A Lei n. 4.320/1964 comentada. 2. Ed. São Paulo: Editora Revista dos Tribunais, 2010. p. 72.

[166] Cf. ZANCHIM, Kleber Luiz. PPP e Orçamento Público..., cit., p. 62.

[167] Cf. ZANCHIM, Kleber Luiz. Capítulo III – Da Despesa: Arts. 12 a 21..., cit., p. 71-74.

[168] Cf. ZANCHIM, Kleber Luiz. PPP e Orçamento Público..., cit., p. 58.

[169] Cf. SANT'ANNA, Lucas de Moraes Cassiano. **Aspectos Orçamentários das Parcerias Público-Privadas**, cit., p. 58-59.

[170] Cf. Idem, ibidem, p. 127.

[171] Cf. ZANCHIM, Kleber Luiz. PPP e Orçamento Público..., cit., p. 63.

[172] Cf. SANT'ANNA, Lucas de Moraes Cassiano. Aspectos Orçamentários das Parcerias Público-Privadas, cit., p. 130.

[173] Cf. ZANCHIM, Kleber Luiz. **Contratos de Parceria Público-Privada (PPP): Risco e Incerteza**. São Paulo: Quartier Latin, 2012. p. 137.

[174] Cf. ZANCHIM, Kleber Luiz. PPP e Orçamento Público..., cit., p. 66.

[175] Cf. SANT'ANNA, Lucas de Moraes Cassiano. **Aspectos Orçamentários das Parcerias Público-Privadas**, cit., p. 101.

[176] Cf. ZANCHIM, Kleber Luiz. PPP e Orçamento Público..., cit., p. 66.

[177] Cf. Idem, ibidem, p. 66.

[178] Cf. SANT'ANNA, Lucas de Moraes Cassiano. **Aspectos Orçamentários das Parcerias Público-Privadas**, cit., p. 121.

[179] Idem, ibidem, p. 118.

[180] Cf. ZANCHIM, Kleber Luiz. PPP e Orçamento Público..., cit., p. 68.

[181] Cf. SANT'ANNA, Lucas de Moraes Cassiano. **Aspectos Orçamentários das Parcerias Público-Privadas**, cit., p. 110.

[182] Cf. ZANCHIM, Kleber Luiz. PPP e Orçamento Público..., cit., p. 67.

[183] Cf. SANT'ANNA, Lucas de Moraes Cassiano. **Aspectos Orçamentários das Parcerias Público-Privadas**, cit., p. 127.

[184] ZANCHIM, Kleber Luiz. **Agir Estratégico e Desconfiança nos Contratos com a Administração Pública**: O caso do Anel de Integração do Paraná. In: ZANCHIM, Kleber Luiz. Concessão de Rodovias: Aspectos Jurídicos, Econômicos e Institucionais. São Paulo: Quartier Latin, 2013, p. 36.

[185] Cf. PINHEIRO, Armando Castelar. **Segurança Jurídica, Crescimento e Exportações**. Rio de Janeiro: Ipea, 2005. (Texto Para Discussão, N. 1125). Disponível Em: <http://www.ipea.gov.br/portal/images/stories/pdfs/tds/td_1125.pdf>. Acesso em 17 dez. 2018. p.8.

[186] Não parece ser outra a interpretação do artigo 7º, § 2º, da Lei nº 12.016/09: "Não será concedida medida liminar que tenha por objeto a compensação de créditos tributários, a entrega de mercadorias e bens provenientes do exterior, a reclassificação ou equiparação de servidores públicos e a concessão de aumento ou a extensão de vantagens ou pagamento de qualquer natureza".

[187]

[188] NUNES JR, Vidal Serrano. *Direito Sanitário*, São Paulo: Editora Verbatim,

2010, p.10

[189] https://pt.wikipedia.org/wiki/Vaso_sanit%C3%A1rio

[190] VAINFAS, Ronaldo. FARIA, Sheila de Castro. FERREIRA, Jorge. SANTOS, Georgina. *História, Volume Único*, São Paulo: Editora Saraiva, 2014., p.554: "Os habitantes da cidade, notoriamente insalubre, sofriam com uma série de epidemias. Em 1891, a febre amarela matou cerca de 4.500 pessoas, a varíola, quase 4 mil e a malária, um pouco mais de 2.200. Havia ainda a cólera, a peste bubônica e a disenteria. Segundo o conhecimento da época, os higienistas apontavam os cortiços e ruas estreitas – que impediam a livre circulação do ar e a entrada da luz do Sol – como fatores favoráveis à proliferação das doenças e epidemias. Diplomatas estrangeiros, em especial os europeus, tinham pavor de servir no Rio de Janeiro"

[191] Inclusive, como relata o repórter André Biernath, o Brasil ainda figura atualmente como um dos únicos Países do mundo que ainda registra a doença, apesar da facilidade de diagnóstico e tratamento *in* "Hanseníase e as histórias de um Brasil que está na Idade Média" -, publicado em 26/04/19: https://saude.abril.com.br/blog/tunel-do-tempo/hanseniase-e-as-historias-de-um-brasil-que-esta-na-idade-media/

[192] Breve história da hanseníase: sua expansão do mundo para as Américas, o Brasil e o Rio Grande do Sul e sua trajetória na saúde pública brasileira - Trajectory in the Brazilian Public Health: http://www.scielo.br/scielo.php?script=sci_arttext&pid=S0104-12902004000200008

[193]

http://bvsms.saude.gov.br/bvs/publicacoes/origem_politicas_saude_publica_brasil.pdf

[194]file:///C:/Users/monic/Downloads/historia-das-politicas-de-saude-no-brasil-uma-pequena-revisao-marcus-vinicius-polignano-[16-200511-SES-MT]%20(2).pdf

[195] "Após abrir os portos do Brasil às nações amigas de Portugal, D. João VI assinou, em 18 de fevereiro de 1808, o documento que mandou criar a Escola de Cirurgia da Bahia (Atual UFBA) e deu início ao ensino da medicina no país. A Faculdade de Medicina da UFRJ foi criada pelo príncipe regente D. João, por Carta Régia, assinada em 5 de novembro de 1808, com o nome de Escola de Anatomia, Medicina e Cirurgia e instalada no Hospital Militar do Morro do Castelo." https://pt.wikipedia.org/wiki/Medicina

[196] CONHEÇA A HISTÓRIA DA SAÚDE PÚBLICA NO BRASIL - É IMPORTANTE TER CONHECIMENTO DESSE PROCESSO PARA ENTENDER A SITUAÇÃO ATUAL, CARLA **MERELES, DO POLITIZE!,** ACCESS_TIME31 JUL 2018, 11H54 - PUBLICADO EM 24 ABR 2018, 19H11 - HTTPS://GUIADOESTUDANTE.ABRIL.COM.BR/BLOG/ATUALIDADES-VESTIBULAR/CONHECA-A-HISTORIA-DA-SAUDE-PUBLICA-NO-BRASIL/

[197] https://portal.fiocruz.br/trajetoria-do-medico-dedicado-ciencia

[198] VAINFAS, Ronaldo. FARIA, Sheila de Castro. FERREIRA, Jorge. SANTOS, Georgina. *História, Volume Único*, São Paulo: Editora Saraiva, 2014., p.555

[199] VAINFAS, Ronaldo. FARIA, Sheila de Castro. FERREIRA, Jorge. SANTOS, Georgina. *História, Volume Único*, São Paulo: Editora Saraiva, 2014, p.516/518

[200] BERTOLOZZI, Maria Rita. GRECO, Maria Greco. *AS POLÍTICAS DE SAÚDE NO BRASIL: RECONSTRUÇÃO HISTÓRICA E PERSPECTIVAS ATUAIS*, Rev. Esc. Enf. USP, Vol.30, n.3., p.380/98,1996

[201] ARAGÃO, SOLANGE. SOUZA, THAIS C. S.. *"A CIDADE DE SÃO PAULO DO SÉCULO XIX E OS CORTIÇOS DE SANTA IFIGÊNIA (1893)"* **HTTP://WEB.REVISTARESTAURO.COM.BR/A-CIDADE-DE-SAO-PAULO-DO-SECULO-XIX-E-OS-CORTICOS-DE-SANTA-IFIGENIA-1893/?PRINT=PRINT**

[202] VAINFAS, Ronaldo. FARIA, Sheila de Castro. FERREIRA, Jorge. SANTOS, Georgina. *História, Volume Único*, São Paulo: Editora Saraiva, 2014., p.560

[203] BARON, Cristina Maria Perissinotto. *A PRODUÇÃO DA HABITAÇÃO E OS CONJUNTOS HABITACIONAIS DOS INSTITUTOS DE APOSENTADORIAS E PENSÕES – IAPs*: http://revista.fct.unesp.br/index.php/topos/article/view/2287/2092, p.104

[204] ACURCIO, Francisco de Assis Acurcio, Professor do Depto. de Farmácia Social -Faculdade de Farmácia-UFMG – *"Evolução histórica das políticas de saúde no Brasil"* in https://www.nescon.medicina.ufmg.br/biblioteca/imagem/0243.pdf

[205] VAINFAS, Ronaldo. FARIA, Sheila de Castro. FERREIRA, Jorge. SANTOS, Georgina. *História, Volume Único,* São Paulo: Editora Saraiva, 2014., p.644

[206] SOUSA, RAINER GONÇALVES. *ERA VARGAS - ESTADO NOVO (1937 - 1945)*

[207] https://cpdoc.fgv.br/producao/dossies/AEraVargas1/anos37-45/QuedaDeVargas Diretrizes do Estado Novo (1937 - 1945) > Queda de Vargas e fim do Estado Novo, FGV Centro de Pesquisa e Documentação de História Contemporânea do Brasil

[208] VIEIRA, Evaldo. A República Brasileira: 1951-2010, São Paulo: Cortes Editora, 2015, fls.71

[209] https://seriesestatisticas.ibge.gov.br/series.aspx?t=taxa-mortalidade-infantil&vcodigo=CD100

[210] VIEIRA, Evaldo. A República Brasileira: 1951-2010, São Paulo: Cortes Editora, 2015, p.87

[211] VIEIRA, Evaldo. A República Brasileira: 1951-2010, São Paulo: Cortes Editora, 2015, pg.157

[212] VIEIRA, Evaldo. A República Brasileira: 1951-2010, São Paulo: Cortes

Editora, 2015, p.250

[213] No Brasil, em 1960, o índice mortalidade infantil era 124 a cada mil nascidos e no nordeste 110 a cada mil nascidos - https://seriesestatisticas.ibge.gov.br/series.aspx?t=taxa-mortalidade-infantil&vcodigo=CD100

[214] VAINFAS, Ronaldo. FARIA, Sheila de Castro. FERREIRA, Jorge. SANTOS, Georgina. *História, Volume Único,* São Paulo: Editora Saraiva, 2014, p.753

[215] TAVARES, VIVIANE. *A DITADURA NA SAÚDE*: **HTTPS://WWW.BRASILDEFATO.COM.BR/NODE/29854/** -, 17/09/2014

[216] MATHIAS, MAIRA MATHIAS. *ANTES DO SUS: COMO SE (DES)ORGANIZAVA A SAÚDE NO BRASIL SOB A DITADURA,* **HTTP://CEE.FIOCRUZ.BR/?Q=ANTES-DO-SUS**

[217] VIEIRA, Evaldo. *A República Brasileira: 1951-2010*, São Paulo: Cortes Editora, 2015, fls.319/320

[218] https://brasilfatosedados.wordpress.com/2010/12/11/inflacao-em-alta-governos-1940-1984/

[219] Coleção Progestores | Para Entender a Gestão do SUS, pg.24, http://bvsms.saude.gov.br/bvs/publicacoes/colec_progestores_livro3.pdf

[220] PAIVA, Carlos Henrique Assunção. TEIXEIRA, Luiz Antonio Teixeira. *Reforma sanitária e a criação do Sistema Único de Saúde: notas sobre contextos e autores,* http://www.scielo.br/scielo.php?script=sci_arttext&pid=S0104-59702014000100015

[221] VIEIRA, Evaldo. *A República Brasileira: 1951-2010*, São Paulo: Cortes Editora, 2015, p.504

[222] VAINFAS, Ronaldo. FARIA, Sheila de Castro. FERREIRA, Jorge. SANTOS, Georgina. *História, Volume Único,* São Paulo: Editora Saraiva, 2014, p.790

[223] Tema desenvolvido no livro O Sistema Único de Saúde e Suas Diretrizes Constitucionais. São Paulo: Editora Verbatim, 2ª ed.

[224] MORETTI, Bruno. *Efeitos da EC 95: uma perda bilionária para o SUS em 2019*, https://jornalggn.com.br/crise/efeitos-da-ec-95-uma-perda-bilionaria-para-o-sus-em-2019-por-bruno-moretti/

[225] http://www.portaltransparencia.gov.br/entenda-a-gestao-publica/orcamento-publico

[226] http://repositorio.ipea.gov.br/bitstream/11058/6975/1/td_2225.pdf

[227] http://conselho.saude.gov.br/index.php/ultimas-noticias/476-gestao-do-ministerio-da-saude-deixa-restos-a-pagar-de-r-20-bilhoes

[228] http://www.pps.org.br/2018/11/04/brasil-fica-na-64a-posicao-de-ranking-de-gastos-com-saude/

[229] **LABOISSIÈRE, PAULA. AGÊNCIA BRASIL.** *FEBRE AMARELA: OMS ALERTA PARA POSSÍVEL TERCEIRA ONDA DE SURTO.* PUBLICAÇÃO EM

14/02/2019: **HTTPS://SAUDE.ABRIL.COM.BR/MEDICINA/FEBRE-AMARELA-OMS-ALERTA-PARA-POSSIVEL-TERCEIRA-ONDA-DE-SURTO/**

[230] GIANNINI, Deborah- R7- *Pobres são os mais afetados pela doença de Chagas no Brasil. Moradias precárias na área rural são ambientes propícios para proliferação do transmissor; Dia de Combate à doença de Chagas é neste sábado (14):* https://noticias.r7.com/saude/pobres-sao-os-mais-afetados-pela-doenca-de-chagas-no-brasil-14042018

[231] AZEVEDO, Ana Lucia Azevedo. 29/07/2018 4:30 / Atualizado 29/07/2018 15:56: https://oglobo.globo.com/sociedade/hanseniase-uma-ferida-na-alma-do-brasil-22927196#ixzz5oDTBWt8M

[232] Mestre e Doutoranda em Direto do Estado (PUC/SP), Professora de Direito Administrativo na PUC/SP, Assessora Jurídica no Tribunal de Contas do Município de São Paulo, Advogada, e-mail: c.stroppa@uol.com.br.

[233] A Lei nº 4.320/64 instituiu a metodologia do orçamento-programa para todas as esferas públicas, porquanto especifica não somente os custos dos diversos programas, subprogramas e projetos, como também as metas físicas anuais que devem ser atingidas mediante a aplicação dos recursos orçamentários.

[234] SILVA, Ana Paula Borges da. A lei de responsabilidade fiscal como instrumento de controle do orçamento público. Disponível em: < http://www.administradores.com.br/artigos/economia-e-financas/a-lei-de-responsabilidade-fiscal-como-instrumento-de-controle-do-orcamento-publico/56208/>. Acesso em: 08/02/2019.

[235] A LRF não substitui nem revoga a Lei nº 4.320/64. Aliás, se encontra em tramitação na Câmara Federal o Projeto de Lei Complementar (PLP) nº 295/16, propondo mudanças no processo orçamentário brasileiro, incluindo alterações na LRF e revogando a Lei nº 4.320/64.

[236] ABRAHAM, Marcus. Avanços e retrocessos nos 16 Anos da Lei de Responsabilidade Fiscal. Disponível em: < https://www.jota.info/opiniao-e-analise/colunas/coluna-fiscal/coluna-fiscal-avancos-e-retrocessos-nos-16-anos-da-lei-de-responsabilidade-fiscal-05052016>. Acesso em: 08/02/2019.

[237] Altera o Decreto-Lei nº 2.848, de 7 de dezembro de 1940 – Código Penal, a Lei nº 1.079, de 10 de abril de 1950, e o Decreto-Lei nº 201, de 27 de fevereiro de 1967.

[238] ABRAHAM, Marcus. *Curso de direito financeiro brasileiro.* 4. ed. Rio de Janeiro: Forense, 2017, p. 199.

[239] Disponível em: <http://www.tesouro.fazenda.gov.br>. Acesso em: 08/02/2019.

[240] BALEEIRO, Aliomar. *Uma introdução à ciência das finanças.* 15. ed., Rio de Janeiro: Forense, 1997, p. 73.

[241] MEIRELLES, Hely Lopes. *Finanças municipais.* São Paulo: Revista dos

Tribunais, 1979, p. 176.

[242] AGUIAR, Afonso Gomes. *Direito financeiro: a lei 4.320 comentada ao alcance de todos*. 3. ed., Belo Horizonte: Fórum, 2008, p. 188.

[243] PACIULLI, José. *Direito financeiro*. 2. ed., São Paulo: Saraiva, 1973, p. 16.

[244] ABRAHAM, Marcus. *Curso de direito financeiro brasileiro*. P. 199.

[245] COSTA, Paulo. *Orçamento público*. Disponível em: <http://www.estacio.br/graduacao/cienciascontabeis/artigos/paulo_consideracoes.asp>. Acesso em: 08/02/2019.

[246] RAMOS FILHO, Carlos Alberto de Moraes. *Direito financeiro*. Coordenador Pedro Lenza. 2. ed., São Paulo: Saraiva, 2017, p. 165.

[247] JARDIM, Eduardo Marcial Ferreira. *Manual de direito financeiro e tributário*. 4. ed. São Paulo: Saraiva, 1999, p. 41.

[248] RAMOS FILHO, Carlos Alberto de Moraes. *Direito financeiro*. P. 166.

[249] MELLO, Celso Antônio Bandeira de. *Curso de direito administrativo*. 33. ed., São Paulo: Malheiros, 2016, p. 29.

[250] DOMINGUES, José Marcos. A Receita da Despesa. Democracia Financeira e Bem-Estar. HORVATH, Estevão; CONTI, José Maurício; SCAFF, Fernando Facury (Org.). *In: Direito financeiro, econômico e tributário: estudos em homenagem a Regis Fernandes de Oliveira*. São Paulo: Quartier Latin, 2014, p. 445-463.

[251] Mesmo havendo divergência, esse é o entendimento predominante.

[252] RAMOS FILHO, Carlos Alberto de Moraes. Ob. cit., p. 169.

[253] VIDIGAL, Geraldo de Camargo. *Fundamentos do direito financeiro*, São Paulo: Revista dos Tribunais, 1973, ps. 38-39.

[254] DOMINGUES, José Marcos. A Receita da Despesa. Democracia Financeira e Bem-Estar. Ob. cit. P. 445-463.

[255] "A lei orçamentária é a lei materialmente mais importante do ordenamento jurídico logo abaixo da Constituição", Min. Carlos Britto, p. 92 dos autos, STF, Tribunal Pleno, ADI 4048 (Rel. Min. Gilmar Mendes, j.14.5.2008).

[256] CONTI, José Maurício. Orçamento não pode mais ser uma peça de ficção. *In:* Revista *Consultor Jurídico*. Disponível em: < https://www.conjur.com.br/2015-jun-02/contas-vista-orcamento-nao-peca-ficcao#_ftn1>. Acesso em: 09/02/2019.

[257] Período definido para fins de segregação e organização dos registros relativos à arrecadação de receitas, à execução de despesas e aos atos gerais de administração financeira e patrimonial da administração pública. No Brasil, o exercício financeiro tem duração de doze meses e coincide com o ano civil, conforme disposto no art. 34 da Lei Federal nº 4.320/64. Disponível em: https://www12.senado.leg.br/orcamento/glossario/exercicio-financeiro. Acesso em: 09/02/2019.

[258] Tem-se uma atuação discricionária quando a "adoção de uma ou outra solução é feita segundo critérios de oportunidade, conveniência, justiça, equidade, próprios da autoridade, porque não definidos pelo legislador.

Mesmo aí, entretanto, o poder de ação administrativa, embora discricionário, não é totalmente livre, porque, sob alguns aspectos, em especial a competência, a forma e a finalidade, a lei impõe limitações. Daí por que se diz que a discricionariedade implica liberdade de atuação nos limites traçados pela lei; se a Administração ultrapassa esses limites, a sua decisão passa a ser arbitrária, ou seja, contrária à lei" (DI PIETRO, Maria Sylvia Zanella. *Direito administrativo*, 29. ed., Rio de Janeiro: Forense, 2016, p. 255).

[259] Claudia Polto da Cunha, graduada pela Universidade de São Paulo, mestre em Direito Administrativo pela USP e especialista em Direito Econômico pela FGV. Procuradora do Estado e Secretaria Executiva do Conselho de Defesa dos Capitais do Estado.

[260] A evolução do produto interno bruto apresentada pelo IBGE aponta queda de 0,5% em 2014   (correspondente a -0,4% *per capta*); aprofundando-se em -3,5% no ano de 2015 (-4,3% *per capta*) e com resultado também negativo de -3,5% em 2016 (-4,2% *per capta*). A partir de 2017, verifica-se uma lenta retomada do crescimento do PIB nacional, da ordem de 1,1%, com idêntico resultado obtido em 2018.

[261] O Relatório de Gestão Fiscal relativo ao terceiro quadrimestre de 2018, produzido a partir de dados apresentados pelos Estados e pelo Distrito Federal, consolidados pela Secretaria do Tesouro Nacional, aponta que 5 Estados ultrapassaram o limite máximo de comprometimento da receita corrente líquida com despesas de pessoal (Minas Gerais; Mato Grosso; Paraíba; Roraima e Tocantins) e outros 10 atingiram o chamado limite prudencial. Além disso, Rio de Janeiro e Rio Grande do Sul apresentaram dívida consolidada líquida acima do limite fixado pelo Senado Federal, correspondente a 2 vezes a receita corrente líquida. Por fim, vale registrar que 7 Estados já declararam situação de calamidade financeira.

[262] Exemplo emblemático é o denominado limite prudencial, correspondente a 95% do limite fixado como teto de comprometimento da receita corrente líquida com despesas de pessoal e custeio do órgão ou poder, cujo atingimento constitui gatilho para a proibição de concessão de reajustes, criação e provimento de cargos, entre outras ações (art. 22). Ainda nesta senda, destaque-se que uma vez ultrapassado o limite de comprometimento fixado no art. 20, são deflagradas as medidas de recondução estabelecidas no art. 23 e, caso mantido o desalinhamento, o ente fica proibido de receber transferências voluntárias, celebrar operações de crédito e obter garantias de outro ente.

[263] É o que ocorre, por exemplo, em relação às despesas que redundam em endividamento dos entes, cujos limites são fixados pelo Senado Federal, além da obrigatoriedade de prévia autorização legislativa para a celebração de operações de crédito, bem assim da Secretaria do Tesouro Nacional, e do próprio Senado quando se tratar de operação externa (conforme art. 52, V, VI, VII e IX , da Constituição da República, art. 32 da LRF e Resolução 43, do Senado Federal)

[264] Conforme destaca Kiyoshi Harada " o importante é ressaltar que a despesa

pública há de corresponder, invariavelmente, a um dispêndio relacionado com uma finalidade de interesse público, que é aquele interesse coletivo encampado pelo Estado. Em outras palavras, a despesa pública há de ser executada invariavelmente em conformidade com a autorização legislativa, isto é, nos exatos limites da Lei Orçamentária Anual – LOA, que promove o direcionamento da receita pública segundo as prioridades eleitas pelo governo e referendadas pela sociedade por meio de seus representantes no Congresso Nacional." (Direito Financeiro e Tributário, 26ª edição, São Paulo: Editora Atlas, 2017, p. 22)

[265] Nesse sentido, a Lei nº 4.320, de 17 de março de 1964, que estabelece normas gerais de direito financeiro, dispõe, em seu artigo 35, que pertencem ao exercício financeiro: as receitas nele arrecadadas (regime de caixa) e as despesas nele empenhadas (regime de competência).

[266] A discussão aqui se restringe às receitas ditas ordinárias, assim classificadas pelo critério da periodicidade ou previsibilidade, bem assim as denominadas receitas derivadas, "que provêm do constrangimento sobre o patrimônio do particular", recaindo menor atenção sobre as receitas originárias "que provêm do próprio patrimônio público do Estado ou de relação disciplinada pelo direito privado" (obra citada, p. 238). É nesse espectro, diga-se, que se dá o controle estabelecido pelo artigo 11 da LRF, que elenca entre os requisitos essenciais da responsabilidade na gestão fiscal, "a instituição, previsão e efetiva arrecadação de todos os tributos da competência constitucional do ente da federação.", dispondo, em seu parágrafo único, ser "vedada a realização de transferências voluntárias para o ente que não observe o disposto no caput, no que se refere aos impostos."

[267] Nesse sentido, destaca Carlos Maurício Figueiredo que "gastos tributários ou renúncias de receitas são mecanismos financeiros empregados na vertente da receita pública .... que produzem os mesmos resultados econômicos da despesa pública." (Comentários à Lei de Responsabilidade Fiscal, São Paulo: RT, 2ª Edição, p. 13).

[268] Nota Técnica nº 17, de 8 de junho de 2018, de autoria do consultor Josué Alfredo Pellegrini, publicado como tópico especial no Relatório de Acompanhamento Fiscal (RAF) de maio de 2018 (http://www2.senado.leg.br/bdsf/bitstream/handle/id/542784/NT17_2018.pdf)

[269] Regis Fernandes de Oliveira chama a atenção para esse aspecto, iluminando os aspectos negativos presentes em algumas situações concretas, mas também destacando a relevância das medidas de renúncia adotadas de forma responsável. Nesse sentido, assevera que "as formas de renúncia podem levar a odiosas situações, normalmente em prejuízo ao erário ou de detrimento de entidade federativa. Objetivam, evidentemente, melhoria de situações específicas e locais. No entanto, as medidas são feitas de forma atrabiliária e sem fundamento legal. Basta a elas o cunho político irresponsável. Agora, a lei corta quaisquer tentativas de benefício indevido, em detrimento de outro ente federativo ou mesmo em prejuízo da União ou do Estado, que, ao final,

irá suportar a renúncia mediante repasse de seus recursos. Poder-se-ia ter a ideia, num primeiro momento, de que renunciar ao direito de ingresso nos cofres públicos de qualquer quantia que fosse seria absolutamente prejudicial ao Estado, e, via de consequência, ao interesse público e à sociedade como um todo. Ocorre que importantes estudos econômicos realizados nos Estados Unidos da América na década de 70 comprovaram a relevância e pertinência de uma planejada e adequada *tax expenditure* (renúncia de receita). Constatou-se que através de incentivos fiscais, via renúncia de receita, poderiam ter o potencial de produzir os mesmos benefícios atingidos com os gastos." (Curso de Direito Financeiro, 6ª edição, São Paulo: Editora Revista dos Tribunais, 2014, p. 251/252).

[270] Não é o escopo do trabalho adentrar ao detalhamento desses diferentes institutos, mas vale mencionar, para melhor contextualização, as linhas gerais das categorias citadas, citando o sempre oportuno magistério de Paulo de Barros Carvalho: "a anistia fiscal é o perdão da falta cometia pelo infrator de deveres tributários e também quer dizer o perdão da penalidade a ele imposta por ter infringido mandamento legal. Tem, como se vê, duas acepções: a de perdão pelo ilícito e a de perdão da multa. As duas proporções semânticas do vocábulo anistia oferecem matéria de relevo para o Direito Penal, razão por que os penalistas designam anistia o perdão do delito e indulto o perdão da pena cominada para o crime. Voltando-se para apagar o ilícito tributário ou penalidade infligida ao autor da ilicitude, o instituto da anistia traz em si indiscutível caráter retroativo, pois alcança fatos que se compuseram antes do termo inicial da lei que a introduz no ordenamento. Apresenta grande similitude com a remissão, mas com ela não se confunde. Ao remitir, o legislador perdoa o débito do tributo, abrindo mão do seu direito subjetivo de percebê-lo; ao anistiar, todavia, a desculpa recai sobre o ato da infração ou sobre a penalidade que lhe foi aplicada. Ambas retroagem, operando em relações jurídicas já constituídas, porém de índoles diversas: a remissão, em vínculos obrigacionais de natureza estritamente tributária; a anistia, igualmente em liames de obrigação, mas de cunho sancionatório." (Curso de Direito Tributário, 30ª edição, São Paulo: Editora Saraiva, 2019, p. 509/510). Quanto à isenção e, mais especificamente, a de caráter não geral mencionada pela LRF, o tema é bem delimitado por Regis Fernandes de Oliveira, *in verbis*: "A isenção é privilégio fiscal no qual ocorre a suspensão da eficácia da hipótese de incidência da norma tributária mediante lei específica. Ocorre a dispensa do pagamento de um tributo que em princípio seria devido. A hipótese de incidência está na lei. O legislador, por uma série de razões, impede que ela atue. É instrumento de extrafiscalidade. Ressalte-se que a Lei de Responsabilidade Fiscal se atém exclusivamente às concedidas em caráter geral, sendo que 'a isenção, quando não concedida em caráter geral, é efetivada, em cada caso, por despacho da autoridade administrativa, em requerimento com o qual o interessado faça prova do preenchimento das condições e do cumprimento dos requisitos previstos em lei ou contrato para a

sua concessão ' (art. 179 do CTN). Assim, a contrario sensu, as isenções concedidas em caráter geral não são legalmente consideradas como renúncia de receita, nos termos da Lei de Responsabilidade Fiscal." (Curso de Direito Financeiro, 6ª edição, São Paulo: Editora Revista dos Tribunais, 2014, p. 254.255)

[271] No âmbito do Estado de São Paulo, a orientação jurídica traçada pela Procuradoria Geral do Estado preconiza que a ratificação do benefício aprovado por Convênio Confaz se dá por meio de decreto do Chefe do Executivo e não por lei em sentido formal ou outro ato emanado do Legislativo. É essa a intelecção do Parecer PA nº 35/2007, aprovado pelo Procurador Geral do Estado, cuja ementa é a seguinte: " TRIBUTÁRIO. ICMS. ISENÇÃO. CONVÊNIO. DECRETO. A Emenda Constitucional nº 3/93, que introduziu o Par. 6º ao art. 150 da Carta da República, não revogou as normas da Lei Complementar 24/75, incluída a do seu art. 4º, o qual determina que, em matéria de ICM (atual ICMS), após aprovada a concessão ou revogação de isenções e demais benefícios fiscais, sejam as mesmas ratificadas mediante decreto editado pelo Poder Executivo. Embora o Supremo Tribunal Federal, quando do julgamento da ADIN nº 1247, haja sinalizado, com base em antiga doutrina, a imprescindibilidade de decreto legislativo para esses efeitos, a orientação que consagra a plena higidez da LC 24/75 e sua recepção pela nova ordem constitucional (mesmo após a EC 3/93) deve continuar sendo observada até que a Corte Suprema expressamente declare a revogação, pelo art. 150, Par. 6º da Lei Maior, da mencionada norma legal, ou de sua referência ao Poder Executivo."

[272] Exceto em relação a determinados impostos federais, conforme estabelece o §1º do mesmo artigo, que afasta a exigência para o Imposto de Importação e Exportação, Imposto sobre Produtos Industrializados e Imposto sobre Operações Financeiras

[273] Como regra, o STF entende que o diferimento não é incentivo fiscal em sentido estrito. O Acórdão prolatado na ADI 4481/PR é expresso nesse sentido: *I. TRIBUTÁRIO. LEI ESTADUAL QUE INSTITUI BENEFÍCIOS FISCAIS RELATIVOS AO ICMS. AUSÊNCIA DE CONVÊNIO INTERESTADUAL PRÉVIO. OFENSA AO ART. 155, § 2º, XII, g, DA CF/88. II. CONTROLE DE CONSTITUCIONALIDADE. MODULAÇÃO DOS EFEITOS TEMPORAIS. 1. A instituição de benefícios fiscais relativos ao ICMS só pode ser realizada com base em convênio interestadual, na forma do art. 155, §2º, XII, g, da CF/88 e da Lei Complementar nº 24/75. 2. De acordo com a jurisprudência do STF, o mero diferimento do pagamento de débitos relativos ao ICMS, sem a concessão de qualquer redução do valor devido, não configura benefício fiscal, de modo que pode ser estabelecido sem convênio prévio. 3. A modulação dos efeitos temporais da decisão que declara a inconstitucionalidade decorre da ponderação entre a disposição constitucional tida por violada e os princípios da boa-fé e da segurança jurídica, uma vez que a norma vigorou por oito anos sem que fosse suspensa*

pelo STF. A supremacia da Constituição é um pressuposto do sistema de controle de constitucionalidade, sendo insuscetível de ponderação por impossibilidade lógica. 4. Procedência parcial do pedido. Modulação para que a decisão produza efeitos a contatar da data da sessão de julgamento. (Pleno, Rel. Roberto Barroso, j. 11/3/2015)

[274] Não se quer aqui afirmar que o diferimento não possa, de fato, ser neutro do ponto de vista orçamentário, inclusive com a compensação no mesmo exercício financeiro, a depender de sua extensão e do fluxo de ingressos previsto em determinado regime especial que se estabeleça.

[275] A Lei Complementar nº 160, de 08 de agosto de 2017, trata da convalidação de benefícios fiscais e financeiros relacionados com o ICMS, concedidos pelos Estados e pelo Distrito Federal de forma irregular, ou seja, em desacordo com a alínea 'g' do inciso XII do § 2º do artigo 155 da Constituição Federal. Com base em tal diploma legal, foi celebrado o Convênio ICMS 190/17, tratando da remissão e anistia dos créditos tributários relativos aos benefícios irregulares instituídos até a data de edição da Lei. Previu-se, além da manutenção dos benefícios irregularmente concedidos pelo prazo de até 15 anos, sem qualquer compromisso de redução gradual, também a possibilidade de uma unidade federada aderir aos benefícios fiscais convalidados por outras unidades federadas situadas na mesma região, o que ficou conhecido como "cola regional", e que representa, como se pode inferir, a mencionada "janela de oportunidade" para a concessão de incentivos fiscais sem a necessidade de deliberação específica e unânime do Confaz.

[276] Não é demais lembrar que a Ordem Econômica estabelecida na Constituição da República, consagra ao Estado, como agente regulador e normativo da atividade econômica, além da função de fiscalização e planejamento, também a de incentivo, sempre na forma da lei (art. 174). Este o substrato constitucional para as ações de fomento, incluindo subvenções econômicas e incentivos fiscais e financeiros a agentes econômicos privados, obedecidos os requisitos e condicionantes estabelecidos na legislação de regência.

[277] Caio Cesar Figueiroa é Mestrando em Direito Público e Especialista em Direito Administrativo pela Escola de Direito de São Paulo da Fundação Getúlio Vargas (EDSP-FGV). É Vice-Presidente da Comissão de Direito Administrativo e Infraestrutura da Ordem dos Advogados do Brasil, Subseção de São Bernardo do Campo. Foi Secretário Geral do Grupo de Estudos de Arbitragem, Mediação e Administração Pública do Comitê Brasileiro de Arbitragem (CBAr) e Assessor da Comissão de Administração Pública do Centro de Mediação e Arbitragem da Câmara de Comércio Brasil-Canadá (CAM-CCBC).

[278] André Castro Carvalho é Pós-doutor no Massachusetts Institute of Technology (2016). É Bacharel, Mestre, Doutor e Pós-Doutor (2018) em Direito pela Universidade de São Paulo, tendo sua tese de doutorado recebido

o Prêmio CAPES de Tese 2014 como a melhor tese de doutorado em Direito de 2013 no país. Professor de compliance no Ibmec-SP e Insper, palestrante e treinador corporativo internacional nos idiomas português, inglês e espanhol. Como consultor, seu principal projeto internacional de compliance ocorreu em um banco global, em 12 países, e atualmente participa de projetos em empresas brasileiras e em órgãos estatutários de governança corporativa.

[279] Segundo Humberto Ávila (Teoria dos princípios. 15. Ed. São Paulo: Malheiros, 2014), o princípio da segurança jurídica traz os seguintes critérios: cognoscibilidade, confiabilidade e calculabilidade.

[280] Sob a tutela do direito penal, por exemplo, a Constituição ressalva o art. 5°, incisos XLIII e XLIV, a imprescritibilidade acerca dos crimes de racismo e a ação de grupos armados contra a ordem e o Estado Democrático. No direito público, também consta no § 4° do art. 231 a imprescritibilidade dos direitos advindos das terras indígenas.

[281] Sobre a discussão da reparação do dano no âmbito de atos de corrupção e suborno por parte de empresas, Cf. SIMÃO, Valdir. Qual é o dano? *Folha de São Paulo. Tendências/Debates.* 4 jul. 2018.

[282] O dever de prestar contas e seu alcance foram também replicados na Lei Orgânica do Tribunal de Contas da União (Lei n° 8.443/1992), a partir do art. 5°. Em São Paulo, a Lei Complementar n° 709/1993 tratou do tema de forma idêntica no art. 2°, dentre as atribuições do Tribunal de Contas do Estado de São Paulo.

[283] Trata-se da disposição prevista no art. 6° da Instrução Normativa TCU n° 71, de 28 de novembro de 2012, que revogou a Instrução Normativa TCU n° 56/2007, a qual, em seu art. 5°, § 4° previa o mesmo prazo. Anteriormente à vigência da IN 56, vigorava a Instrução Normativa TCU n° 13/1996, que não fazia menção a qualquer prazo. Contemporaneamente a esta última IN, também estava em vigor a Instrução Normativa da Secretaria do Tesouro Nacional n° 01 de 15 de janeiro de 1997, que, por sua vez, estipulava como dever daquele que recebeu repasses decorrentes da celebração de convênios e congêneres a guarda e manutenção de documentos, à disposição dos órgãos de controle interno e externo, pelo prazo de cinco anos, contados da aprovação da prestação ou tomada de contas, do gestor do órgão ou entidade concedente, relativa ao exercício da concessão.

[284] Cf. discutido amplamente no Acórdão TCU n° 1441/2016 – Plenário, rel. Walton Alencar Rodrigues, j. 08.06.2016, julgado na qualidade de incidente de uniformização de jurisprudência do TCU, classificado como julgado paradigmático.

[285] Rel. Min. Teori Zavascki, j. 02.06.2016. O julgamento do recurso está agendado para o próximo dia 30 de maio.

[286] Rel. Min. Teori Zavascki, j. 02.08.2013.

[287] De relatoria do Ministro Ricardo Lewandowski, julgado em 04.09.2008, segundo a qual a tomada de contas especial é instrumento legítimo para a apuração e quantificação de dano ao erário, não estando, portanto, sujeita a

prazo prescricional tal persecução sob a responsabilidade do Tribunal de Contas. No caso, o STF havia reconhecido a imprescritibilidade de pretensão de ressarcimento ao erário fundada em tomada de contas especial, por meio do qual se condenou a impetrante à devolução de valores em decorrência de descumprimento da obrigação de retornar ao Brasil após o término da concessão de bolsa de estudos no exterior.

[288] PROCESSUAL CIVIL E ADMINISTRATIVO. RECURSO ESPECIAL. TRIBUNAL DE CONTAS DA UNIÃO. PROCESSO DE TOMADA DE CONTAS ESPECIAL. VIOLAÇÃO A INSTRUÇÃO NORMATIVA. EXAME INCABÍVEL EM SEDE DE APELO ESPECIAL. ARTS. 31 E 57 DA LEI 8.443/92, 471 DO CPC, 884 DO CC, 26, VI, E 27, § 1º, DA LEI 9.784/99. AUSÊNCIA DE PREQUESTIONAMENTO. SÚMULA 211/STJ. TESE DE PRESCRIÇÃO ADMINISTRATIVA. AUSÊNCIA OU FALHA NA PRESTAÇÃO DE CONTAS. IMPUTAÇÃO DO DÉBITO E APLICAÇÃO DE SANÇÃO. NÃO CONFIGURAÇÃO DE HIPÓTESE DE IMPRESCRITIBILIDADE. LACUNA LEGISLATIVA. NECESSIDADE DE INTEGRAÇÃO POR ANALOGIA. APLICAÇÃO DO PRAZO QUINQUENAL. DECURSO. OCORRÊNCIA. (...) 4. As "ações de ressarcimento" são imprescritíveis, conforme dispõe expressamente o texto constitucional, o que tem sido observado e reiterado nos julgamentos desta Corte, seja em sede de ação de improbidade com pedido de ressarcimento, seja em ação com o fim exclusivo de ressarcir o erário. No entanto, os autos não versam sobre o exercício do direito de ação, ou seja, de pedir ressarcimento perante o Poder Judiciário. Ao contrário, tratam da imputação de débito e aplicação de multa promovida pelo Tribunal de Contas da União, no exercício do seu poder/dever de velar pelas contas públicas, mediante atuação administrativa, oportunidade em que não há falar em exercício do direito de ação e, consequentemente, em imprescritibilidade. 5. Eventual desvio de verbas ou qualquer outra ilegalidade que importe prejuízo ao erário poderá ser objeto de ação de ressarcimento, perante o Poder Judiciário, a qualquer tempo, eis que imprescritível, hipótese em que o ônus da prova do efetivo prejuízo e da responsabilidade do seu causador incumbe a quem pleiteia o ressarcimento. 6. Na tomada de contas especial, diversamente, o ônus da prova incumbe ao responsável pela aplicação dos recursos repassados, que se torna o responsável pelo débito e multa por mera presunção de prejuízo ao erário se ausente ou falha a prestação de contas. Nessas circunstâncias, a atuação administrativa deve encontrar limites temporais, sob pena de sujeitar os responsáveis pela aplicação de repasses de verbas federais a provarem, eles, a qualquer tempo, mesmo que decorridas décadas, a adequada aplicação dos recursos que um dia geriram, em flagrante ofensa a princípios basilares do Estado de Direito, como a segurança jurídica e ampla defesa. 7. Em virtude da lacuna legislativa, pois não há previsão legal de prazo para a atuação do Tribunal de Contas da União, deve ser-lhe aplicado o prazo quinquenal, por analogia aos arts. 1º do Decreto 20.910/32 e 1º da Lei 9.873/99. Em hipótese

similar à presente, porquanto ausente prazo decadencial específico no que concerne ao exercício do poder de polícia pela Administração, antes do advento da Lei 9.873/99, a Primeira Seção desta Corte, no julgamento do REsp 1.105.442/RJ (Rel Min. Hamilton Carvalhido, Primeira Seção, DJe 22/2/2011), sob o rito do art. 543-C do CPC, assentou ser ele de 5 anos, valendo-se da aplicação analógica do art. 1º do Decreto 20.910/32. 8. Recurso especial parcialmente conhecido e, nessa extensão, provido para julgar procedente o pedido inicial, desconstituindo a decisão do Tribunal de Contas da União no processo de tomada de contas especial do Convênio 5013/96, ressalvando-se a via judicial para o pleito de eventual ressarcimento. (REsp nº 1.480.350/RS, Primeira Turma. Rel. Min. Benedito Gonçalves, j. 28.04.2015).

[289] Nesse sentido, vale mencionar as disposições do art. 1º do Decreto nº 20.910/32; arts. 168, 173 e 174 do Código Tributário Nacional; art. 1º da Lei nº 6.838/1980; art. 142, I, da Lei nº 8.112/1990; art. 23 da Lei nº 8.429/1992; art. 43 da Lei nº 8.906/19994; Lei nº 9.783/1999; art. 46 da Lei nº 12.529/2011; art. 25 da Lei nº 12.846/2013.

[290] Nesse sentido, conferir MS 35.971/DF, rel. Min. Marco Aurélio, j. 14.02.2019; MS 36.054/DF, rel. Min. Ricardo Lewandowski, j. 19.12.2018; MS 32.201/DF, rel. Min. Luís Roberto Barroso, j. 21.03.2017. Em caráter histórico, reconhecendo que a aplicação de multas pelo TCU se insere no exercício da competência sancionadora estatal, vide também RE 190985, rel. Min. Néri da Silveira. No âmbito do Superior Tribunal de Justiça, conferir REsp nº 1.480.350/RS. Rel. Min. Benedito Gonçalves, j. 05.04.2016.

[291] "Art. 1º Prescreve em cinco anos a ação punitiva da Administração Pública Federal, direta e indireta, no exercício do poder de polícia, objetivando apurar infração à legislação em vigor, contados da data da prática do ato ou, no caso de infração permanente ou continuada, do dia em que tiver cessado."

[292] Cf. OSÓRIO, Fábio Medina. *Direito administrativo sancionador*. 5. ed. São Paulo: RT, 2016. pp. 107-112.

[293] Acórdão nº 1.314/2013, Plenário. Rel. Min. Benjamin Zymler, j. 29.05.2013.

[294] São as decisões materializadas pelos Acórdãos TCU 2947/2018 – Plenário e 2977/2018 – Plenário, todos de dezembro de 2018.

[295] Cf. CARVALHO, André Castro. Pele em jogo: a LINDB e as assimetrias ocultas no cotidiano do administrador público brasileiro. In: CUNHA FILHO, Alexandre Jorge Carneiro da; ISSA, Rafael Hamze; SCHWIND, Rafael Wallbach (Coords.). Lei de introdução às normas do direito brasileiro – anotada: Decreto-Lei nº 4.657, de 4 de setembro de 1942. São Paulo: Quartier Latin, 2019.

[296] Procuradora do Estado de São Paulo. Doutoranda em Administração Pública e Governo - FGV/SP. Mestre em Direito do Estado - Direito Administrativo - PUC/SP

[297] "As ideias-força do desenvolvimentismo eram: 1) a industrialização é a via da superação da pobreza e do subdesenvolvimento; 2) um país não consegue

industrializar-se só através dos impulsos do mercado, sendo necessária a intervenção do Estado (intervencionismo); 3) o planejamento estatal é que deve definir a expansão desejada dos setores econômicos e os instrumentos necessários; 4) a participação do Estado na economia é benéfica, captando recursos e investindo onde o investimento privado for insuficiente. O "divisor de águas" entre as correntes que formavam o pensamento econômico brasileiro da época era a conveniência ou não da intervenção do Estado na economia." (PEREIRA, José Maria Dias. Uma breve história do desenvolvimentismo no Brasil. Cadernos do Desenvolvimentismo, Rio de Janeiro, v. 6, n. 9, p. 121-141, jul-dez, 2011. Disponível em http://www.centrocelsofurtado.org.br/arquivos/image/201111011216170.CD9_artigo_5.pdf. Acesso em 07 de dezembro de 2018.

[298] "Um dos motivos por que precisamos do governo é que a mão invisível poderá fazer maravilhas apenas se o governo garantir o cumprimento das regras e mantiver as instituições principais da economia. Mais importante, as economias de mercado precisam das instituições para garantir o direito de propriedade de modo que os indivíduos tenham condições de possuir e controlar os recursos escassos. (...) Há, ainda, outra razão que justifica o fato de precisarmos de governo: a mão invisível é poderosa, mas não é onipotente. Há dois motivos genéricos para que um governo intervenha na economia - promover a eficiência e promover a igualdade. Ou seja, a maioria das políticas visa aumentar o bolo econômico e mudar a forma com ele é dividido." (MANKIW, N. Gregory. Introdução à Economia. trad. HASTINGS, Allan Vidigal; PAES E LIMA, Elisete. 6 ed. São Paulo: Cengage Learning, 2015. p. 11)

[299] O modelo burocrático de Administração Pública decorrente é bem definido no Plano Diretor da Reforma Administrativa do Estado: "Administração Pública Burocrática - Surge na segunda metade do século XIX, na época do Estado liberal, como forma de combater a corrupção e o nepotismo patrimonialista. Constituem princípios orientadores do seu desenvolvimento a profissionalização, a idéia de carreira, a hierarquia funcional, a impessoalidade, o formalismo, em síntese, o poder racional-legal. Os controles administrativos visando evitar a corrupção e o nepotismo são sempre a priori. Parte-se de uma desconfiança prévia nos administradores públicos e nos cidadãos que a eles dirigem demandas. Por isso são sempre necessários controles rígidos dos processos, como por exemplo na admissão de pessoal, nas compras e no atendimento a demandas. Por outro lado, o controle - a garantia do poder do Estado - transforma-se na própria razão de ser do funcionário. Em conseqüência, o Estado volta-se para si mesmo, perdendo a noção de sua missão básica, que é servir à sociedade. A qualidade fundamental da administração pública burocrática é a efetividade no controle dos abusos; seu defeito, a ineficiência, a auto-referência, a incapacidade de voltar-se para o serviço aos cidadãos vistos como clientes. Este defeito,

entretanto, não se revelou determinante na época do surgimento da administração pública burocrática porque os serviços do Estado eram muito reduzidos. O Estado limitava-se a manter a ordem e administrar a justiça, a garantir os contratos e a propriedade." (PDRAE)

[300] "Quando nos referimos à Reforma Administrativa empreendida pelo Govêrno Revolucionário, estamos abrangendo os textos legais seguintes: 1. Constituição Federal de 1967, na parte referente ao "Orçamento" e à "Fiscalização Financeira e Orçamentária". 2. Decreto-Lei n. 199, de 25 de fevereiro de 1967, dispondo sôbre a Lei Orgânica do Tribunal de Contas. 3. Decreto-Lei n. 200, de 25 de fevereiro de 1967, que dispõe sôbre a organização da Administração Federal e estabelece diretrizes para a Reforma Administrativa". (DIAS, J. de Nazaré T. A reforma administrativa de 1967. 2ª ed., Rio de Janeiro: FGV, 1969)

[301] DIAS, J. de Nazaré T. A reforma administrativa de 1967. 2ª ed., Rio de Janeiro: FGV, 1969

[302] DIAS, J. de Nazaré T. Obra citada.

[303] Especificamente no que se refere à atividade estatal no domínio econômico, de acordo com o Decreto-lei 200, de 25/02/1967, "Art. 27. Assegurada a supervisão ministerial, o Poder Executivo outorgará aos órgãos da Administração Federal a autoridade executiva necessária ao eficiente desempenho de sua responsabilidade legal ou regulamentar. Parágrafo único. Assegurar-se-á às emprêsas públicas e às sociedades de economia mista condições de funcionamento idênticas às do setor privado cabendo a essas entidades, sob a supervisão ministerial, ajustar-se ao plano geral do Govêrno'.

[304] "A Reforma da Gestão Pública de 1995/98 está baseada em dois princípios básicos. Em primeiro lugar, busca-se tornar os administradores ou gestores públicos mais autônomos e mais responsáveis. Para isso, reduz-se a ênfase no controle burocrático agora baseado em regras procedimentais detalhadas, supervisão e auditoria, enquanto se aumenta a ênfase na responsabilização dos administradores por resultados contratados, por concorrência administrada visando a excelência, e por responsabilização ou controle social. Em segundo lugar, o Estado só deve executar diretamente as tarefas que são exclusivas de Estado, que envolvem o emprego de poder de Estado, ou que apliquem os recursos do Estado.". (BIDERMAN, Ciro; ARVATE, Paulo. Economia do setor público no Brasil. 5 tir. Rio de Janeiro: Elsevier, 2004. p.12-13).

[305] Transcrição apenas dos dispositivos que tiveram redação modificada pela EC 19/98.

[306] COSTIN, Claudia. Administração Pública. 1ª ed, 9ª tir. Rio de Janeiro: Elsevier, 2010, p. 4-8.

[307] MANKIW, N. Gregory. Introdução à Economia. (trad. HASTINGS, Allan Vidigal; PAES E LIMA, Elisete). 6 ed. São Paulo: Cengage Learning, 2015. p. 4-5.

[308] Que constituem objetivos fundamentais da República Federativa do Brasil, conforme inciso III do artigo 3º, da Constituição Federal.

309 Não no sentido jurídico do termo, mas no sentido econômico, vale dizer, bens de uso não rival, de consumo coletivo.
310 Tanto em função da existência de bens que requerem elevados investimentos e retornos crescentes de escala para sua produção, como os que possuem custos elevados para serem produzidos em baixa quantidade prejudicando ou aniquilando a possibilidade de competição.
311 Assim entendidos os benefícios ou prejuízos suportados por outros agentes econômicos não responsáveis diretamente pelo exercício da atividade econômica. As externalidades, de acordo com a função estabilizadora do Estado, podem implicar indução de uma atividade (se positivas) ou desincentivo (se negativas).
312 Aqueles em que o bem ou serviço relevante para a sociedade não é ofertado pelo mercado, ainda que o custo de produção seja baixo e exista mercado consumidor.
313 Trata-se do ponto de equilíbrio que a economia atinge e caracterizado pela situação em que não é possível melhorar a condição de um agente sem piorar a de outro.
314 MARTINS, Humberto Falcão; MARINI, Caio. Governança pública contemporânea: uma tentativa de dissecação conceitual. Revista do TCU n. 130, maio/ago 2014, pp. 42/53. Disponível em https://revista.tcu.gov.br/ojs/index.php/RTCU/article/view/40/35. Acesso em dezembro de 2018.
315 Disponível em https://portal.tcu.gov.br/governanca/governancapublica/governanca-no-setor-publico/. Acesso em dezembro de 2018.
316 "Art. 175. Incumbe ao Poder Público, na forma da lei, diretamente ou sob regime de concessão ou permissão, sempre através de licitação, a prestação de serviços públicos. Parágrafo único. A lei disporá sobre: I - o regime das empresas concessionárias e permissionárias
de serviços públicos, o caráter especial de seu contrato e de sua prorrogação, bem como as condições de caducidade, fiscalização e rescisão da concessão ou
permissão; II - os direitos dos usuários; III - política tarifária; IV - a obrigação de manter serviço adequado."
317 "Quando se tratar de prestadoras de serviço ou obra pública – prossegue o festejado autor [Celso Antônio Bandeira de Mello] – "é bem de ver que os bens afetados ao serviço e as obras em questão são bens públicos e não podem ser distraídos da competente finalidade, necessários que são ao cumprimento dos interesses públicos a que devem servir. Com efeito, não faria sentido que interesses creditícios de terceiros preferissem aos interesses de toda a coletividade no regular prosseguimento de um serviço público". (...) Vale dizer, essa ou aquela empresa do setor privado que vier a celebrar contrato oneroso com empresa estatal prestadora de serviço público já deve saber que está a se vincular a qual não pode deixar de suprir as necessidades materiais

de toda uma população. No caso, necessidades materiais que a própria Constituição rotulou como "de caráter essencial" (...). Não é outra a razão pela qual o Poder Público responde, subsidiariamente, pelos débitos de tais entidades, (...). (AC 669-4/SP, Rel. Min. Carlos Britto, j. 6.10.2005).

318 RE 220.906-9/DF, RE 225.011-0/MG, RE 229.696/PE.

319 "As empresas públicas prestadoras de serviço público distinguem-se das que exercem atividade econômica. A Empresa Brasileira de Correios e Telégrafos é prestadora de serviço público de prestação obrigatória e exclusiva do Estado, motivo porque está abrangida pela imunidade tributária recíproca: CF, art. 150, VI, a." (RE 354.897-2/RS, Rel. Min. Carlos Velloso, j. 17.08.2004).

320 "Um mercado competitivo, por vezes chamado mercado perfeitamente competitivo, tem duas características: há muitos compradores e vendedores no mercado; os bens oferecidos pelos diversos vendedores são, em grande escala, os mesmos. (...) Como cada vendedor pode vender quanto quiser ao preço vigente, não tem motivo para cobrar menos do que esse preço e, se cobrar mais, os compradores vão procurar outro fornecedor, Os compradores e vendedores dos mercados competitivos precisam aceitar o preço que o mercado determina e, portanto, são chamados tomadores de preços. Além dessas condições para a competição há uma terceira condição, às vezes, tida como característica dos mercados perfeitamente competitivos: as empresas podem entrar e sair livremente do mercado." (MANKIW, N. Gregory. Introdução à Economia. trad. HASTINGS, Allan Vidigal; PAES E LIMA, Elisete. 6 ed. São Paulo: Cengage Learning, 2015. p. 262).

321 "O interesse público da empresa pública e da sociedade de economia mista, respeitadas as razões que motivaram a autorização legislativa, manifesta-se por meio do alinhamento entre seus objetivos e aqueles de políticas públicas, na forma explicitada na carta anual a que se refere o inciso I do caput. "

322 Artigo 2º, § 1º Considera-se desestatização: a) a alienação, pela União, de direitos que lhe assegurem, diretamente ou através de outras controladas, preponderância nas deliberações sociais e o poder de eleger a maioria dos administradores da sociedade; b) a transferência, para a iniciativa privada, da execução de serviços públicos explorados pela União, diretamente ou através de entidades controladas, bem como daqueles de sua responsabilidade. c) a transferência ou outorga de direitos sobre bens móveis e imóveis da União, nos termos desta Lei.

323 Disponível em https://economia.estadao.com.br/noticias/geral,no-brasil-venda-de-estatais-vira-saida-para-fechar-contas,70002581988. Acesso em novembro de 2018.

324 Conforme Emenda Constitucional nº 67/2010.

325 RE 441280/STF.

326 Acórdãos 1985/2015 e 1220/2016, TCU.

327 Atual artigo 29, inciso XI, da Lei nº 13.303/2016.